交通职业教育教学指导委员会推荐教材
高职高专院校公路监理专业教学用书

高等职业教育规划教材

公路施工组织设计

Gonglu Shigong Zuzhi Sheji

主　编　高　峰
副主编　贾玉辉
主　审　梁金江

人民交通出版社

内 容 提 要

本书是高等职业教育规划教材，由交通职业教育教学指导委员会路桥工程专业指导委员会组织编写。主要内容包括：公路施工组织概论、施工过程组织与流水施工原理、网络计划技术、公路施工组织设计文件的编制、公路施工技术组织措施、机械化施工组织设计、公路施工组织设计案例。全书共七章，每章配有一定数量的复习思考题。本书按现行公路施工有关规范编写，理论联系实际，操作性强。

本书是高职高专院校公路监理专业教学用书，也可供道路桥梁工程技术及其相关专业教学使用，或作为有关专业继续教育与职业培训教材，亦可供公路工程技术人员学习参考。

图书在版编目(CIP)数据

公路施工组织设计／高峰主编.--北京：人民交通出版社，2007.3

ISBN 978-7-114-06387-9

Ⅰ.公… Ⅱ.高… Ⅲ.道路工程-工程施工-施工组织 Ⅳ.U415.2

中国版本图书馆CIP数据核字(2007)第011340号

书　　名：公路施工组织设计
著 作 者：高　峰
责任编辑：袁　方
出版发行：人民交通出版社股份有限公司
地　　址：(100011) 北京市朝阳区安定门外外馆斜街3号
网　　址：http://www.ccpress.com.cn
销售电话：(010) 59757973
总 经 销：人民交通出版社股份有限公司发行部
经　　销：各地新华书店
印　　刷：北京市密东印刷有限公司
开　　本：787×1092　1/16
印　　张：11.25
字　　数：275千
版　　次：2007年3月　第1版
印　　次：2018年7月　第7次印刷
书　　号：ISBN 978-7-114-06387-9
印　　数：17501-19000册
定　　价：21.00元

前言

QIAN YAN

为深入贯彻落实《高等教育面向21世纪教学内容和课程体系改革计划》，按照教育部“以教育思想、观念改革为先导，以教学改革为核心，以教学基本建设为重点，注重提高质量，努力办出特色”的基本思路，交通职业教育教学指导委员会路桥工程专业指导委员会在总结道路桥梁工程技术专业教学文件编制及其教材编写工作经验的基础上，又组织开发了相关专业的教学指导方案及部分专业教材，其中包括三年制高职高专院校公路监理专业教学指导方案及7门课程的规划教材。

公路监理专业教材依据教育部对高职高专人才培养目标、培养规格、培养模式及与之相适应的知识、技能、能力和素质结构的要求进行编写，并融入了全国交通类高职高专院校公路监理专业的教学改革成果，紧密跟踪我国公路监理技术的发展，采用了最新的行业技术标准、规范、规程，具有较强的针对性。教材编写中全面贯彻素质教育思想，力求体现以人为本、注重知识实用性的现代职业教育理念，从交通行业岗位群对人才的知识结构和技能要求出发，结合对培养学生创新能力、职业道德方面的要求，提出教学目标和教学内容，在教材的理论体系、组织结构、内容描述上与传统教材有了明显的区别。

《公路施工组织设计》是高职高专院校公路监理专业规划教材之一，内容包括：公路施工组织概论、施工过程组织与流水施工原理、网络计划技术、公路施工组织设计文件的编制、公路施工技术组织措施、机械化施工组织设计、公路施工组织设计案例。

参加本书编写工作的有：吉林交通职业技术学院高峰（编写第一、四章）、张求书（编写第三章第四、五、六节）、陈晴和郭丰敏（编写第七章），内蒙古大学职业技术学院贾玉辉（编写第二、六章），湖北交通职业技术学院付巧云（编写第三章第一、二、三节），河南交通职业技术学院闫海峰（编写第五章），全书由高峰担任主编，贾玉辉担任副主编，广西交通职业技术学院梁金江担任主审。

本套教材是路桥工程专业指导委员会委员及长期从事公路监理专业教学与工程实践的教师们工作经验的总结。但是，随着各项改革的逐步深入，书中难免有不妥之处，敬请广大读者批评指正。

本套教材在编写过程中得到了交通职业教育教学指导委员会的关心与指导，全国各交通职业技术学院的领导也给予了大力支持，在此，向他们表示诚挚的谢意。

交通职业教育教学指导委员会

路桥工程专业指导委员会

2006年11月

目　录

—MULU

第一章 公路施工组织概论

教学要求

1. 解释基本建设的概念；
2. 描述基本建设的分类、项目组成及公路基本建设程序；
3. 论述公路施工程序；
4. 解释公路施工组织设计的概念；
5. 描述公路施工组织设计的作用、分类及内容；
6. 描述公路施工组织研究的对象及学科的发展特点。

• 第一节 公路基本建设程序 •

一、基本建设的定义及分类

1. 基本建设的定义

基本建设是国民经济各部门、各单位新增固定资产的一项综合性的经济活动，它通过新建、扩建、改建和重建等投资活动来完成固定资产的建筑、购置和安装。

基本建设是国民经济的组成部分。国民经济各部门，都有基本建设经济活动，它包括：建设项目的投资决策，建设布局，技术决策，环保、工艺流程的确定，设备选型，生产准备以及对工程建设项目的规划、勘察、设计和施工等活动。例如，为了增加社会生产能力，新建公路、工厂、矿山、桥梁、电站、码头、学校、住宅、铁路等；企业、事业单位为扩大生产和提高效益而扩建生产车间、提高路面等级、修建永久性桥梁等，都属于基本建设的范畴。因此，凡新建、改建、扩建、重建工程及与之连带的固定资产扩大再生产的工作均称为基本建设。

2. 基本建设的分类

基本建设可以按不同标准分类。

1）按建设性质分类

基本建设可分为新建项目、扩建项目、改建项目、迁建项目和重建项目。

（1）新建项目。根据国民经济和社会发展的近、远期规划，按照规定的程序立项，从无到有的建设项目。有的建设项目原有规模很小，经扩大建设规模后，其新增加的固定资产价值超过原有固定资产价值三倍以上的，也算新建项目。

（2）扩建项目。原有企业、事业单位，为扩大原有产品生产能力或增加新的产品生产能力和效益而增建的工程项目。

(3)改建项目。为了提高生产效率,采用新技术、新工艺,改变产品方向,提高产品质量以及综合利用原材料等而对原有设备或工程进行技术改造的工程项目。

(4)迁建项目。为改变生产布局、考虑自身的发展前景或出于环境保护等其他特殊要求,搬迁到其他地点进行建设的项目。迁建项目中符合新建、扩建、改建条件的,应分别作为新建、扩建或改建项目。迁建项目不包括留在原址的部分。

(5)重建项目。原固定资产因自然灾害或人为因素等原因已全部或部分报废,又在原项目基础上重新投资建设的项目。在重建的同时进行扩建的,应作为扩建项目。

2)按建设规模分类

基本建设项目按建设规模可分为大、中、小型项目。基本建设大、中、小型项目是按项目的建设总规模或总投资来确定的。习惯上将大型和中型项目合称为大中型项目。基本建设项目大、中、小型划分标准,是国家规定的,按总投资划分的项目,能源、交通、原材料工业项目5000万元以上,其他项目3000万元以上的为大中型项目,在此标准以下的为小型项目。公路工程建设项目的大、中、小型划分标准(目前国家正在研究修改中,在未修改前暂按原标准执行)为:

(1)新建、改建长度200km以上的国防、边防公路,跨省区和重要干线公路以及长度1km以上的独立公路大桥,为大中型项目。

(2)新建、改建公路长度200km以下,或长度虽超过200km,但总投资不足1000万元,或独立公路大桥长度1km以下,为小型项目。

3)按项目在国民经济中的作用分类

(1)生产性项目。直接用于物质生产或直接为物质生产服务的项目,主要包括工业项目(含矿业),建筑业,地质资源勘探及与农业、林业、水利有关的生产项目,运输、邮电项目,商业和物资供应项目等。公路建设中的路桥项目属于生产性项目。

(2)非生产性项目。直接用于满足人民物质和文化生活需要,以及政治、国防需要所进行的项目,主要包括文教卫生、科学研究、社会福利、公用事业建设、行政机关和团体办公用房建设等项目。公路建设中的旅游专用公路、国防专用公路属非生产性项目。

二、基本建设的基层单位与项目组成

1. 基本建设的基层单位

参与基本建设工作的基层单位,主要有建设单位、勘察设计单位、建设银行、施工单位、工程质量监督和监理单位。

1)建设单位

建设单位是指负责执行国家基本建设管理的基层单位,简称业主或甲方。它在行政上具有独立的组织形式,在经济上进行独立核算,具有法人资格。建设单位作为拟建工程的使用者,是基本建设投资的支配人,也是基本建设的组织者、监督者,它对国家负有一定的政治和经济责任。建设单位的主要工作包括:

(1)提供设计所需的各种资料。

(2)编制年度基本建设计划和基本建设财务计划。

(3)负责筹措资金,有计划地支配资金。

(4)组织进行工程招标工作或委托代理机构进行工程招标工作。

(5)与设计单位签订设计合同,同施工单位签订工程承包合同,同工程监理单位签订监理服务合同。

(6)购置设备并进行各项其他基本建设工作。

(7)办理工程交工检验和竣工验收,编制竣工决算。

2)勘察设计单位

持有国家上级主管发证机关颁发的设计资质等级证书的设计院、设计所、设计室等设计机构通称为勘察设计单位。设计单位受建设单位或主管部门的委托,或与建设单位签订测设合同,按照规定的设计要求承担与其资质等级相符的勘察设计工作,并负责编制工程设计文件,对设计项目负有一定的政治和经济责任。

3)建设银行

中国人民建设银行是负责办理基本建设资金拨款、结算和放款,进行财政监督的国家专业银行,也是基本建设资金的支出、预算和财务监督管理机构。因此,中国人民建设银行兼有财政和银行的双重职能。

4)施工单位

施工单位是指持有工商管理部门颁发的施工营业执照和国家主管单位颁发的资质等级证书、承担建筑安装工程施工的施工机构(又称承包商或乙方)。施工单位在经济上进行独立核算,具有法人资格。它根据国家或主管部门下达的施工任务,或者通过施工投标从市场竞争中承揽施工任务。它在中国人民建设银行开立账户,负责编制与执行施工计划和财务计划,并按计划使用资金。施工单位有权与建设单位签订施工承包合同,办理往来资金结算。它能独立经营并组织施工,申请工程交工、竣工,办理工程结算并独立计算盈亏。

5)工程质量监督单位

工程质量监督单位是各级政府授权的执法机构,它是代表政府对建设工程质量实行强制性监督检查的部门。监理单位及监理人员和承包人,以及施工人员和业主的项目管理人员,均应接受工程质量监督部门的管理和监督检查。

6)工程质量监理单位

工程质量监理单位是指依法注册,独立从事工程监理业务,受建设单位委托或指定,与其签订监理服务协议,执行施工监理业务的单位。凡承担公路工程施工监理业务的单位,必须是经交通部或省交通厅(局)审批,取得公路工程施工监理资质等级证书,并应按批准的资质等级承担相应的施工监理业务。监理单位应根据国家或主管部门下达的委托书,或者通过投标从市场竞争中承揽委托合同、承担监理任务。监理单位既要维护业主的利益,又不损害承包商的合法权益,按照合同文件规定的职责、权限,独立公正地为工程建设服务。

2. 基本建设项目的组成

1)基本建设项目

基本建设项目,简称建设项目。凡是按一个总体设计组织施工,建成后具有完整的系统,可以独立地形成生产能力或使用价值的建设工程,称为一个建设项目。它在经济上实行独立核算、行政管理上具有独立组织形式。一般把一个企业、事业单位或一个独立工程作为一个建设项目。在工业建设中，一般以拟建厂矿企业单位作为一个建设项目，如一个钢铁厂、一个棉纺厂等。在民用建设中，一般以拟建机关事业单位作为一个建设项目，如一所学校、一所医院等。公路建设中，一般以拟建一条公路或一座独立的大、中桥梁或一条隧道作为一个建设项目。一个建设项目通常包含一个或几个单项工程。

2)单项工程

单项工程又称工程项目。是指具有独立的设计文件，建成后可以独立发挥生产能力或效益的工程。一个建设项目，可由一个或若干个单项工程组成。工业建设项目中的独立的生产车间、实验大楼等；民用建设项目中的学校的教学楼、宿舍楼等；公路建设中的独立大、中桥梁、独立隧道（这些工程一般包括与已有公路的接线，建成后可以独立发挥功能）等，都可以称为一个单项工程。一个单项工程又可由若干个单位工程所组成。

3)单位工程

单位工程是具有单独的设计文件、可以独立施工，但完工后不能独立发挥生产能力或效益的工程。例如，一个生产车间，一般由土建工程、工业管道工程、设备安装工程、电气照明工程和给排水工程等单位工程组成；一条公路，一般由路线工程、桥梁工程、隧道工程、涵洞工程、交通工程及沿线设施等单位工程组成。一个单位工程可由若干个分部工程所组成。

4)分部工程

分部工程是指在单位工程中，把性质相近且所用工具、工种、材料大体相同的部分称为一个分部工程。一般按单位工程的结构部位、路段长度及施工特点或施工任务划分。例如，一幢房屋的土建单位工程，按其结构或构造部位，可以划分为基础、主体、屋面、装修等分部工程。路线工程中的路基工程、路面工程、材料采集、加工工程等都属于分部工程。一个分部工程可由若干个分项工程组成。

5)分项工程

分项工程是根据分部工程划分的原则，按照不同的施工方法、不同的施工部位、不同的材料、不同的质量要求和工作难易程度对分部工程所作的进一步划分。例如，砖混结构的基础，可以划分为挖土、混凝土垫层、砖砌基础、填土等分项工程；现浇钢筋混凝土框架结构的主体，可以划分为安装模板、绑扎钢筋、浇筑混凝土等分项工程。

三、基本建设程序

基本建设程序是指基本建设项目从策划、选择、评估、决策、设计、施工、竣工验收到投入生产或交付使用的整个建设过程中，各项工作必须遵循的先后工作次序。基本建设程序是基本建设过程中各环节、各步骤之间客观存在的不可颠倒的先后顺序，是由基本建设项目本身的特点和客观规律决定的。进行基本建设，坚持按科学的基本建设程序办事，是关系到基本建设工作全局的一个重要问题，也是按照自然规律和经济规律管理基本建设的一个根本原则。

基本建设涉及面广，既有地质、气候、水文等自然条件的严格制约，又有资源供应、技术水平等物质技术条件的影响，同时还需要各个部门、各个环节的协作配合，并且要求按照既定的需要和科学的总体设计进行建设。因此，完成一项基本建设工程，必须按照规定的程序进行各个方面的工作，才能达到预期的效果，否则就会造成不必要的经济损失，甚至给工程带来严重的后果。

公路工程基本建设程序应当是:根据国民经济长远规划及公路网建设规划,提出项目建议书;通过调查,进行可行性研究,编制可行性研究报告;经批准后进行初步设计;再经批准后列入国家年度基本建设计划,并进行技术设计和施工图设计;设计文件经审批后组织施工;施工完成后,进行竣工验收,最后交付使用。这些程序必须依次进行,逐步实施,不完成上一环节,就不能进行下一阶段。

公路工程基本建设程序如图1-1所示。在符合审批制度的前提下,新建及改建的大中型项目可根据具体情况,进行合理的交叉;小型项目根据具体情况,可以适当合并或减少一些程序。

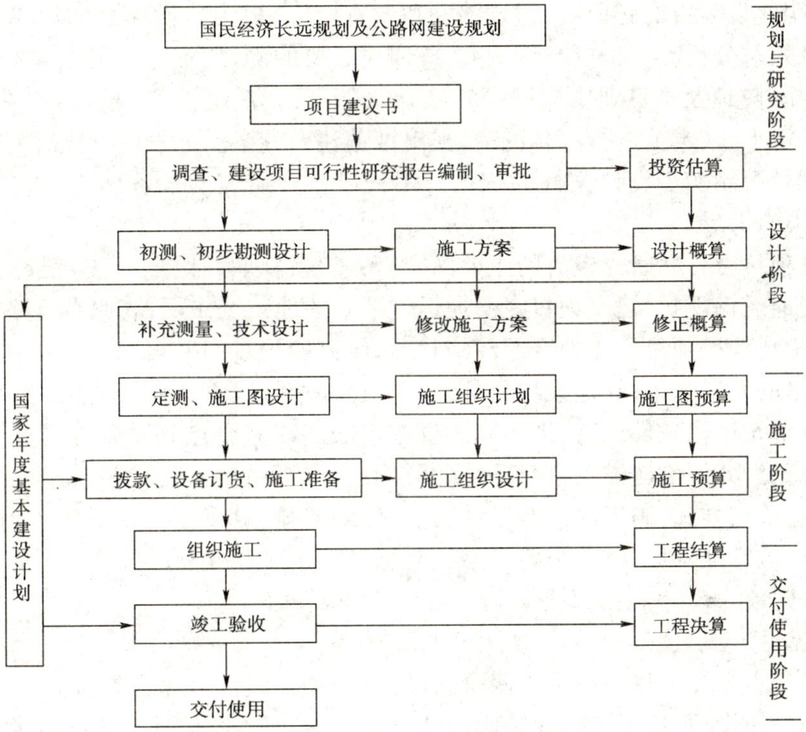

图1-1　公路工程基本建设程序

现将公路工程基本建设程序中各环节的具体内容分述如下:

1.项目建议书

项目建议书是建设单位根据国民经济和社会发展的长远规划、公路网建设规划、地区规划,结合项目的资源条件、生产力布局状况和市场预测等,经过调查研究、分析提出的项目建设轮廓设想和建议的书面文件。

项目建议书的主要内容是:项目提出的依据、必要性;建设规模;建设初步地点;主要技术标准;建设条件;投资估算和资金筹措方案;建设工期预计;经济效益和社会效益初步评价。

项目建议书一般由建设单位提出或委托专业机构编制,上报主管部门后由主管部门转报有权审批部门审批。项目建议书经有权部门审批后,可以进行详细的可行性研究工作。

2.可行性研究

项目建议书一经批准,即可着手进行可行性研究。可行性研究是指在项目决策前,通过对项目有关的工程、技术、经济等各方面调查、研究、分析，对各种可能的建设方案和技术方案进行比较论证，由此考察项目技术上的先进性和适用性、经济上的盈利性和合理性。这是建设的可能性和可行性的一种科学的分析方法。可行性研究是项目前期工作的最重要的内容，它从项目建设和生产经营的全过程考察分析项目的可行性，其目的是回答项目是否有必要建设、是否可能建设和如何进行建设的问题，其结论为投资者的最终决策提供直接的依据。因此，凡大中型工程、高等级公路及重点工程建设项目（含国防、边防公路），均应进行可行性研究；小型项目可适当简化；凡未经可行性研究的项目，一律不予审查报批。

可行性研究按工作深度，划分为预可行性研究和工程可行性研究两个阶段。预可行性研究，应重点阐明建设项目的必要性，通过踏勘和调查研究，提出建设项目的规模、技术标准，进行简要的经济效益分析。工程可行性研究，应通过必要的测量（高速公路、一级公路必须做）、地质勘探（大桥、隧道及不良地质地段等），在认真调查研究，拥有必要资料的基础上，对不同建设方案从经济上、技术上进行综合论证，提出推荐建设方案。工程可行性研究报告经审批后作为初步勘测及编制初步设计文件的依据。工程可行性研究的投资估算与初步设计概算之差，应控制在10%以内。

公路建设项目可行性研究报告的主要内容有：①建设项目依据、历史背景；②建设地区综合运输网的交通运输现状，建设项目在交通运输网中的地位及作用；③原有公路的技术状况及适应程度；④论述建设项目所在地区的经济状况，研究建设项目与经济发展的内在联系，预测交通量、运输量的发展水平；⑤建设项目的地理位置、地形、地质、地震、气候、水文等自然特征；⑥筑路材料来源及运输条件；⑦论证不同建设方案的路线起讫点和主要控制点、建设规模、标准，提出推荐意见；⑧评价建设项目对环境的影响；⑨测算主要工程数量、征地拆迁数量，估算投资，提出资金筹措方式；⑩提出勘测设计、施工计划安排；⑪确定运输成本及有关经济参数，进行经济评价、敏感性分标，收费公路、桥梁、隧道尚需作财务分析；⑫评价推荐方案，提出存在的问题和有关建议。

3. 初步设计

公路工程基本建设项目一般采用两阶段设计，即初步设计和施工图设计。对于技术简单方案明确的小型建设项目，可采用一阶段设计，即一阶段施工图设计。对于技术复杂而又缺乏基础资料和经验不足的建设项目，或建设项目中的特大桥、互通式立体交叉、隧道、高速公路和一级公路的交通工程及沿线设施中的机电设备工程等，必要时采用三阶段设计，即初步设计、技术设计和施工图设计。

初步设计应根据批复的可行性研究报告、测设合同及勘测资料进行编制。初步设计的内容依项目的类型不同而有所变化，一般包括：拟定修建原则、选定设计方案、计算主要工程数量、提出施工方案的意见、编制设计概算、提供文字说明及图表资料。初步设计文件应当满足编制施工招标文件、主要设备材料订货和编制施工图设计文件的需要，这是下一阶段施工图设计的基础。

初步设计文件经审查批准后，可为订购和调拨主要材料、机具、设备，安排有关重大科研试验项目，联系征用土地、拆迁等提供筹划资料，同时也是国家控制建设项目投资及编制施工图设计文件或技术设计文件（采用三阶段设计时）的依据。

4. 列入年度基本建设计划

当建设项目的初步设计及其概算经上级批准后，才能列入国家基本建设年度计划。未列入年度计划的建设项目，一律不准施工。建设单位根据国家计委颁发的年度基本建设计划，按照批准的可行性研究报告和初步设计文件，编制本单位的年度基本建设计划，报经上级批准后，再编制物资、劳动力、财务计划。年度基本建设计划编制完成后，必须按规定程序上报审批。报经批准后的年度基本建设计划，是建设单位进行基本建设的依据，也是编制基本建设财务计划的依据。

5. 技术设计和施工图设计

技术设计应根据批准的初步设计和补充初测（或定测）资料，解决初步设计中未能解决的重大、复杂的技术问题。通过科学试验、专题研究及分析比较，落实技术方案，计算工程数量，提出修正的施工方案，编制修正设计概算。技术设计经批准后作为编制施工图设计的依据。

两阶段（或三阶段）施工图设计应根据批准的初步设计（或技术设计）和定测（或补充定测）资料，进一步对所审定的修建原则、设计方案、技术设计加以深化和具体化，最终确定工程数量，提出文字说明和满足施工需要的图表资料以及施工组织计划，并编制施工图预算等设计文件。

一阶段施工图设计应根据批准的可行性研究报告和定测资料，拟定修建原则，确定设计方案和工程数量，提出文字说明和图表资料以及施工组织计划，编制施工图预算，满足审批的要求，适应施工的需要。

施工图设计文件一般由以下 14 篇组成：①总说明书；②总体设计；③路线；④路基、路面及排水；⑤桥梁、涵洞；⑥隧道；⑦路线交叉；⑧交通工程及沿线设施；⑨环境保护；⑩渡口码头及其他工程；⑪筑路材料；⑫施工组织计划；⑬施工图预算；⑭附件。其中，第 2 篇总体设计只用于高速公路和一级公路；附件内容为补充地质勘探、水文调查及计算等基础资料。

6. 施工准备

为了保证工程的顺利进行，在施工准备阶段，建设单位、勘察设计单位、施工单位、工程监理单位和建设银行应分别做好下列准备工作。

（1）建设单位：组建专门的管理机构；准备必要的施工图纸；组织招标投标（包括监理、施工、设备采购、设备安装等方面的招标投标）并择优选择施工单位，签订施工合同；办理登记及征地拆迁；做好施工沿线有关单位和各部门的协调工作。

（2）勘察设计单位：应按照技术资料供应协议，按时提供各种图纸资料，做好施工图纸的会审及移交、交底工作。

（3）施工单位：首先要组织力量核对设计文件，进行补充调查和施工测量；编好实施性施工组织设计和施工预算；要安排好施工所需的劳动力、材料、机械、工具、工棚和生活供应等工作；组织材料及物资采购、加工、运输、供应、储备等工作；提出开工报告，按投资隶属关系报请交通部或省（市）、自治区基建主管部门核准；施工中涉及与其他部门有关的问题，应事先联系，签订协议。

（4）工程监理单位：组织满足协议规定和工作需要的监理人员进驻工地，配备足够数量的试验设备，并建立监理试验室；熟悉合同文件，进行现场复查和施工环境调查；制定监理办法、计划、监理程序和监理实施细则以及监理用表;审批承包人的施工组织计划、质量保证体系、人员和设备投入,检查进场材料和工程现场占地,验收施工放线等施工准备工作。

(5)建设银行:应会同建设、设计、施工、工程监理单位做好图纸的会审工作;严格按计划要求进行财政拨款或贷款;做好建设资金的供应工作。

7. 工程施工

施工准备工作完成后,施工单位应严格按照上级下达的开工日期或承包合同规定的开工日期进行施工。在施工过程中,施工单位应严格按照设计要求和施工规范,遵照施工程序合理组织施工,确保工程质量和施工安全。推广应用新工艺、新技术,努力缩短工期,降低工程造价,同时应注意做好施工记录,建立技术档案。

8. 竣工验收、交付使用

竣工验收是公路工程建设过程的最后一个环节,是全面考核工程建设成本、检验设计和施工质量的重要步骤,也是项目由建设转入使用的标志。通过竣工验收,一是检验设计和工程质量,保证项目按设计要求的技术经济指标使用;二是有关部门和单位可以总结经验教训;三是建设单位对经验收合格的项目可以及时移交固定资产,使其由建设系统转入投入使用。按照国家建委《关于基本建设项目竣工验收暂行规定》和交通部颁发的《公路工程竣工验收办法》的要求,认真负责地对全部基本建设工程进行总验收。竣工验收包括对工程质量、数量、期限、生产能力、建设规模、使用条件的审查,对建设单位和施工企业编报的固定资产移交清单、隐蔽工程说明和竣工决算等进行细致检查。

当全部基本建设工程经过验收合格,完全符合设计要求后,应立即移交给生产部门正式使用,迅速办理固定资产交付使用的转账手续,加强固定资产的管理。

9. 公路建设项目后评价

公路建设项目后评价是指在公路通车运营2~3年后,用系统工程的方法,对建设项目决策、设计、施工直至通车运营的各阶段工作及其变化的成因,进行全面的跟踪、调查、分析和评价的工作。通过建设项目后评价以达到肯定成绩、总结经验、研究问题、吸取教训、提出建议、改进工作、不断提高项目决策水平和投资效果的目的。交通部于1990年3月下发了《公路建设项目后评价报告编制办法》,对公路建设项目后评价工作的内容进行了规范性阐述,该规定于1990年5月1日起开始实行。

公路建设项目后评价报告的主要内容包括:建设项目的过程评价、建设项目的效益评价、建设项目的影响评价和建设项目的目标持续性评价。

第二节　公路施工程序

公路施工规模大、技术复杂、质量要求高、工期紧,耗费的资源比较多。因此,在施工生产过程中合理组织生产诸要素,严格按施工程序进行施工,科学地做好施工组织工作,对完成公路工程建设任务具有十分重大的意义。公路施工程序是指施工单位从接受施工任务到工程竣工阶段必须遵守的工作顺序。公路施工程序一般包括接受施工任务、进行施工准备、工程施工及竣工验收等四个阶段。

一、接受施工任务

施工单位获得施工任务通常有三种方式：一是上级主管单位统一布置施工任务，按计划安排进行；二是经主管部门同意后，对外接受施工任务；三是参加投标，中标后获得施工任务。随着我国社会主义市场经济体制的发展和招、投标制度的不断完善，施工单位接受施工任务将主要通过参加市场投标的方式获得。

接受施工任务时，施工单位首先应该查证核实工程项目是否列入国家基本建设计划，是否有批准的可行性研究报告、初步设计（或施工图设计）及概（预）算文件等。国家基本建设计划以外的建设项目，也应有国家主管部门的批复文件。

接受施工任务，是以签订工程承包合同为准。因此，施工单位承担工程项目，都必须同建设单位签订工程承包合同，明确双方的经济、技术责任。合同一经签订，即具有法律效力，双方要严格按合同执行。

施工承包合同内容一般包括：工程概况、承包的依据、承包方式、工程质量、施工工期、开（竣）工日期、工程造价、技术物资供应、工程拨款与结算方式、违约责任、奖惩条款和各自应做的准备工作及配合协作关系等。

二、施工准备工作

施工准备工作是为拟建工程的施工创造必要的技术、物资条件，统筹安排施工力量和部署施工现场，确保工程施工顺利进行。它是建设程序中的重要环节，不仅存在于开工之前，而且贯穿在整个施工过程之中。

公路工程施工是一项十分复杂的生产活动，它不但需要耗用大量人力物力，还要处理各种复杂的技术问题，也需要协调各种协作配合关系。如果事先缺乏统筹安排和准备，势必会造成某种混乱，使施工无法正常进行。而全面细致地做好施工准备工作，对于调动各方面的积极因素，合理组织人力、物力，加快施工进度，提高工程质量，节约建设资金，提高经济效益，都会起到重要的作用。施工准备工作的内容可以归纳如下：

1. 技术准备

技术准备是施工准备工作的核心。由于任何技术上的差错或隐患都可能造成生命、财产和经济的巨大损失，因此，必须认真地做好技术准备工作。具体内容如下：

1）熟悉、审查施工图纸和有关设计资料

（1）审查设计施工图纸是否完整、齐全，以及施工图纸和设计资料是否符合国家有关工程建设的设计、施工方面的方针和政策。

（2）审查施工图纸与说明书在内容上是否一致，以及施工图纸与其各组成部分之间有无矛盾和错误。

（3）设计文件所依据的水文、地质、气象、岩土等资料是否准确、可靠、齐全。

（4）路基平纵横断面、构造物总体布置和桥涵结构物形式等是否合理，相互之间是否有错误和矛盾之处。

（5）核对路线中线、主要控制点、转角点、水准点、三角点、基线等是否准确无误；重要构造物的尺寸、孔径大小等是否恰当，能否采用新技术或使用新材料。

(6)施工方法、运输方式、道路条件等是否符合实际情况。

(7)施工平面图中临时房屋、便道、便桥、电力和电讯设施、料场分布、临时供水和供电等场地布置是否恰当。

(8)路线或构造物与农田、水利、铁路、公路、电讯、管道、航道及其他建筑物的互相干扰情况和解决办法是否恰当,干扰能否避免;特别应注意与历史文物纪念地、民族特殊习惯区域的干扰问题。

(9)审查施工图纸中的技术复杂、施工难度大的分部分项工程或新结构、新材料、新工艺,检查现有施工技术水平和管理水平能否满足工期和质量要求,并采取可行的技术措施加以保证。

(10)对工程地质不良地段采取的处理措施;对水土流失、环境影响的处理措施。

(11)明确建设期限、分期分批施工或交付使用的顺序和时间,以及施工项目所需主要材料、设备的数量、规格、来源和供货日期。

(12)明确建设、设计、监理和施工等单位之间的协作、配合关系,以及建设单位可以提供的施工条件。

现场核对发现设计不合理或错误之处,应提出修改意见报上级机关审批,根据批复的修改设计意见进行施工测量、修改设计、补充图纸等工作。

2)原始资料的调查分析

为了做好施工准备工作,除了要掌握有关施工项目的书面资料外,还应该进行施工项目的实地勘测和调查,获得有关数据的第一手资料,这对于拟定一个先进合理、切合实际的施工组织设计是非常必要的。调查工作主要包括自然条件调查和施工条件调查两个方面,这部分内容将在第四章第四节详细阐述,此处不再赘述。

3)编制施工预算

施工预算是施工阶段,在施工图预算的控制下,施工单位根据中标后的合同价、施工图纸、施工组织设计或施工方案、施工定额等文件进行编制的,它直接受中标后合同价的控制。施工预算是施工单位进行成本控制与成本核算的依据,也是施工单位进行劳动组织与安排,以及进行材料和机械管理的依据,对施工组织和施工生产有着极为重要的作用。

4)编制中标后的施工组织设计

中标后的施工组织设计是施工准备工作的重要组成部分,也是指导施工现场全部生产活动的技术经济文件。公路工程施工生产活动是非常复杂的创造物质财富的过程,为了正确处理主体与辅助、工艺与设备、专业与协作、供应与消耗、使用与维修以及它们在空间布置、时间安排之间的关系,必须根据拟建工程的规模、结构特点和建设单位的要求,在原始资料调查分析的基础上,编制出一份能切实指导该工程全部施工活动的科学方案(施工组织设计)。

2. 施工现场准备

根据设计文件和已编制的实施性施工组织设计进行施工现场的准备工作。施工现场的准备工作,主要是为了给施工项目创造有利的施工条件和物资保证。其具体内容如下:

(1)清除各种障碍物及搞好"三通一平"工作。测出工程占地和征用土地的范围,拆迁房屋、电讯及管线设施等各种障碍物;做好路通、水通、电通和平整场地等工作。

(2)搭建各种临时设施。按照施工总平面图的布置,修建便桥、便道;修建大型沥青加工场、混凝土拌和站、预制场、钢筋加工厂、机修厂；为正式开工准备好生产、生活、办公、居住和存储等临时用房。

(3)技术准备工作。进行施工测量，做好施工放样；建立工地实验室，进行各种建筑材料试验和土质试验，为施工提供可靠数据。

3. 物资准备

物资准备工作主要包括建筑材料的准备、构(配)件和制品的加工准备、施工机械及机具设备的准备。

(1)建筑材料的准备。建筑材料的准备主要是按照施工进度计划要求，按材料名称、规格、使用时间进行汇总，编制出材料需要量计划，为组织备料、确定仓库及所需场地堆放的面积和组织运输等提供依据。

(2)构(配)件、制品的加工准备。确定构(配)件、制品的加工方案、供应渠道及进场后的储存地点和方式，编制其需要量计划，为组织运输、确定堆场面积等提供依据。

(3)施工机械及机具设备的准备。根据采用的施工方案，确定施工机械的类型、数量和进退场时间；确定施工机具的供应办法和进场后的存放地点和方式，为组织运输，确定堆场面积等提供依据。

4. 劳动组织准备

劳动组织准备工作主要包括施工机构设置、施工队伍集结、进场及开工上岗前的政治思想工作及安全技术教育工作。

(1)建立施工项目领导机构及施工队组。根据施工项目的规模、结构特点和复杂程度，确定施工项目的领导机构人选；根据专业、工种确定合理的施工队组；技工、普工的比例要满足流水施工组织方式的要求。

(2)集结施工力量、组织劳动力进场。工地的领导机构确定之后，按照开工日期和劳动力需要量计划，组织劳动力进场。同时要进行安全、防火和文明施工等方面的教育，并安排好职工的生活。

(3)建立健全各项管理制度。工地的各项管理制度是否建立、健全，直接影响其各项施工活动的顺利进行。为此，必须建立有效的、长期的、全面的工地各项管理制度。

以上各项准备工作完成后，即可向建设单位或监理工程师提出开工报告。开工报告批准后，方可正式施工。

三、组织施工

在施工准备工作完成并提交开工报告之后，才能按批准的开工日期进行施工。施工时要严格按照设计图纸进行，如需要变更设计，必须事先按规定程序报经建设单位或监理工程师批准。要按照施工组织设计确定的施工顺序、施工方法及进度要求科学合理地进行施工。

施工单位必须做好技术管理工作，严格执行技术责任制和岗位责任制，坚决贯彻国家有关技术政策。要放手发动群众，开展技术革新，积极推广经过试验、效果显著的革新成果。要严格执行施工技术规范，遵守施工技术操作规程和验收规程。关键工序要做好技术交底工作，隐蔽工程要有施工记录和检查验收签证。

施工单位必须严格掌握质量标准，坚持质量检查制度，确保工程质量。对不合格的工程要认真处理、总结经验、吸取教训。严格执行施工监理制度，按监理的规定或要求实行进度控制、质量控制和费用控制。

施工单位要认真注意安全生产，严格遵守安全操作规程，加强安全生产教育。要建立和健全安全生产管理制度，定期开展安全大检查，及时发现问题，防患于未然。对于重大事故，要发动群众，查明原因，分清性质，严肃处理。

公路工程施工是一项复杂的系统工程，必须正确合理地组织，建立正常、文明的施工秩序，有效地使用劳动力、材料、机具、设备、资金等。施工方案要因地制宜，施工方法要切实可行。施工中既要注意工程质量和施工进度，又要注意保护环境、安全生产，确保优质、高效、安全、低耗地完成施工任务。

四、竣工验收

1. 竣工验收的依据

按国家现行规定，竣工验收的依据是经过上级审批机关批准的可行性研究报告、初步设计或技术设计、施工图纸和说明、设备技术说明书、招标投标文件和工程承包合同、施工过程中的设计变更签证、现行的施工技术验收标准及规范、上级主管部门有关审批、修改、调整的文件等。

2. 竣工验收的准备

竣工验收的准备主要有三方面的工作：一是整理技术资料。施工单位应将技术资料进行系统整理，由建设单位分类立卷，交生产单位或使用单位统一保管。技术资料主要包括土建方面、安装方面及各种有关的文件、合同和试生产的情况报告等。二是绘制竣工图表。竣工图表必须准确、完整、符合归档要求。三是编制竣工决算。建设单位必须及时清理所有财产、物资和应收回的资金，编制工程竣工决算，分析概（预）算执行情况，考核投资效益，按规定报财政部门审查。

竣工验收必须提供的资料文件主要有以下资料：项目的审批文件、竣工验收申请报告、工程决算报告、工程质量检查报告、工程质量评估报告、工程质量监督报告、工程竣工财务决算批复、工程竣工审计报告、其他需要提供的资料。

3. 竣工验收工作

按国家现行规定，建设项目的竣工验收根据项目的规模大小和复杂程度可分为初步验收和竣工验收两个阶段进行。规模较大、较复杂的建设项目应先进行初验，然后进行全部建设项目的竣工验收。规模较小、较简单的项目，可以一次进行全部项目的竣工验收。

建设项目全部完成，经过各分项工程的验收，符合设计要求，并具备竣工图表、竣工决算、工程总结等必要文件资料，由项目主管部门或建设单位向负责验收的单位提出竣工验收申请报告。

竣工验收要根据工程的规模大小和复杂程度组成验收委员会或验收组。验收委员会或验收组负责审查工程建设的各个环节，听取各有关单位的工作总结汇报，审阅工程档案并实地查验建筑工程和设备安装工程，并对工程设计、施工和监理等方面作出全面评价。对初验时有争议的工程及确定返工或补做的工程、大桥、隧道和大型构造物，应全面检查和复测。对高填、深挖、急弯、陡坡路段，应重点抽查。小桥涵及一般构造物，一般路段路基、路面及排水和安全设施等，可采取随机抽查的方式进行检查。检查过程中，必要时可采用挖探、取样试验等手段。不合格的工程不予验收。对遗留问题提出具体解决意见，限期落实完成。最后经验收委员会或验收组一致通过，形成验收鉴定意见书。验收鉴定意见书由验收会议的组织单位印发给各有关单位执行。

• 第三节　公路施工组织设计 •

一、公路施工组织设计的概念

公路施工企业承揽到工程项目后，就要按照合同的内容和要求组织施工生产。要进行这种生产，就需要有建筑材料、施工机具和具有一定生产经验和劳动技能的劳动者，并且需要把所有这些生产的要素按照公路施工的技术规律与组织规律及设计文件的要求，在空间上按照一定的位置、在时间上按照先后的顺序、在数量上按照不同的比例，将它们合理地组织起来，确保工程项目能够连续、均衡、协调地进行施工，满足工程项目对工期、质量及投资方面的各项要求。因此，必须在开工前根据施工现场的具体条件及合同工期的要求、劳动力的调配情况、施工机械的装备程度、物资材料供应情况、预制构件的生产情况、运输能力、气候和水文地质等各项具体条件，从全局出发，统筹安排，编制公路工程施工组织设计。

那么，什么是公路施工组织设计呢？概略地说，公路施工组织设计就是从工程的全局出发，根据公路工程的特点，按照客观的施工规律和当时当地的具体条件，统筹考虑施工过程中的人工、材料、机械、资金和施工方法这五个主要因素后，对整个工程的施工进度、资源消耗和平面布置等作出的科学而合理的安排。

公路施工组织设计是规划和指导公路工程从工程投标、签订承包合同、施工准备到竣工验收全过程的一个综合性的技术经济文件，是对拟建工程在人力和物力、时间和空间、技术和组织等方面所作的全面合理的安排，是沟通工程设计和施工之间的桥梁。作为指导拟建工程项目的全局性文件，施工组织既要体现拟建工程的设计和使用要求，又要符合建筑施工的客观规律。

二、公路施工组织设计的作用

公路施工组织设计是用以指导公路施工组织与管理、施工准备与实施、施工控制与协调、资源的配置与使用等全面性的技术经济文件，是对施工活动的全过程进行科学管理的重要手段。

公路施工组织设计的作用具体表现在以下八个方面：

(1)施工组织设计是施工准备工作的重要组成部分，又是指导各项施工准备工作的依据。

(2)施工组织设计为拟建工程确定施工方案、施工进度、施工顺序、劳动组织和技术组织措施等，是指导开展紧凑、有序施工活动的技术依据。

(3)施工组织设计所提出的各项资源需要量计划，直接为组织材料、机具、设备、劳动力需要量等资源供应工作提供依据。

(4)通过编制施工组织设计，可以合理利用和安排为施工服务的各项临时设施，可以合理地部署施工现场，确保文明施工、安全施工。

(5)通过编制施工组织设计，可提高工程施工过程的预见性，减少施工的盲目性，使管理者和生产者做到心中有数；可充分考虑施工中可能遇到的困难与障碍，主动调整施工中的薄弱环节，事先予以解决或排除，从而为施工提供技术保证。

(6)通过编制施工组织设计，可以将工程项目的设计与施工、技术与经济、前方与后方、全体与局部以及各部门、各专业之间有机结合，统一协调。

(7)施工组织设计与施工企业的施工计划两者之间有着极为密切、不可分割的关系。施工组织设计不但对施工企业的施工计划起决定和控制性的作用，而且也是编制施工企业施工计划的基础。反之，制定施工组织设计又应服从施工企业的施工计划，两者是相辅相成、互为依据的。

(8)施工组织设计可以指导投标与签订工程承包合同，并作为投标书和合同文件的重要组成部分；施工组织设计充分和准确地体现了业主对工程的意图和要求，对能否中标起着重要的作用。

三、公路施工组织设计的分类

公路施工组织设计是一个总体的概念，根据编制阶段、编制时间和编制对象范围，在编制深度和广度上也有所不同。

1. 按照编制阶段的不同分类

公路施工组织设计按编制阶段的不同，可分为设计阶段的施工组织设计和施工阶段的施工组织设计。(具体内容在第四章第二节讲述)

2. 按照编制时间的不同分类

公路施工组织设计按编制时间的不同，可分为两类：一类是投标前编制的施工组织设计(简称标前设计)；另一类是中标后编制的施工组织设计(简称标后设计)。

3. 按照编制对象范围的不同分类

公路施工组织设计按编制对象范围的不同，可分为施工组织总设计、单位工程施工组织设计和分部(分项)工程施工组织设计。

1)施工组织总设计

施工组织总设计是以整个建设项目为对象编制的，用以指导整个建设项目施工全过程的各项施工活动的全局性、控制性的指导文件。在施工组织总设计的指导下，再深入研究总项目下的分项目(单位工程)施工组织设计。施工组织总设计一般在初步设计或扩大初步设计被批准之后，由总承包企业的总工程师负责，会同建设、设计和分包单位的工程师共同编制。

2)单位工程施工组织设计

单位工程施工组织设计，是以一个单位工程(公路工程中的一座隧道或一座桥梁)为对象编制的，用以指导其施工全过程的各项施工活动的局部性、指导性文件。其任务是按照总体设计的要求，根据现场施工的实际条件，具体地安排人力、物力和建筑安装工程的进行，是施工单位编制作业计划和制定季、月、旬施工计划的依据。单位工程施工组织设计一般在施工图设计完成后，在拟建工程开工之前，由工程项目的技术负责人负责编制。

3)分部(分项)工程施工组织设计

分部(分项)工程施工组织设计,是以分部(分项)工程为编制对象,用以具体实施其分部(分项)工程施工全过程的各项施工活动的技术、经济和组织的实施性文件。一般对于工程规模大、技术复杂、施工难度大或采用新工艺、新技术施工的建筑物或构筑物,在编制单位工程施工组织设计之后,常需对某些重要的又缺乏经验的分部(分项)工程再深入编制专业工程的具体施工组织设计。例如公路施工中的高填方、深路堑、深基础、大型结构安装、地下防水工程等。

四、公路施工组织设计的内容

公路施工组织设计不管是投标前按投标书的要求编制,还是中标后按合同书的要求编制,施工组织设计的内容大同小异。公路施工组织设计的主要内容包括以下几个方面:

1. 工程概况

施工组织设计中的工程概况,实际上是对拟建项目所作的一个简要的总说明。主要包括:工程性质、施工条件、地理位置、建设规模、合同工期、有关地形、地质、气象和水文特征、主要技术标准、主要工程项目及数量等。

2. 施工总体安排

施工总体安排是在充分了解工程情况、施工条件和建设要求的基础上,对整个建设项目全局作出的统筹规划和全面安排。一般应包括:施工组织、技术组织、总体平面布置、设备、人员动员周期和设备、人员、材料运到施工现场的方法、临时工作安排、施工总进度安排等。

3. 施工方案

施工方案是指对工程施工所作的总体设想和安排。它是根据施工规律、客观条件和技术要求,把人力、材料、机械设备最有效地组合在一起。施工方案的选择是施工组织设计中最重要的问题,是决定整个工程全局的关键。施工方案包括的内容很多,主要包括:施工方法的确定、施工机械和设备的选择、施工顺序的安排、科学的施工组织等。

4. 施工进度计划

施工进度计划是在施工方案选择好后,对建筑产品的施工顺序、开(竣)工时间以及相互衔接关系在时间上的安排。施工进度计划在项目施工规划中起着主导的作用,用以指导项目施工的均衡性。施工进度计划包括划分施工项目,计算工程量和劳动量,计算工作天数、安排工作进度,编制施工进度计划表,施工进度计划的检查和调整等。

5. 施工现场平面布置图

施工现场平面布置图是在施工现场范围内将施工对象的设计位置、工程材料、施工设备以及服务于生产和生活的各项临时设施在空间上进行全面合理地布置,以平面图的形式表达出来。

6. 资源需要量计划

资源需要量是指工程项目施工过程中所必须消耗的各类资源的计划用量,它包含劳动力的来源和组合,机械设备的选用和上场时间,以及材料品种的选购和供应的时间、数量等,要根据施工进度的要求及时组织有效的供应。

7. 主要施工技术组织措施

施工技术组织措施是指降低工程施工成本、提高工程质量、加快工程施工进度、保证工程施工安全等方面的措施。施工技术组织措施主要反映工程项目的质量、工期、安全、环保等方面的要求和做法。通过施工技术组织措施的编制,使业主更能全面了解承包方的现代化管理水平,增强业主对承包方完成项目的信心。

第四节　公路施工组织研究的对象、任务及学科的发展特点

一、公路施工组织研究的对象

公路施工组织是针对公路项目施工的复杂性,对公路基本建设过程中众多要素统筹安排与系统管理的客观规律的一门学科,它研究如何组织、计划施工项目的全部施工过程,寻求最合理的组织管理方法。

公路施工组织与其他建筑工程施工组织一样,涉及到劳动力、材料、施工机具设备、资金,以及施工方法、政策法规、公共关系等诸多方面的问题。因此,公路施工组织的主要研究对象是:施工过程中的时间问题,即施工进度计划编制;空间问题,即组织管理机构及场地布置;资源问题,即劳动力、材料、机具设备等的供应;经济问题,即工程造价、工程成本控制及资金合理利用等。

二、公路施工组织的任务

公路施工组织的基本任务是:密切结合我国现行经济政策,充分考虑公路工程施工特点,运用科学的方法和手段组织施工。合理地安排施工过程中劳动力、材料、机具设备、资金、进度、工期等要素,以提高承包人的经济效益为中心,使施工工期短、工程建设费用低、生产效率高、工程质量好,保证按合同工期完成项目施工任务,实现有计划、有组织、有秩序地进行项目施工管理,以期达到项目施工的整体效益最佳。也就是说,根据工程特点、工期要求、自然条件及资源供应等情况,做出切实可行的施工组织计划,并提出有效的确保工程质量和施工安全的技术措施。

三、公路施工组织学科的发展特点

公路施工组织学科的发展特点是公路施工企业应大力发展与运用数学方法、网络和信息技术,重视高新技术的移植和利用,拓宽智力资源的传播渠道,全面改进传统的编制方法,使信息在生产力诸要素中起到核心的作用,逐步实现施工信息自动化、施工作业机械化、施工技术模块化和系统化,以产生更大的经济效益,增强公路施工企业的竞争力,从而使施工企业能在日益激烈的竞争中获得更好的生存环境。

从施工组织设计编制的特点看:一般情况下,编制施工组织设计是各个施工企业分别独立进行的,它有很强的技术性和综合性,需要编制人员有足够的公路工程理论基础和一定的公路施工经验。公路施工组织设计的内容必须适应施工项目和业主、设计、监理的特殊要求,同时也必须符合国家有关法律、法规、标准及地方规范的要求。公路施工组织设计编制的最终基本要求,是对施工过程起到指导和控制作用,在一定的资源条件下实现工程项目的技术经济效益,达到施工效益与经济效益双赢的目的。

随着科学技术的发展和施工水平的不断提高，随着公路施工企业管理体制的进一步完善，原有的传统施工组织设计编制方法已不能适应现在的需要。公路施工企业为了适应日益激烈的市场竞争形势，适应建筑市场和新型施工管理体制的需要，要具备修建高等级公路的技术力量和手段，就必须对现在的施工组织设计的编制方法进行改进。实施办法如下：

(1)利用数学方法、网络技术和计算机来编制施工进度计划、施工作业计划和进行施工管理，有助于提高施工组织和管理的技术水平，缩短建设工期和降低工程造价。

(2)选择合理的施工方案是施工组织设计的核心。公路施工企业应根据多年积累的施工技术资料，同时借鉴国内外先进施工技术，运用现代科学管理方法并结合工程项目的特殊性，从技术及经济上互相比较，从中选出最合理的方案来编制施工组织设计，使技术上的可行性同经济上的合理性统一起来。

(3)运用系统的观念和方法，建立施工组织设计编制工作的标准。行业管理部门如能对公路建设中的大中型项目施工组织设计进行收集，经过分析和归纳、整理并发布，则能使先进的施工组织设计更能发挥效益，减少编制人员重复劳动，而且能推广先进经验。

(4)公路施工企业应实行施工组织设计的模块化编制，更多地运用现代化信息技术，以便进行积累、分组、交流及重复应用，通过各个技术模块的优化组合，减少无效劳动。

(5)公路施工企业应改变施工组织设计由技术部门包揽的做法，实行谁主管项目实施，就由谁负责主持编制并执行的方法，使施工组织设计能较好地服务于施工管理的全过程。

(6)努力贯彻国家质量管理和保证体系标准，建立并完善科学的、规范的质量保证体系。逐项地编制质量保证计划，应与施工组织设计工作同时进行，并努力使二者有机地结合起来。

公路施工组织设计必须扩大深度和范围，对设计图纸的合理性和经济性作出评估，实现设计和施工技术的一体化。公路施工企业要建立施工组织设计总结与工法制度，扩大技术积累，加快技术转化，使新的技术成果在施工组织设计中得到应用。

本书的任务是给予读者一定的解决问题的办法，使其能利用这些办法解决在施工组织和进行施工过程中所产生的各种问题，并有能力采用最佳方案保证施工任务的完成。

复习思考题

1. 基本建设的定义是什么？
2. 基本建设项目按不同的标准可分为哪几类？其含义是什么？
3. 基本建设项目的组成及各组成部分的含义是什么？
4. 公路建设项目可行性研究报告的主要内容有哪些？
5. 施工图设计文件一般由哪几部分组成？
6. 什么是公路建设项目后评价？公路建设项目后评价报告的主要内容是什么？
7. 什么是公路施工程序？公路施工程序包括哪几个阶段？
8. 公路基本建设程序的各项内容有哪些？

9. 什么是公路施工组织设计？公路施工组织设计的内容有哪些？

10. 公路施工组织设计的作用具体表现在哪几个方面？

11. 公路施工组织设计按编制对象范围的不同可分为哪几类？其含义是什么？

12. 公路施工准备工作由哪几部分组成？

第二章

施工过程组织与流水施工原理

教学要求

1. 分析公路施工生产过程及内容组成；
2. 描述公路施工生产类型及施工过程组织的原则；
3. 论述施工过程空间组织的任务及设置原则；
4. 描述施工过程时间组织的任务、类型及表示方法；
5. 分析并论述施工过程时间组织的基本作业方法及作业方法的综合运用；
6. 描述流水作业的组织形式及组织方法；
7. 识别流水施工的主要参数，并进行计算；
8. 描述流水施工的类别，计算流水作业总工期；
9. 描述流水作业图的形式、作图原则，绘制流水作业图；
10. 确定工程项目合理施工次序及施工总工期。

组织是人们为了快速、高效地达到某一特定目的而人为地使其实施过程系统化、秩序化和科学化的一种管理行为。本章讨论的施工过程组织，主要是指公路建筑产品的生产过程组织。它是公路建设项目管理的一个重要环节，主要研究公路建设项目在施工过程中如何合理地组织与整合施工资源等问题，其内容包括：劳动对象和施工资源的时间组织原理和方法；施工组织机构及生产、生活、运输等各种临时设施的空间分布问题。

由于公路建筑产品不仅要单独设计，单独施工，而且在生产过程中，还需要按照设计文件的要求，结合公路建筑产品的自然条件、工程属性及生产规律，重新组建劳动组织机构，合理布置施工资源的空间位置；还需要采用科学、合理的施工组织方法，重新整合和调动可供利用的人力、财力、材料、机具设备等施工资源，围绕固定的施工地点有效地安排和开展生产活动。可见，施工过程组织在施工生产活动中所起的作用是十分重要的。

我们研究生产过程组织的目的：其一，为了按照生产规律和组织规律合理有效地安排和组织各项生产活动的操作空间、顺序和时间，达到缩短工期的目的；其二，为了科学合理地组织与整合施工资源，挖掘施工潜力，使劳动组织机构高效运转，让施工活动有序开展，提高生产效益，最终实现工期短、产量高、成本低、质量好的施工目标。

•第一节　公路施工生产过程及组织原则•

一、施工生产过程及内容组成

公路建设项目的施工生产过程就是建造或加工公路建筑产品的过程,即劳动者利用劳动工具作用于劳动对象,按预定的目标形成社会所需的公路建筑产品的过程。这一过程由一系列施工生产活动所组成。从产品结构来看,由于公路建筑产品是由路基、路面、桥涵、隧道等构造物及沿线设施构成,而建造一个完整的公路建筑产品还需要从个别的路基、路面等组成部分入手,逐个完成。因此,公路建筑产品的施工生产过程也是由各组成部分的一系列施工活动组合而成。人们通常所说的施工生产过程,具体也指路基、路面等组成部分的施工生产过程,亦可理解为从公路建筑产品整体分割的、能够单独计价的"产品"的生产过程。

1. 施工生产过程的内容

施工生产过程的内容包括劳动过程和自然过程。劳动过程是施工生产过程的基础,公路建筑产品的形成主要是通过组织劳动过程来实现的;自然过程往往是由具体的生产工艺所决定并在施工生产过程中必须包含的环节,如混凝土或半刚性基层的养生过程、油漆干燥的等待过程等。自然过程与劳动过程互相联系,自然结合,亦可构成一个完整的施工生产过程。

从时间组织的意义上看,施工生产过程的延续时间是互相联系的劳动过程和自然过程的总和。其中,一个完整的劳动过程的持续时间又由兴工动料的施工作业时间和技术间歇时间组成。前者是时间组织的主要研究对象,是施工组织考虑的主要因素;后者如隐蔽工程验收、专业队组工点转移等,作为劳动过程不可分割的组成部分,也是施工组织考虑的必然因素。在施工过程中进行时间组织,就是为了使各项生产活动的时间安排的科学合理,以求达到连续生产、缩短工期的目的。

2. 施工生产过程的划分

(1)根据生产活动的性质和所起的作用不同,可将施工生产过程划分为:

①生产准备过程。指开工前进行的所有准备工作,分为前期准备和施工准备,如前期准备工作中的项目建议书、可行性研究等;施工准备工作中的核对设计图纸,编制实施性施工组织设计,组织材料、机械设备进场等。

②基本生产过程。指为完成合格产品而进行的生产活动,即兴工动料,直接进行产品的制作或建造的过程,如砌筑墩台、修筑路基和路面等。

③辅助生产过程。为保证基本生产过程的正常进行所必需的各种辅助生产活动,如维修动力设备(发电机等)、材料开采加工、设备安装等。

④服务生产过程。为基本生产过程和辅助生产过程提供保障的各种服务活动,如物资、材料供应与运输等。

(2)为了满足测算工程造价的需要,现行《公路工程设计概预算文件编制办法》按照公路建筑产品各组成部分的结构类型、性质和施工条件等,对其建筑安装工程的施工生产过程作如下划分:

①对于公路工程,主要按有无独立的施工条件、设计文件以及能否单独作为工程成本核算

对象划分为路基、路面、桥涵、交叉工程、隧道、其他工程与沿线设施、临时工程、管理养护服务房屋共 8 项单位工程。

②对于独立大桥，主要按结构性质（属性相近，工艺、用料基本相同）与部位，分为桥头引道、基础、下部构造、上部构造、沿线设施、调治及其他工程、临时工程共 7 项分部工程。

以上单位工程或分部工程还可按不同的施工方法、工序、材料和质量要求进一步划分为若干分项工程，如路面工程施工又可进一步分为底基层、基层、面层、垫层、联结层、路缘石、路肩等。

二、公路施工过程中的层次划分

基本生产过程是施工过程重要的组成部分，按生产工艺特点和施工组织要求，一般可将基本生产过程逐层分解为动作与操作、工序、操作过程、综合过程四个层次。

1. 动作与操作

动作是工人在劳动时一次完成的最基本活动，如铲料、装料、推送混凝土拌和料等，它是生产活动最基本的组成单元，或者说最基本的生产活动为动作。若干个相互关联的动作组成一个操作。如操作“取运模板”是由“走到模板处、抬起模板、运到安装处、放置模板、返回”等动作组成。

完成一个动作或操作所耗用的时间和占用的空间是测定劳动定额的基础，也是制定劳动定额最重要的原始依据。操作是构成工序的基本单元。

2. 工序

工序是指一个或一组工人对同一劳动对象连续进行的生产活动，它是施工技术相同且在劳动组织上不可分割的施工过程。

从施工项目的工艺流程来看，工艺顺序反映了产品制作的客观规律，施工项目的施工过程就是由一系列具有内在联系的工序构成。工序是构成操作过程的基本单元，它作为进行生产组织的基本对象，往往也是施工生产过程组织的最小单元。

从工序本身的组成要素来看，工序是由一系列互相关联的操作组成，如“浇筑混凝土”这道工序是由“运倒混凝土、摊铺混凝土、振捣、抹光或成型”五个操作组成。

完成一道完整的工序一般需要具备以下五个因素：即劳动者（工人或编组）、劳动对象、劳动工具（包括施工机具）、劳动地点及生产活动时间必须连续。若其中一个因素发生变化，则认为不是一道工序。如安装模板和拆除模板，因作业时间不连续，属于两道工序；又如弯制钢筋和焊接骨架，虽然作业时间可能连续，但劳动对象及工具不同也属两道工序等。

3. 操作过程

指按生产工艺特点和施工组织要求所进行的施工活动，它由几个在技术上相互关联的工序组成，可以相对独立地完成某一工程细部、构件或分项工程。如“预制钢筋混凝土构件”就是一个操作过程，它是由“安装模板、安放钢筋、制备混凝土、浇筑混凝土、拆模和养生”6 道工序组成。

操作过程又是综合过程的组成单元，如“土方路基工程”是一个综合过程，它包含“推土机铲土、铲运机运土、机械压实土方和整修路基”等操作过程。

4. 综合过程

由若干个在产品结构上密切联系、综合后又能获得一种“成品”的操作过程组成。如路面工程就是一个综合过程，包含路槽、路肩、垫层、基层、面层等操作过程。完成这些操作过程，最终形成了一个可以独立成为成本核算对象的“成品路面”，即单位工程。

总之，基本生产过程一般可划分“综合过程→操作过程→工序→操作→动作”5个层次。由于各施工项目的工程属性及施工对象不同，其施工过程也千差万别，一般按上述5个层次逐级划分很难。但根据不同的需要，明确地细分为工序、操作过程等较低的层次却很容易。究竟如何划分一个建筑产品的施工生产过程，应视划分目的以及是否有利于进行科学组织与管理需要而定。

三、施工生产类型

生产类型是区分生产性质的标志，它反映了各类生产活动的特征及生产特点。生产类型不同，生产过程亦不同，在生产组织和管理方面也有不同特点。我们讨论生产类型的目的就是为了寻求各种生产类型的生产组织规律，以便在管理时“对症下药”。

1. 按产品和工艺特点划分

(1)固定性产品生产：劳动对象固定，劳动者携带劳动工具围绕劳动对象移动。通常土木建筑工程如路基施工、路面施工、桥梁下部施工等均属此类，也称建筑施工性生产，由于这种生产类型需要的人力、材料和施工机具设备处在不断变化和流动状态，其生产过程组织较为复杂，也极其重要。

(2)移动性产品生产：劳动者及设备相对固定，劳动对象沿着生产线移动。普通商品如电视机、啤酒等生产大多属于此类，也称加工装配性生产。在公路工程施工过程中，一些半成品如机制路缘石、拌和厂生产沥青混合料等，亦可按这种生产类型加工制作。因这种生产类型的施工资源相对稳定，其生产过程组织比较简单。

2. 按产品生产的重复性划分

(1)单件生产：每件产品存在构造差异，需要单独设计但仅制造一次，存在多道工序需多工种配合完成产品，专业化生产程度低，如路基、涵洞、挡土墙施工等。

(2)批量生产：产品规格不同，批量构造统一，用量较小，工序、工种相对稳定，专业化程度较高，可周期性地重复和批量生产，如涵管、盖板预制(孔径不同，布筋不同)等。

(3)大量生产：产品规格单一，产品结构及使用材料一致，用量大，工序、工种稳定，专业化生产程度很高，可连续大量地生产，如路缘石、护栏柱等。

由此可见，公路建筑产品的生产类型基本属于固定性产品生产，从产品生产的重复性来看，也主要以单件生产和批量生产为主。

四、施工过程的组织原则

为了使施工生产过程能够符合客观的生产规律，充分保证各项生产活动安排和组织的合理性与科学性，我们在进行施工组织设计时都应遵守以下基本原则：

1. 施工过程的连续性

指施工过程的各阶段、各工序应紧密衔接，在时间上保持连续作业的特性。具体表现为使劳动对象始终处于被加工、检验或自然状态下，避免发生不合理的中断、闲置或停工现象；使各施工作业班组、主要机械设备始终处在连续的工作或作业状态。在施工过程中，如果能够合理地保持施工过程的连续性，可以缩短工期，保证产品质量，减少投入，降低成本，提高经济效益。

2. 施工过程的协调性

协调性又称比例性，指施工过程的各阶段、各工序之间在生产能力上要保持一定的比例关系，不发生脱节和比例失调的现象。主要体现在：

(1)各工序间在施工能力上应保持适当的比例关系。如路面施工时，拌和站的出料能力应略大于车辆的运料能力就不会出现窝工现象。

(2)每道工序的人力、机械配备及占用的工作面应保持适当的比例关系。如人工配合摊铺机摊铺沥青混合料时，如果配合比例不当，就会造成人工工日损失。

(3)人力、材料、设备、资金等资源供应与生产进度，应保持适当的比例关系。

施工过程的协调性在很大程度上取决于施工组织设计的正确性。同时，也会受到材料供应、机械故障及操作熟练程度、自然因素变化等因素的影响。因此，在施工过程中，应该精心进行施工组织、合理配备施工资源才能保证协调生产。保持施工过程的协调性可以充分挖掘人工和机械潜力，避免资源浪费，提高生产效益。

3. 施工过程的均衡性

均衡性又称节奏性，指在某一时段内，施工资源的投入和产出应保持相等或稳定递增的特性，即施工过程应具有相对稳定的施工节奏，不能时紧时松。均衡生产能充分利用设备和工时，避免突击赶工造成的各种损失，有利于生产安全和提高施工质量，便于组织和调配劳动力及机械设备，也可按照合理工期完成公路建筑产品的生产任务，获取理想的经济效益。

施工过程的协调性是实现施工过程均衡性的前提条件。要保证施工过程的均衡性，必须保持生产的比例性，加强计划管理，强化生产的组织、协调和调度系统，做好施工技术和物资准备。

4. 施工过程的经济性

指通过科学合理的施工过程组织与管理，合法谋求最大的经济利益的特性，即在保证工期和质量的前提下，用最小的劳动消耗谋取最大的生产效益。在进行施工过程组织时，切实贯彻和体现经济性原则是施工过程组织的根本条件。施工组织设计始终应以经济性原则为杠杆，衡量施工组织的合理性，这是因为：

(1)在进行施工过程组织时，连续性、协调性、均衡性保持的好坏与否，最终要通过经济性体现出来。

(2)施工过程的连续性、协调性、均衡性与经济性，是互为条件、相互制约的关系。

• 第二节　施工过程的空间组织 •

一、施工过程空间组织的任务

公路施工过程的空间组织主要解决如何设置项目管理机构和生产机构，以及这些机构及其机械、设备在施工过程中的空间(或平面)布置问题。具体任务为：

(1)根据拟建项目的工程属性和施工需要,建立项目施工管理机构和生产机构。

(2)合理布置生产设备、生活及服务设施的平面位置,绘制施工总平面图和施工现场平面图,保证生产、生活及服务过程安全畅通(将在第四章第七节中讨论)。

(3)合理布设临时辅助设施,切实安排各工序及其工艺过程的操作空间和工作面,保证施工安全和施工过程的流畅性和连续性。

二、施工生产作业单位的设置原则

在进行施工过程组织前,首先根据工程属性及施工方案的需要组建施工生产作业单位。其设置原则如下:

1. 按工艺原则(工艺专业化)设置作业单位

(1)设置方法:将同工种的工人和所需机械设备集中在一起,为完成同一工艺(工序)施工而组建生产作业单位,如木工班、钢筋班、车队、开山爆破组等。

(2)特点:有助于提高班组人员的专业技能;能充分发挥班组人员及其机具、设备的潜力;便于专业化管理,有利于形成默契、高效的团队。但是,这类班组一般只能完成一道工艺(工序),不能独立生产"产品"(包括构件、半成品或分项工程),施工组织管理难度大,其关键环节是调配、协作与配合。

(3)适用范围:适应于多品种、多规格的产品生产,以单件生产为主。

2. 按对象原则(产品专业化)设置作业单位

(1)设置方法:将生产某种"产品"(包括构件、半成品或分项工程)所需的工人、机具设备集中在一起,为完成该"产品"需进行不同工艺施工而组建的生产作业单位。

(2)特点:可以组织流水作业,实现连续与均衡生产;便于施工组织与集中管理;省时省料,便于质量控制。但是,这类班组设备分散,不能充分发挥设备潜力,设备投入大,对品种变化的适应能力较差。

(3)适应范围:适应于品种少、规模小的产品生产,以批量生产为主,如混凝土构件、配件、大梁、涵管预制厂、桥涵施工队、路面施工队等。

•第三节　施工过程的时间组织•

施工过程的时间组织是施工过程组织的核心。其内容主要包括:根据拟定的施工方法和工程属性合理选择作业方式;科学安排施工顺序;在满足业主工期要求和保证工程质量的前提下,制订切实可行的进度计划;根据进度计划进行工期优化,满足合同工期要求。进度计划是施工组织设计的核心内容,也是时间组织成果的最终体现。进行时间组织的目的就是为了制定并优化施工进度计划,缩短工期,保证施工过程的连续性、均衡性、节奏性,使各项施工活动在充分体现效益与秩序中逐步展开和完成。

一、时间组织的任务、类型及表示方法

1. 时间组织的主要任务

合理选择作业方法,科学安排施工顺序,编制并优化进度计划,缩短工期,满足合同工期要求。

2. 时间组织的类型

公路施工过程时间组织的类型主要有以下三种：

(1)单段多工序型。指施工项目只有一个施工段并含有若干道工序的施工生产过程，如单向掘进的独立隧道工程。这种类型的施工生产过程时间组织比较简单，一般按工艺顺序和各工序作业工期确定施工工期。施工组织过程中需要重点解决的是各道工序的生产力配置问题。

(2)多段多工序型。指一个工程项目包含或可划分为若干个施工段，而每个施工段又含有若干道工序的施工生产过程。这种类型的施工生产过程时间组织比较复杂，可按实际需要采用多种形式和方法进行时间组织，但需要合理解决各施工段的施工顺序和施工资源配置问题，加强生产过程的组织协调和调度工作。

(3)混合型。指一个建设项目中存在多个施工段，既包含相对独立的单段多工序生产过程，又包含有相对独立的多段多工序的施工生产过程。公路建设项目具有点多线长和固定分散的特点，多属于混合型施工过程。

3. 时间组织的表示方法

如果采用人们习惯使用的语言文字来表达施工生产过程时间组织的内容和成果，就具有很大的局限性，当工程项目的施工过程比较复杂时，更是“词不达意”，这不符合表达技术含义需准确、唯一的要求。为此，在长期的生产实践中，人们创造出了灵活多样、简捷直观、方便实用，并能真正表达施工过程时间组织内含的表达方式，即用含有大量数据、信息的图表，表示施工过程时间组织的内容和成果，通常称其为工程施工计划进度图。主要有以下三种：

(1)横道图(又称横线图或甘特图)。它是将各项生产任务的作业时间用一条横向线段(横道)表示在具有时间坐标的表栏上的形式。横道图有横向工序式和横向工段式两种表现形式，分别如图 2-1 和图 2-2 所示。

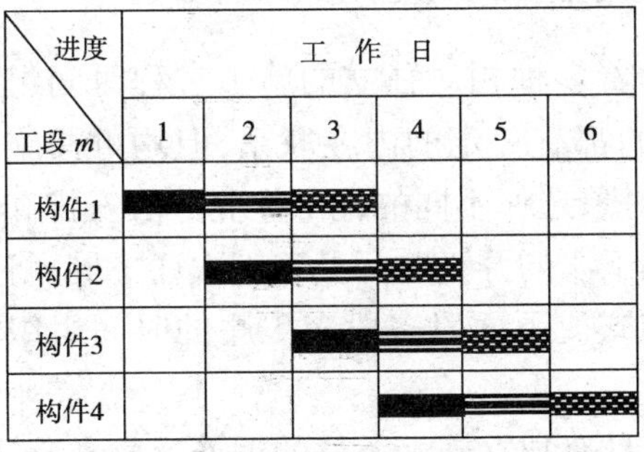

图 2-1　横向工序式施工进度图

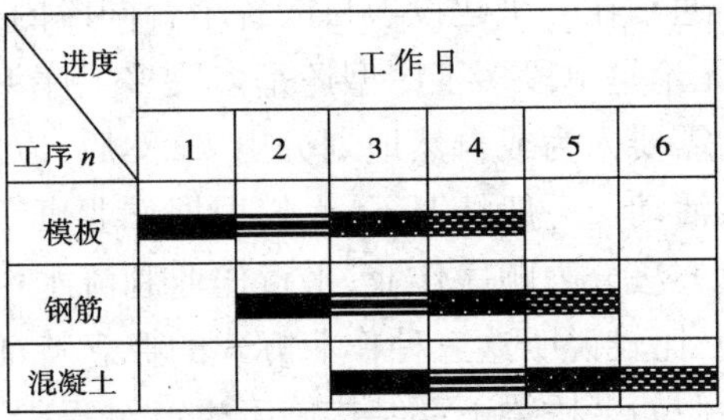

图 2-2　横向工段式施工进度图

(2)斜线图(又称垂直图或坐标图)。它在图式上与横道图的区别仅仅是用斜线表示各项施工任务的时间进程，而且绘图的过程是由下至上进行的。斜线图有斜线工序式和斜线工段式两种表现形式，分别如图 2-3 和图 2-4 所示。

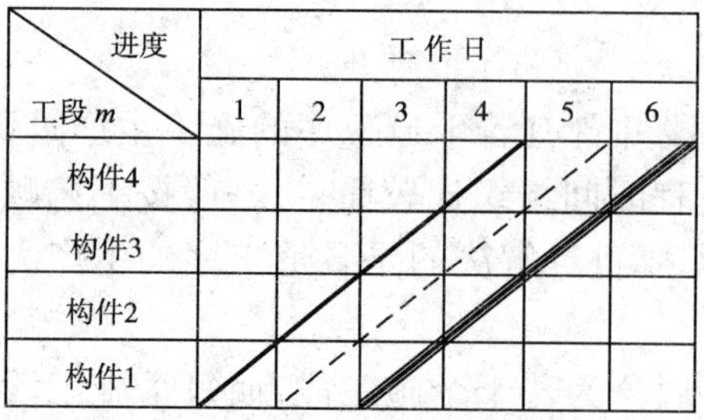

图例：钢筋 —— 模板 - - - 混凝土 ═══

图 2-3 斜线工序式施工进度图

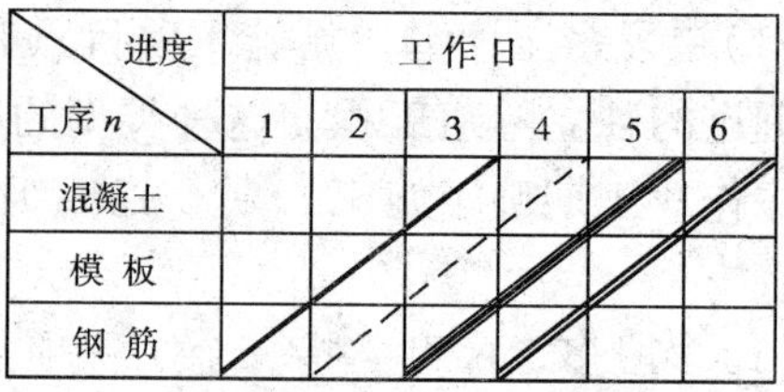

图例：构件1 —— 构件2 - - - 构件3 ═══ 构件4 ═══

图 2-4 斜线工段式施工进度图

(3)网络计划图。网络图是由箭线和节点组成的，用来表示工作流程的有序有向的网状图形。在网络图上搭接作业时间等参数编制的施工进度计划称为网络计划。它是目前工程上广泛使用的、较为科学的时间组织成果表达方式。常见的网络计划有单代号、双代号、时标、搭接、流水网络等形式，图 2-5 所示为双代号网络计划。

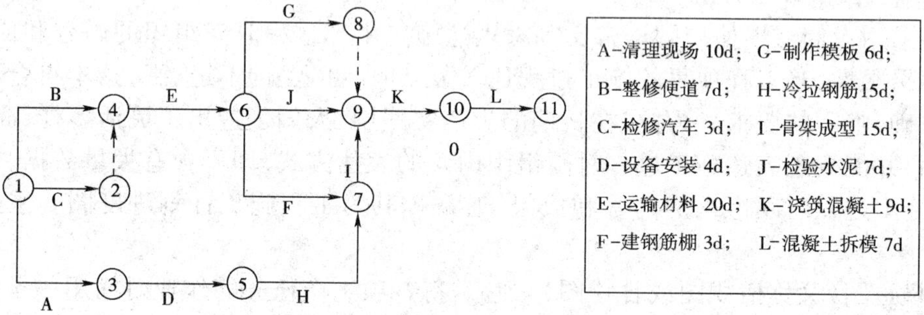

图 2-5 双代号网络计划图

二、时间组织的基本作业方法及比较

通常在一个建设项目的各个合同段内，往往隐含着多种相对独立的施工过程时间组织类型，无论是单段多工序型还是多段多工序型，虽然它们都有一定的内在联系，但均可按施工组织的需要人为或自然地划分出来，然后，以施工段为对象选择不同的施工作业方法安排和开展施工活动。一般情况下，人们根据作业班组投入各施工段的开工时间及施工次序不同，将施工作业方法分为顺序作业、平行作业和流水作业三种方式。下面以多段多工序的时间组织类型为例，比较说明这三种作业方式的概念特征。

假如某桥梁下部结构施工生产过程中，含有 4 个具有独立施工条件的钢筋混凝土盖梁，这 4 个桥墩的盖梁自然形成 4 个独立的施工段，则施工段数 $m=4$；若制作每个盖梁的施工任务量相等(即劳动量、施工技术条件、工程属性完全相同)，并可按制作模板、钢筋骨架成型和浇筑混凝土 3 道工序施工，则工序数 $n=3$。显然，这是 4 个施工段和 3 道工序的施工生产时间组织类型。

前提条件：施工前，按工艺原则每道工序设置一个专业班组，3 道工序共需组建 3 个专业班组，分别为木工班、钢筋班和混凝土班，每班组需要人工分别为 3、4、6 人，每 2 天完成一道工序。

1. 顺序作业法

(1)定义:指从某一个施工段开始做起,各专业作业班组按工艺顺序先后投入,完成一个施工段的全部施工任务后,接着再去完成另一个施工段的任务,直至完成全部任务的作业方法称为顺序作业法,如图 2-6 所示。

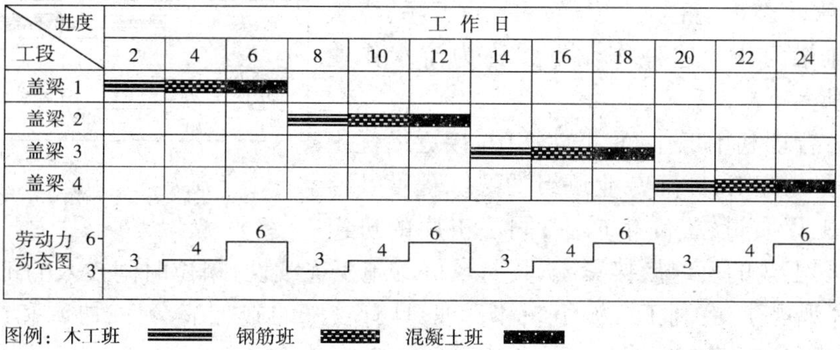

图 2-6　顺序作业法横道图

(2)特点:任何时段投入的劳动力和材料需要量少,有利于资源组织管理;作业地点集中,便于施工管理;设备投入少,但利用率不高;不能充分利用工作面争取时间,生产周期长;专业作业班组和材料供应都为间歇作业,不能连续施工,浪费劳动资源,生产效率低下。

(3)工期计算:由图 2-6 可知,若完成一个施工段的全部工序(一个盖梁)所需时间为 t_i,则完成 m 个施工段的所有工序需要的时间即为总工期 T:

$$T = \sum_{i=1}^{m} t_i \tag{2-1}$$

式中:t_i——完成某施工段所有工序的持续时间,$i = 1 \sim m$。

由式(2-1)可知,本例按顺序作业法布置总工期为:$T = \sum_{i=1}^{m} t_i = m \times t_i = 4 \times 6 = 24\text{d}$。

2. 平行作业法

(1)定义:指各施工段同时开工进行第一道工序作业,完成第一道工序后,按照工艺顺序依次投入后继工序作业,直至完成工段上所有的工序,这种作业方法称为平行作业法,如图 2-7 所示。

(2)特点:平行作业可充分利用工作面,生产周期短;劳动力、材料及机械投入量大且时间集中,施工节奏性和均衡性较差;各专业队组间歇作业,不能连续施工,施工连续性较差;作业地点分散,不便进行组织管理。

(3)工期计算:由图 2-7 可知,平行作业的总工期 T 等于 m 个施工段中作业时间最长的那个任务的作业持续时间,即:

$$T = \max\{t_j\} \tag{2-2}$$

式中:t_j——完成某施工段的施工任务所延续的时间,$j = 1 \sim m$。

由式(2-2)可知,本例按平行作业法布置总工期为:$T = \max\{t_j\} = 3\text{d}$

3. 流水作业法

(1)定义:指各工段相隔一定时间依次开工,各班组按工艺顺序依次投入,相同的工序连续生产，不同工序平行生产的作业方法。比如盖梁施工时，可让进行第一道工序施工的木工班首先进入某一工段，待制备该工段的模板后，移到下一个工段；此时该工段工作面空出，已具备了下一道工序的施工条件，再让完成第二道工序的钢筋工进入该工段加工盖梁钢筋骨架，依此类推，直至完成最后一道工序、浇筑完成所有的盖梁为止。这种作业方法称为流水作业法，如图2-8所示。

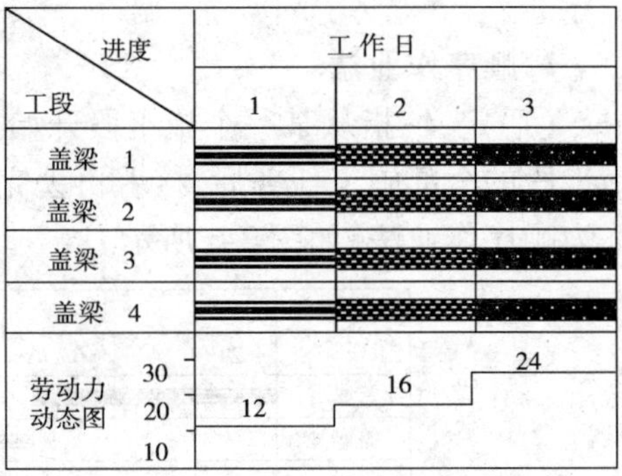

图2-7　平行作业法横道图

(2)特点：合理利用工作面，工期适中，接近最优工期；有利于专业化施工，提高专业班组的熟练程度及专业技能，保证工程质量，提高生产率；同一工序的班组连续作业，不同工艺的班组衔接紧凑，具有较好的施工连续性；单位时间投入的工料均衡，符合资源供应的客观规律，有利于资源组织和管理，具有较好的施工节奏性；协调和组织工作难度大，应加强协调和调度管理。

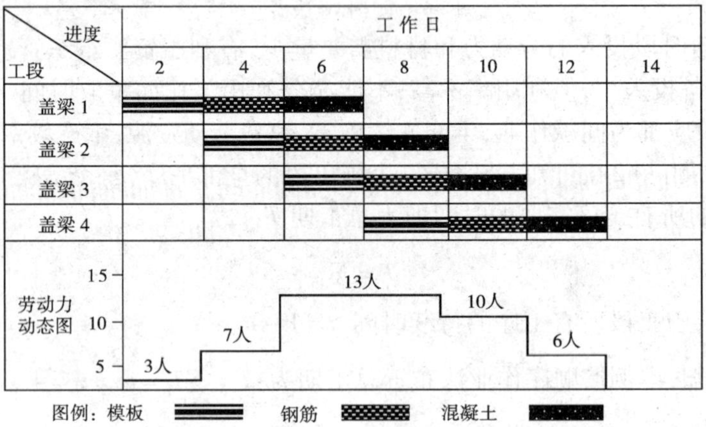

图2-8　流水作业法横道图

(3)工期计算：公式来源及含义见本章第五节式(2-9)：

$$T = T_o + T_n = (m-1) \times K + n \cdot t_i = (m+n-1) \cdot t_i$$

$$= (4+3-1) \times 2 = 12\text{d}$$

总之，在任何合同段的施工生产过程中，从局部生产来看，可以根据具体的施工条件和不同的需要，单独采用以上三种方法组织生产活动，各有所长。其中，流水作业是在平行和顺序作业的基础上发展起来的，平行作业是保持连续性的先决条件，流水作业是在合理利用资源的情况下，保持施工过程连续性的有效方法。由于流水作业能够较好地体现施工组织的四个原则，可以实现连续、均衡和协调生产，反映了单段多工序型施工组织的客观规律，所以，它是成批生产的最优方法，具有较高的经济性，有利于提高施工生产的经济效益。

平行作业法的显著特点是充分利用工作面来加快工程进度，因此，从合同段（或项目）总体的施工过程来看，可在开工后充分利用可开辟的各种工作面，组织路基土方、小桥涵、桥梁下部、预制构件、材料采集等若干条生产线平行作业，各生产线可各自为政，分工协作。显然平行作业法是进行施工全过程组织的基本方法，也是采取赶工措施、加快工程进度的有效途径。

至于顺序作业法，对于那些可划分的、相对独立的单段多工序型生产时间组织类型，若按施工项目内在的工艺顺序组织生产，较为符合多段多工序型施工过程的客观规律，有利于有序地展开施工活动。特别是进行合同段（或项目）的全过程施工组织时，将它与平行作业法综合运用，弥补了二者的缺陷，发挥了二者的优势，也是一种较为实用和合理的施工组织方法。

三、基本作业方法的综合运用

施工过程时间组织的三种方式不仅可以在局部单独运用，也可从全局出发，将三种作业方式结合起来，综合运用，形成平行流水作业、平行顺序作业以及立体交叉平行流水作业等形式。实际工作中，若能根据施工条件合理运用这些作业方式，往往可以取得明显的经济效果。

1. 平行流水作业法

它是把合同段（或项目）的施工过程分成几条生产线平行施工，而在完成某一生产线的具体施工任务时，即可人为划分出具有相同工序及工艺顺序的若干施工段组织流水作业，又可把具有独立施工条件和工艺顺序的若干分部、分项工程归并起来组织成流水作业，有效地保证施工过程的连续性和节奏性，这种作业方法称为平行流水作业法。

特点：工、料、机需要量比较均衡；工期比流水作业法短；能够有效地缩短专业队组的间歇时间；充分利用施工资源。

2. 平行顺序作业法

它是把合同段（或项目）的施工过程分成几条生产线平行施工；而在完成其中某条生产线的具体施工任务时，又可将具有独立施工条件，但工艺顺序互不相同的若干分项工程组织成顺序作业的一种作业方法。

特点：适合于突击性工程或合同段内含有若干个相对独立的单段多工序型施工过程的项目。

3. 立体交叉平行流水作业法

它是在流水作业的基础上，利用一切可能利用的空间和工作面开展立体交叉作业的一种施工方法。适用于大型构造物的施工，如大桥、立体交叉工程等。在工作面受限制时，可充分利用工作面，有效地缩短工期。

基本作业方法的综合运用，主要用于工程项目施工过程的总体安排和布局方面，如果有条件，也可灵活运用于局部的分部、分项工程中进行施工过程组织。但必须从实际需要出发，结合施工方案、施工条件和工程属性合理运用时才能达到预期效果。

•第四节　流水施工原理•

流水作业法是建立在合理分工、紧密协作和批量生产基础上的一种科学合理的施工组织方法。由于它能充分体现施工过程的连续性、均衡性和协调性，经济效果突出，人们在进行施工过程组织时，只要条件容许，就尽可能采用此法来组织施工。为了深入了解并合理运用流水作业法，本节将进一步讨论流水施工组织的基本原理。

一、流水作业的组织形式

1. 组织流水作业的前提条件

(1)具备若干个施工段(俗称工段)。施工段是具有独立施工条件和一定工作面的施工段落。通常施工段是人们根据施工方案要求和施工组织需要,自然地或按结构组成界限人为地从公路建筑产品中划分出来的施工单元,作为施工组织的研究对象,施工段的存在为组织流水作业创造了必要的条件。

施工段可以是批量生产的构件,如梁、板等;也可能是具有独立工作条件和工作面的分部、分项工程,如若干结构类型相同的涵洞,具有独立施工条件的石方工程或若干桥墩等。一般情况下,施工段是指劳动量大致相等的、具有独立施工条件和相同工艺顺序的若干个施工段落。

(2)每个施工段的施工过程基本相同。每个施工段的施工生产过程必须是由若干道工序或操作过程组成,而各施工段的工序及工艺顺序基本是相同的。

(3)每道工序由专门组建的专业施工队(组)完成。按工艺原则组建专业施工队(组),每道专业性较强的工序(或操作过程)都必须由相应的专业队(组)来完成。

2. 流水作业的组织方式

首先,将公路建筑产品的组成部分或其分部、分项工程,划分为施工过程基本相同的施工段,并按施工段的每道主要工序(或操作过程)及工艺顺序组建相应的专业施工队(组)。其次,从某一施工段开始,让专业施工队(组)按照工艺顺序(工序的先后次序)相隔一定时间依次投入该工段,完成该段的施工任务后,再让专业队(组)携带必要的机具,按各工段的先后施工次序在不同的施工段上移动,依次并连续进行各施工段上相同工序的施工,逐段完成同类工序,直至各施工队完成所有的施工任务。

一般情况下,专业队(组)的劳动工具及劳动对象是基本不变的,我们把劳动力及其劳动工具的移动路线叫施工流水线。

流水施工组织的关键是确保施工连续性,使不同工种的专业队完成工作的时间尽可能衔接起来。即不同工种的专业队(组)在同一工段上工序交接时尽可能连续或使间歇时间最小;某一工种的专业队(组)在完成不同施工段上的同类工序后,移动时尽可能连续或减少间歇时间。

二、流水施工的主要参数及其相互关系

流水作业施工过程是一个相对独立和完整的系统,在这一系统中,决定流水作业状态和结果的主要因素是流水作业参数,包括时间参数、工艺参数和空间参数。理解这些参数的相互关系以及在系统中的作用,是能否正确、合理运用流水施工原理的关键所在。下面就用一个工程实例说明流水作业参数的概念及其相互关系。

设某工程各工序作业持续时间如表 2-1 所列,工段数 $m=4$;工序数 $n=3$。据此绘制流水作业横道图,如图 2-9 所示。

1. 空间参数

空间参数包括施工段数 m 和工作面 A,它们反映了流水作业的空间分布位置及操作空间

的大小,决定着施工资源投入的限度。

拱涵各工序作业时间(流水节拍)表 表 2-1

工段 m / 工序 n	拱涵 1	拱涵 2	拱涵 3	拱涵 4
开挖基础	2	1	3	2
砌筑	1	2	2	2
回填	3	2	2	1

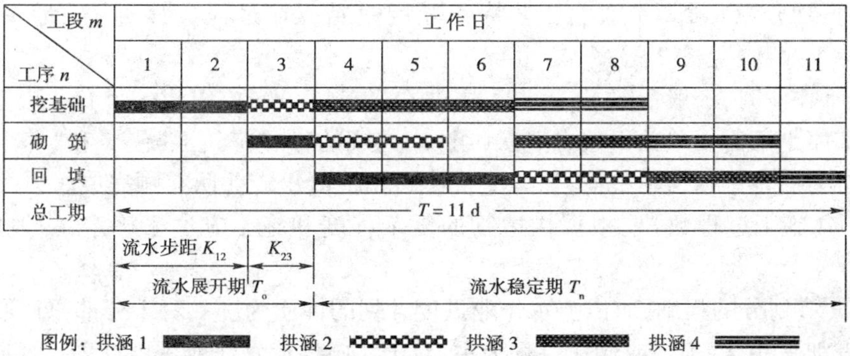

图 2-9 某工序流水作业横道图

1)工作面 A

在施工段上,为生产工人及机械设备所能提供或可供利用的操作空间称为工作面,它反映了施工作业所占用的操作空间的大小。

工作面的大小应根据工艺要求及施工组织需要确定。人为开辟的工作面应以"既要充分发挥人机效率,还要遵守安全操作规程要求"为度来确定它的大小,如钻孔平台,挖方现场等;当工作面大小由结构界限限定时,能够投入的生产资料是有限的,有时它是决定某道工序作业时间长短的主要依据,如开挖基坑等。

2)施工段数 m

施工段数是指组织流水作业时,人为或自然划分出的施工段落数目,它反映了流水作业过程中施工队及其机械设备的位置和分布状态(见图 2-9)。通常划分施工段有两种方法:其一,根据独立的施工条件自然组合而成;其二,根据施工方案要求及施工组织需要人为划分。划分施工段的目的是为了多创工作面,给下道工序尽早开工创造条件;也为了给不同的专业队(组)同时作业创造必要条件。

划分施工段的要点:

(1)人为划分施工段时,要使各施工段劳动量大致相等,相差以不超过 15% 为宜;

(2)自然组合施工段时,应考虑是否具备独立的施工条件,相同的结构类型以及是否具备相同的工序及工艺顺序;

(3)施工段的划分,应考虑施工规模、资源供应等,通常以主导工序的组织为依据,保证完成主导工序的专业队能够连续施工;

(4)施工段的划分,应考虑施工对象的结构完整性,如大型人工构造物以伸缩缝、沉降缝为界分段,一般的工程结构应在受力最小而又不影响结构外观的位置分段;

(5)施工段的划分,要考虑各专业队(组)是否有合适的工作面。

2. 工艺参数

工艺参数包括施工过程数 n 和流水强度 V,它们反映了流水作业过程的工艺特征顺序以及工艺作业过程的快慢程度,在很大程度上,它决定了流水施工作业的速度。

1)施工过程数 n

在流水作业中,通常把一个施工段的施工过程称为一项施工任务,若有 m 个施工段,就有 m 项施工任务。这些施工任务无论是制作一个构件,还是完成一个分部分项工程,它们的施工生产过程均可划分为 n 个具有独自工艺特点的工序(或操作过程),其划分数量 n 即称为施工过程数,又称工序数(见图 2-9)。

组织流水作业时,一般情况下,一道工序(或操作过程)需要组建一个专业班组来完成,实际上,有些工序是不需要单独组建专业队(组)来完成的,如"浇筑混凝土"和"养生"虽是两道工序,但不必为后者单独组建"养生队",它完全可由混凝土专业队兼顾完成。

工序数 n(施工过程数)要根据构造物的复杂程度和施工方法来确定,一般应注意以下问题:

(1)"工序"划分的粗细,应以流水作业进度计划的性质为度。对于分部、分项工程进度计划,应划分得细一些,以工序或操作过程为主;对于实施性流水作业进度计划,可划分到分项工程;对于控制性的进度计划,应划分得粗一些,可以是单位工程,甚至是单项工程。

(2)结合所选择的施工方案划分工序。如桥梁上部结构施工时,现浇钢筋混凝土梁、板与预制安装梁或板,两者划分施工工序的差异是很大的。

(3)划分"工序"应重点突出,抓住主要工序,不宜太细,使流水作业进度计划简明扼要。如路面工程可以划分为底基层、基层、面层,而将路缘石、路肩等操作过程归并其中。

(4)一个流水作业进度计划内的所有"工序"应按施工先后顺序排列,反映施工过程的客观规律,所采用的名称应与现行定额的项目名称一致。

2)流水强度 V

流水强度又称流水能力或生产能力,指每一作业班组在单位时间内所完成的工程数量,它反映了流水作业工艺过程流动的强弱程度,决定了施工的速度。

(1)机械施工过程的流水强度按式(2-3)计算。

$$V = \sum_{i=1}^{x} R_i C_i \tag{2-3}$$

式中:R_i——某种施工机械台数;

C_i——该种施工机械台班生产率,即台班的产量定额(时间定额的倒数);

x——投入同一工序的主导施工机械种类。

(2)手工操作过程的流水强度按式(2-4)计算。

$$V = RC \tag{2-4}$$

式中:R——每一个作业班组人数;

C——每一个工人每班产量(产量定额)。

3. 时间参数

时间参数包括流水节拍 t_i 和流水步距 K,如图 2-8 所示。它们反映了流水作业过程的时间流动状态和节奏性，是决定总工期长短的主要因素。

1）流水节拍 t_i

指专业队（组）在施工段上完成某一道工序（或操作过程）的延续时间，用 t_i 表示，如表 2-1 中数字和图 2-9 所示。流水节拍的长短决定了流水作业施工过程的节奏性，并与总工期成正比，流水节拍长，总工期也长。

决定某道工序流水节拍 t_i 长短的主要因素有：该道工序的施工方案、劳动量或作业量、投入人工及机械设备的数量、作业班制，同时还受到工作面的限制。流水节拍的确定方法有：

（1）定额计算法。在正常的施工组织条件下，通过查用定额，根据式（2-5）计算。

$$t_i = \frac{Q_i S_i}{R_i n_i} = \frac{P_i}{R_i n_i} \tag{2-5}$$

式中：t_i——工段上第 i 道工序的流水节拍；

Q_i——工段上第 i 道工序要完成的工程量，Q_i = 实际工程量/定额单位；

P_i——工段上第 i 道工序的劳动量或作业量，即完成第 i 道工序需要的人工工日数或机械台班数；

S_i——工段上第 i 道工序的时间定额，即完成单位合格产品的时间；

R_i——完成工段上第 i 道工序的专业队需要的人工或机械台数，受工作面限制；

n_i——完成工段上第 i 道工序的专业队的作业班制数，可采用一、二或三班制。

（2）三种时间估算法。当有些工序的工艺、技术等经改进和革新后无定额可循，无法直接用定额方法确定流水节拍 t_i 时，可根据以往的施工经验，估计三种时间，计算其加权平均值，采用应用数学中的概率统计方法确定流水节拍 t_i：

$$t_i = \frac{|a + 4c + b|}{6} \tag{2-6}$$

式中：t_i——根据三种估算时间计算的加权平均时间；

a——根据经验估算的最乐观的完成时间；

b——根据经验估算的最悲观的完成时间；

c——最有可能完成该道工序的时间。

（3）倒排工期法。当施工项目的工期很紧，必须在规定工期完成施工任务，而且施工项目的整个生产过程又能组织成平行流水作业或流水作业时，可根据合同分解的阶段性工期要求，有时采用倒排进度的方法求流水节拍 t_i 是合理可行的。首先根据要求的总工期 T 倒排进度，确定某一生产线（或施工过程）的施工作业总持续时间 T_Z；再按施工段数 m 用式（2-7）计算各施工段的作业持续时间。

$$T_i = \frac{T_Z}{m} \tag{2-7}$$

然后，考虑施工过程的技术与组织间歇时间，根据施工段的工艺顺序及工序数 n 反算流水节拍 t_i。由于流水节拍要受到施工段的工作面大小的限制，因此，要检查反算的流水节拍 t_i 是否大于由工作面限制的最小流水节拍 t_{min}，如果不满足就可采取调整施工段数 m、作业班制和提高机械设备的生产率等组织与技术措施，再综合考虑其他因素重新确定 t_i。其计算公式为：

$$t_i = A_{min}\mu \tag{2-8}$$

式中：t_i——施工段上某道工序的流水节拍，即作业时间；

μ——单位面积所含劳动量或作业量 $\mu = \frac{Q_i S}{A}$；

A_{min}——每个人或每台机械作业所需的最小工作面；

A——一个施工段仅能利用或提供的工作面面积；

Q_i——施工段上某道工序的工程数量（Q_i = 实际工程量/定额单位）；

S——该道工序的时间定额。

(4)经验法。企业在以往的施工过程中，根据企业本身的施工技术及施工组织与管理特点，积累了许多有关分部、分项工程施工过程组织的经验数据，有些企业还制定了自己的核算指标及施工定额。依据这些经验数据确定流水节拍，更能反映企业的施工技术和管理水平，也比较简捷，切合实际，更具实效性。可见，依据企业的有关定额、施工经验或实际劳动生产率确定流水节拍也是一种简单实用的有效方法。

2)流水步距 K

指两相邻工序的专业队（组）相继投入同一（第一）施工段开始工作时的时间间隔，即开始时间差，用 K 表示。如图 2-9 中的 K_{12} 和 K_{23}。

流水步距的大小与总工期成正比。在施工段数目和流水节拍确定的条件下，流水步距越大，总工期就越长，反之，流水步距越小，总工期就越短。

确定流水步距的基本要求是：

(1)确定流水步距始终应保证相邻两个工序客观存在的先后工艺顺序。

(2)确定流水步距要尽量保持各专业队（组）连续作业。

(3)确定流水步距应最大限度地缩短两道工序开工时刻的时间间隔，保证前后两道工序的衔接时间最短。

(4)确定流水步距应以满足施工质量和安全要求为前提。如混凝土需达到规定强度要求，拆模后才能进行下道工序；每道工序开工必须保证人身安全，具备开工条件才能开工等。

3)流水展开期与流水稳定期

如图 2-9 所示，从第一道工序的专业队（组）开工时间算起，到最后一道工序的专业队（组）开工时间为止的间隔时间叫流水展开期，用 T_0 表示；从第一个施工段的末道工序开工时间算起，到最后一个施工段的末道工序结束时间为止的时间间隔称为流水稳定期，用 T_n 表示。

流水展开期和流水稳定期是计算总工期的基础，同时，它们也反映了施工过程中，施工资源需要量的变化规律。当施工进程在流水展开期阶段，各专业队（组）依次投入，所需材料设备持续增长；施工进程超过展开期，意味着专业队（组）已全部投入施工，每天的资源需求和完成的工作量是连续、均衡甚至不变的，并在最后一个施工段的第一道工序结束时，资源需要量开始持续递减，直至完成全部施工任务。

4)技术间歇时间和组织间歇时间

在总工期一定的前提下，流水步距大小与工序数 n、施工段数 m 及流水节拍 t_i 有关。对于两道紧密衔接的相邻工序，流水步距的大小一般采用“潘特考夫斯基法则”确定（见本章第六节）；对于两道非紧密衔接的相邻工序，确定流水步距的大小还应考虑相邻工序交接时的技术间歇和组织间歇时间。技术间歇时间是指满足工艺或质量要求必须等待的时间，如混凝土的养生、油漆的干燥或进行质量检查验收的等待时间等。组织间歇时间是指由于技术和组织原因造成流水步距以外增加的间歇时间，如仪器和设备检修、机械转移等间歇时间，或由于工艺顺序和流水节拍长短不一等原因造成的、采用组织措施无法规避的间歇时间，如图 2-9 中拱涵 2 和拱涵 3 在砌筑工序上的间隔时间就是组织间歇时间。

●第五节 流水施工的分类及流水总工期●

由于一道工序的流水节拍与该道工序的工程量成正比，与投入的人力、机械设备数量和作业班次成反比。我们在保证具有足够工作面的前提下，可通过调整资源投入量来改变流水节拍的长短，这就给人为设计不同工序流水节拍之间的数量关系创造了必要条件。据此，根据各工段上不同工序流水节拍 t_i 之间的数量关系，可将流水作业分为有节拍流水作业和无节拍流水作业两种类型。

一、有节拍流水作业法

有节拍流水作业法，指各施工段上相同工序的流水节拍 t_i 均相等的流水作业。包括稳定流水作业、节奏流水作业和分别流水作业三种形式。

1. 稳定流水作业(又称全等节拍流水)

稳定流水作业，指各工段上各道工序的流水节拍 t_i 均相等的流水作业。为了比较区分有节拍流水作业的三种形式，也可抓住各工序的流水节拍之间的数量关系特征，按以下说法理解，即稳定流水作业是指在各工段上相同工序的流水节拍 t_i 相等，同一施工段上不同工序的流水节拍 t_i 也相等的流水作业形式，如表 2-2 所列。

某施工项目各工序作业时间(流水节拍)表 表 2-2

工段 m / 工序 n	构件 1	构件 2	构件 3	构件 4
模板	1	1	1	1
钢筋	1	1	1	1
混凝土	1	1	1	1

(1)作图：根据上述表 2-2 所列各工序流水节拍 t_i，绘制如下两种横道图，其中 $m=4$，$n=3$，则：

横向工序式作图，如图 2-10 所示。在横向，同一施工段上，不同工序的专业队交接连续；在竖向，不同施工段上，相同工序的专业队沿流水线转移工段，衔接连续。

横向工段式作图，如图 2-11 所示。在横向，不同工段上，相同工序的专业队沿流水线连续作业；在竖向，同一工段上，不同工序交接时衔接连续。这是工程上常用的横道图，后继章节以该图式为主讨论有关问题。图中虚箭线表示流水线方向。

(2)特点：各施工过程的流水节拍 t_i 与相邻工序之间的流水步距 K_{ij} 完全相等，即：$t_i=K_{ij}=c$(常数)，适用于各工序的工作量(或作业量)基本相同的施工项目。

(3)确定工期：可采用作图法和公式法确定总工期，从图 2-10 与图 2-11 可看出，作图方法不同，但工期计算结果相同。

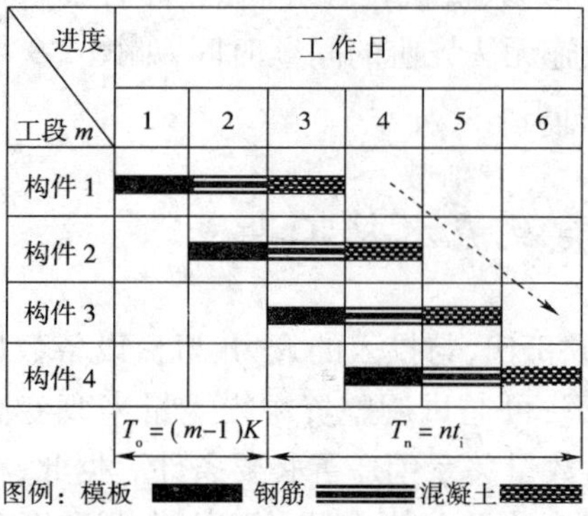

图 2-10　横向工序式稳定流水横道图

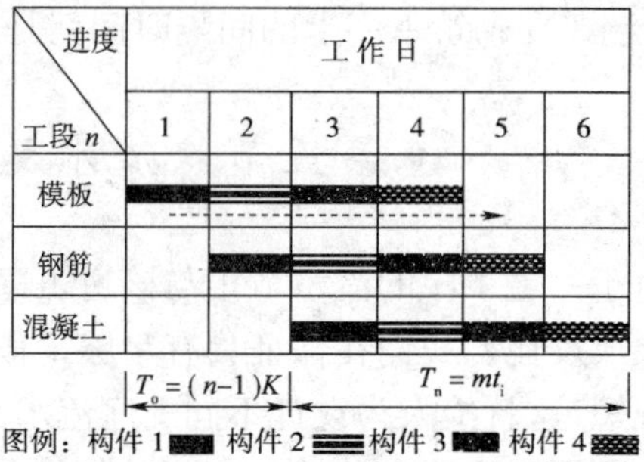

图 2-11　横向工段式稳定流水横道图

根据图 2-10 横向工序式横道图，推算工期计算公式为：

$$T = T_o + T_n = (m - 1)K + nt_i = (m + n - 1)t_i \tag{2-9}$$

式中：T——稳定流水作业总工期；

T_o——流水展开期，从第一道工序开工至末道工序开工延续的时间间隔；

T_n——指末道工序开工直至全部完成各施工任务所需时间；

其他符号意义同前。

根据图 2-11 横向工段式横道图，推算工期计算公式为：

$$T = T_o + T_n = (n - 1)K + mt_i = (m + n - 1)t_i \tag{2-10}$$

式中符号意义同前。

2. 节奏流水作业(又称成倍数节拍流水)

指各工段上相同工序的流水节拍 t_i 相等，同一工段上不同工序的流水节拍 t_i 不等，但成倍数关系的流水作业形式，如表 2-3 所列。这种流水作业仍可按稳定流水方式进行施工组织。

(1)特点：同一工序的流水节拍在各个施工段上彼此相等，不同工序的流水节拍互成倍数关系，即不同类工序的 t_i 之间成倍数关系。节奏流水作业适用于工作面逐步展开的施工项目。

(2)施工组织步骤：节奏流水作业的施工过程组织方法有固定的程序。即仍按工序数 n 组成 n 个专业队，但将流水节拍 t_i 较大的同类工序的专业队分成 t_i/K_k 个作业组，加大其资源投入数量，共组成 $\sum t_i/K_k$ 个作业组，按稳定流水组织作业，故称为节奏流水作业，如图2-12所示。组织步骤如下：

某施工项目各工序作业时间(或流水节拍)表　　表 2-3

工段 m / 工序 n	施工段 1	施工段 2	施工段 3	$b_i = t_i/K_k$(组)
挖基础	2	2	2	1
砌墙身	6	6	6	3
回填土	4	4	4	2
$\sum b_i = n'$				6 个作业组

①确定不同工序流水节拍 t_i 的最大公约数 K_k（1 除外）。K_k 可认为是流水作业的“公共流水步距”，本例 $K_k=2$。

②求施工项目的作业组数目 n'。n'在组织节奏性流水过程中所起的作用相当于稳定流水作业中的工序数 n，但又不同于 n。在稳定性流水作业中，n 通常是需组建的专业队（组）的数目，而节奏性流水作业中的 n'指作业组数目，这些作业组是由专业队划分出来的，如表 2-3 中，砌筑墙身的一个专业队可分成三个作业组依次投入生产，这比较符合开创工作面时由小及大的自然规律。由此可见，节奏性流水作业是 n'个作业组相隔 K_k 天依次投入生产的作业方式，实质上，仍然是稳定流水作业的组织形式。本例 $n'=\sum b_i=\sum t_i/K_k=\sum(1+3+2)=6$组。

③把各工序作业班组数目的总和 $n'=\sum b_i$看成是稳定流水作业中的工序数 n，将 K_k 看成流水步距 K，按稳定流水作业组织施工，如图2-12所示。

（3）计算工期：由稳定流水作业工期计算公式及图2-12可知，节奏流水作业的工期可采用式（2-11）计算。

$$T=(m+n'-1)K_k=(m+\sum b_i-1)K_k \tag{2-11}$$

式中：n'——作业班组数，不同于专业队数目 n；

K_k——各道工序流水节拍 t_i 的最大公约数；

b_i——某道工序的专业队的分组数目 $b_i=t_i/K_k$；

其他符号意义同前。

则由公式（2-11）可知本例总工期为：

$$T=(m+n'-1)K_k=(m+\sum b_i-1)K_k=(3+6-1)\times2=16\text{d}。$$

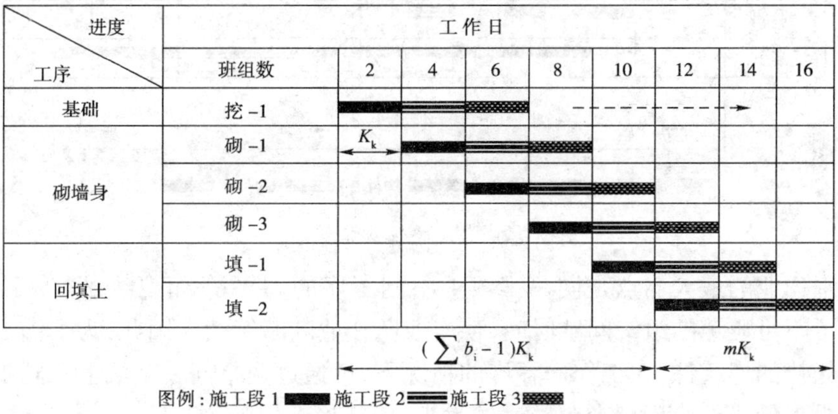

图 2-12　节奏流水作业横道图

3. 分别流水作业

指在不同工段上相同工序的 t_i 相等，在同一工段上的不同工序的 t_i 互不相等（既不相等，也不成倍数关系）的流水作业形式，如表 2-4 所列。

（1）作图：根据表 2-4 所列各工序流水节拍 t_i 绘制横向工段式横道图，如图 2-13 所示。

（2）特点：$t_i\neq K\neq C$（常数）。在组织分别流水作业时，工序交接和工地转移存在间隙，专业队作业不连续，往往会出现不可避免的组织间歇时间。

（3）计算工期：从图中可看出，分别流水作业的总工期由流水展开期和流水稳定期两部分时间组成,即第一个工段各流水步距之和加上最后投入生产的专业队在每个工段上完成相同工序的作业持续时间之和。

某工程项目各工序作业时间(流水节拍)表 表 2-4

工段 m / 工序 n	构件 1	构件 2	构件 3	构件 4
模板	2	2	2	2
钢筋	1	1	1	1
混凝土	3	3	3	3

由图 2-9 及图 2-13 可看出,对于不考虑技术间歇时间和搭接时间的分别流水作业,可通过作图确定或根据下式计算总工期:

$$T = T_{o} + T_{n} = \sum_{i=1}^{n-1} K_{i,i+1} + \sum_{h=1}^{m} t_{h} \tag{2-12}$$

式中:$K_{i,i+1}$——第一个施工段各相邻工序的流水步距;

t_{h}——最后投入生产的专业队在各施工段上完成相同工序的作业持续时间;

其他符号意义同前。

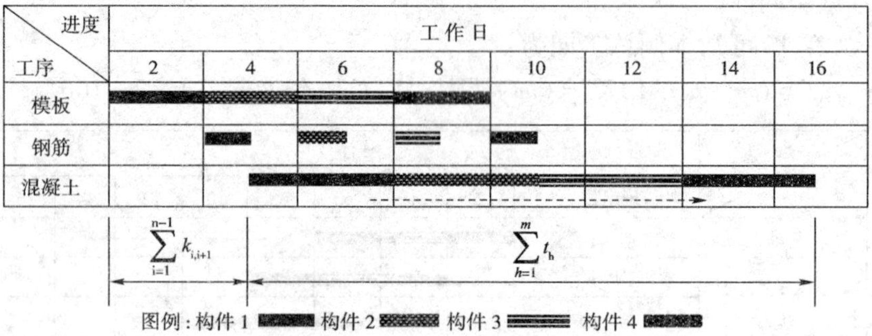

图 2-13 分别流水作业横道图

分别流水作业的最大弱点是同一工段上不同工序的 t_i 不等,正因如此,导致其施工组织过程中出现了不可避免的组织间歇时间,使专业队作业断断续续。因此,为了缩短工期和尽力保持专业队作业的连续性,在工作面容许的情况下,可通过调整同一工段上不同工序的人工及其机械设备投入量或作业班制来改变 t_i 的大小,使其趋于相等。

组织分别流水作业时,首要条件是应尽力保持各工段不同工序交接的连续性,使工段本身均衡而不间断地作业,减少工作面空闲时间;其次,考虑在具备开工条件的前提下,尽力将不同工段上的相同工序彼此衔接,减少组织间歇时间,即减少专业队工地转移时的等待时间。作图时,在保证开工条件的情况下,尽力使各工序施工安排保持最大限度的向左紧凑,以达到缩短工期的目的。

二、无节拍流水作业法

指在各施工段上,同类工序的 t_i 不完全相等,同一施工段上各工序的 t_i 也互不相等的流水作业形式，如表 2-5 所列。

1. 特点

$t_i \neq$常数和$K_{i,j} \neq$常数，施工连续性和节奏性较差，但可通过组织措施调整和优化。

2. 作图

首先对各施工段的先后施工次序进行排序，然后按各施工段的最优施工次序和表 2-5 所列各工序流水节拍绘制横道图。该例最优施工次序如表 2-5 所示（具体最优施工次序的确定方法见本章第六节），按最优施工次序作图，结果如图 2-14 所示。

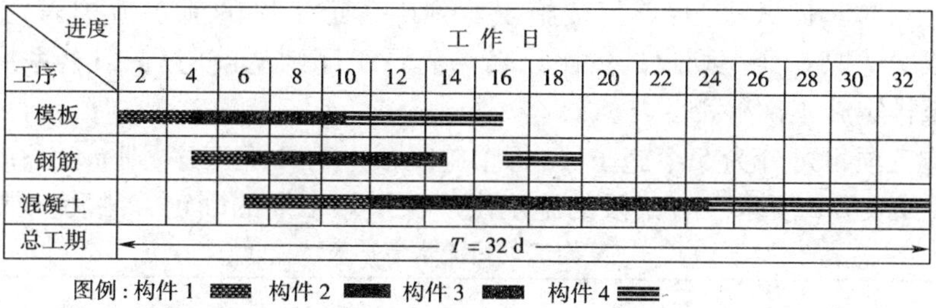

图 2-14　无节拍流水作业横道图

某施工项目各工序作业时间（流水节拍）表工期表　　表 2-5

工段 m / 工序 n	构件 1	构件 2	构件 3	构件 4
模板	2	3	6	4
钢筋	4	2	3	4
混凝土	6	5	9	7
施工次序	构件 2	构件 1	构件 4	构件 3

第六节　施工项目施工次序的确定

由前述讨论可知，对于有节拍流水作业来讲，由于各工段相同工序的流水节拍 t_i 均相等，所以，无论从哪个工段开始以及按怎样的先后次序组织生产，都对总工期没有影响。但对于无节拍流水作业来讲，各工段的施工作业次序不同时，其总工期也不同。为此，我们在组织无节拍流水作业时，不管是采用公式法还是作图法确定总工期，首先是确定各工段施工作业的最优次序，然后，按各工段的最优施工次序作业才能获得最短的总工期。

一、m 项任务（工段），2 道工序时，施工次序的确定

这里所指的 m 个任务是指 m 个施工段上所包含的全部施工任务，是指那些施工过程与内容相同，并有独立施工条件的若干单位工程或分部、分项工程；n 道工序是指 m 个施工段中，完成任何一个工段的全部施工任务应包含的 n 个施工过程，每一个施工过程可以是受某种客观条件（如关键设备等）制约的一道工序，亦或是指那些人为合并了若干道工序后的一段“施工

过程”。在每一个施工段上，n 个“施工过程”的先后顺序是由工艺过程的客观规律决定的，进行施工组织时，无法改变，也不可违背，但各工段之间的生产作业次序却可以人为改变，而且这种改变的结果将直接影响总工期的长短。下面我们应用“约翰逊—贝尔曼法则”来确定工段之间的最优施工次序，以达到寻求最短工期目的。

若无节拍流水作业有 m 项任务（工段）、2 道工序时，运用“约翰逊—贝尔曼法则”可以直接确定 m 项任务的先后施工次序。“约翰逊—贝尔曼法则”的基本思想是：“先行工序序列中，流水节拍 t_i 最短的工段要优先排在前面开工；后继工序序列中，流水节拍 t_i 最短的工段应优先排在最后开工”。具体做法为：首先按施工段列出 2 道工序的流水节拍表，如表 2-6 所示。其次，在表中依次选取 t_{min}（一列仅选一次），若系先行工序则从前向后排；若系后续工序，则从后向前排，直至排定施工次序。

例如，某施工项目可分为 5 个施工段，每个施工段上有 2 道工序，则 $m=5$；$n=2$，列出各工序流水节拍 t_i，如表 2-6 所示。各工段的施工次序及最短工期的确定方法和步骤如下：

某施工项目流水节拍表　　表 2-6

工段 m / 工序 n	A	B	C	D	E
挖基	4	4	8	6	2
砌基	5	1	4	8	3
最优顺序	E	A	D	C	B

1. 运用“约翰逊—贝尔曼法则”，确定各工段最优施工次序

从表 2-6 中可看出，作业时间最短的为 $t_B=1$，属于后续工序，则将 B 工段排在最后并划掉 B 列；在剩余的 4 列中，作业时间最小的为 $t_E=2$，属于先行工序，则将 E 工段排在最前并划掉 E 列；在剩余的 3 列 A、C、D 中，作业时间最短的为 $t_A=4$ 和 $t_C=4$，任选其一。如选 $t_A=4$，属于先行工序，则将 A 工段排在前数第二位，并划掉 A 列；在剩余的 2 列 C、D 中，作业时间最小的为 $t_C=4$，属于后续工序，则将 C 工段排在倒数第二位，划掉 C 列，剩余的 D 列只能排在第三位。故该施工项目各工段的最优施工次序为：E、A、D、C、B。

2. 按照最优施工次序绘制横道图，确定总工期

（1）为便于作图，按各工段最优施工次序，重列各工序流水节拍 t_i，如表 2-7 所示。

按最优次序排列的流水节拍表　　表 2-7

工段 m / 工序 n	E	A	D	C	B
挖基	2	4	6	8	4
砌基	3	5	8	4	1

（2）按表 2-7 顺序绘制横道图，并确定总工期，如图 2-15 所示。本例最短工期为 25d。

若不按“约翰逊—贝尔曼法则”确定最优施工次序，一般不能取得最短施工总工期，如本例若按 A、B、C、D、E 的施工次序施工，总工期需要 33d，比按最优次序求得的工期多 8d。

二、m 项任务，3 道工序时，施工次序的确定

对于这类问题，也可采用“约翰逊—贝尔曼法则”进行确定。但是，在确定这类施工项目

各工段的施工作业次序时，必须满足下列必要的前提条件，才能确定最优施工次序。

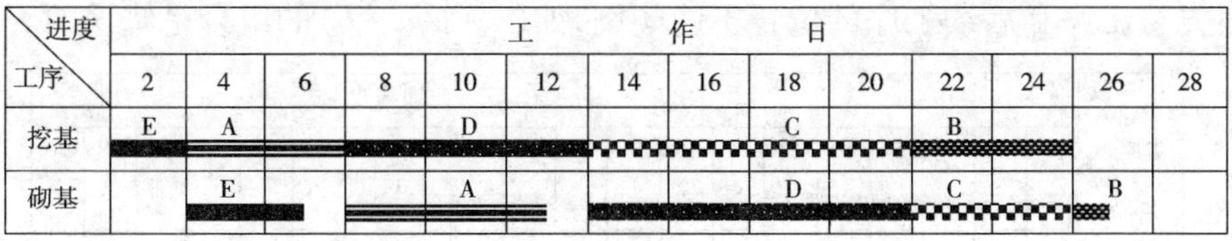

图 2-15　按最优施工次序绘制的无节拍流水作业横道图

1. 运用"约翰逊—贝尔曼法则"的前提条件

假定某施工项目有 m 个工段，3 道工序，各工段相同工序的流水节拍 t_i 组成的序列分别用 T_i^a、T_i^b、T_i^c，则，运用"约翰逊—贝尔曼法则"必须满足下列前提条件之一，即：

$$\min\{T_i^a\} \geqslant \max\{T_i^b\} \text{ 或 } \min\{T_i^c\} \geqslant \max\{T_i^b\}$$

上述条件含义为：第一道或第三道工序流水节拍序列中的最小值大于或等于第二道工序流水节拍序列中的最大值，即可运用"约翰逊—贝尔曼法则"。

2. 运用"约翰逊—贝尔曼法则"的步骤

现结合例题来说明应用"约翰逊—贝尔曼法则"的步骤。

某工程有五个施工段 A、B、C、D、E，每个施工段有 3 道工序，分别为 a、b、c，各工序的流水节拍如表 2-8 所示，试确定其最优施工次序，并求最短总工期。步骤如下：

（1）根据 m 个工段上同类工序的流水节拍序列，按照工序的先后作业次序列出流水节拍表，如表 2-8 所示。

某施工项目流水节拍表　　表 2-8

工段 m / 工序 n	A	B	C	D	E
a	3	2	8	10	5
b	5	2	3	3	4
c	5	6	7	9	7
$a+b$	8	4	11	13	9
$b+c$	10	8	10	12	11
最优次序	B	A	E	D	C

（2）判定运用"约翰逊—贝尔曼法则"的前提条件。从表中可以看出 $t_{\min}^{c} = \min\{T_i^c\} = 5 \geqslant t_{\max}^{b} = \max\{T_i^b\} = 5$，符合条件，可用"约翰逊—贝尔曼法则"直接确定最优施工次序及最短总工期。

（3）将相邻工序序列对应叠加，重新组成两道虚拟工序"$a+b$"和"$b+c$"，列入表 2-8 中。

（4）针对两道虚拟工序，运用"约翰逊—贝尔曼法则"，确定最优施工次序为：B、A、E、D、C（具体过程略）。

（5）根据工段的最优施工次序绘图，确定最短工期，如图 2-16 所示。最短工期为 39d。

如果 m 项任务，3 道工序，不能满足上述前提条件，则应按照上述原理，将工序重新组合成 m 项任务、2 道工序（列出所有组合情况）的情形，再按"约翰逊—贝尔曼法则"确定最优施工次序。组合的方式有：$(a,b+c)$；$(a+c,b)$；$(a+b,c)$；$(a+b,b+c)$；$(a+c,b+c)$；$(a+b,a+c)$。注意：先行工序和后续工序的位置不能颠倒，如$(a+c,a+b)$的组合是错误的。

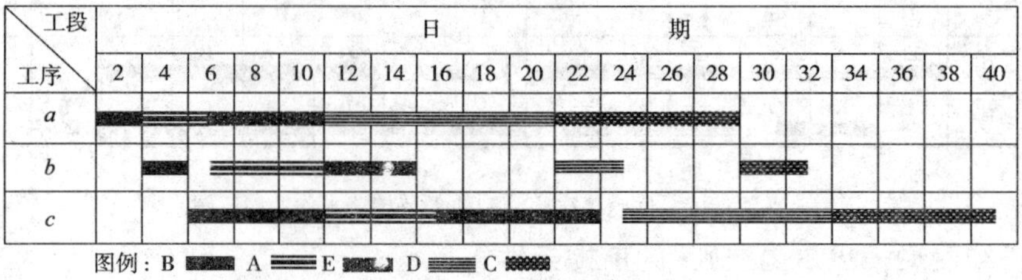

图2-16 无节拍流水作业横道图

三、m 项任务、工序多于 3 道时，施工项目的排序及直接编阵法计算工期

1. 运用“约翰逊—贝尔曼法则”的近似解法，确定项目施工次序

当每工段的工序数 $n>3$ 时，我们可以采用以下步骤确定最优施工次序：

(1) 把 n 道工序分成任意两组，将同一组内工序的作业时间对应相加后，看作一道工序的作业时间，这样某项任务就变成虚拟的 2 道工序的作业时间，此时应注意对每项任务的某种分组方法必须是相同的。

(2) 运用 m 项任务 2 道工序的施工排序的方法，即“约翰逊—贝尔曼法则”，进行排序并作图，求得这种虚拟情况下的“较优解”。但是这种分组的方式很多，因此将得到许多个“较优解”，我们可以从一定数量的分组中选出这些虚拟的“较优解”，经比较取工期最短者，作为相对最优解。若能够排出所有分组的可能性，经过排序和作图，即可找出最短工期的精确解。

2. 直接编阵法确定项目工期

在实际工程中，可以通过直接编阵法计算已排序的小型施工项目的工期问题，而不必每一次都画出施工进度图来确定施工工期。直接编阵法是在确定了施工项目的最优施工次序的前提下，计算施工项目作业工期的有效方法，其基本原理是：只要具备了开工要素就可开工。具体步骤如下：

(1) 先按最优顺序列出作业时间矩阵，简称“优阵”，此时应注意按分组前原有工序排列。

(2) 由“优阵”元素 a_{ij} 求新矩阵元素 b_{ij}（其中脚标 i 代表行，j 代表列）。

①对于第一行新元素：$b_{1j}=a_{1j}+b_{1,j-1}$。因为，对于第一道工序来说，所有施工段上的工作面都是闲置的，只要有生产力就可以开工，所以，可以直接用旧元素值加上左边新元素值得到该新元素值。

②对于第一列新元素：$b_{i1}=a_{i1}+b_{i-1,1}$。因为，对于第一个施工段来说，所有工序（专业队）都是闲置的，即生产力能满足要求，只要有工作面就可以开工，所以，每累加一个数，也就是一道工序已完成了在第一个施工段上的施工任务。

③对于第 i 行，第 j 列的新元素：$b_{ij}=a_{ij}+\max\{b_{i-1,j},b_{i,j-1}\}$。即对于其他新元素值，用该旧元素值加上面一行或左边一列的新元素值，取二者数值中较大者作为该新元素值。之所以取较大值是为了具备开工要素，上面一行的数值说明有无工作面，左边一行的数值说明有无生产力。

(3) 列出新矩阵即可完成各项施工任务的工期及总工期。

【例 2-1】 求表2-9所列施工任务的总工期。

表 2-9 中所列为“优阵”；表 2-10 中括号内数值为新矩阵元素。

流 水 节 拍 表　　表 2-9

工序＼工段	M_1	M_2	M_3	M_4
N_1	4	3	5	7
N_2	3	6	1	2
N_3	5	9	2	8
N_4	7	4	5	1

流 水 节 拍 表　　表 2-10

工序＼工段	M_1	M_2	M_3	M_4
N_1	4	3(7)	5(12)	7(19)
N_2	3(7)	6(13)	1(14)	2(21)
N_3	5(12)	9(22)	2(24)	8(32)
N_4	7(19)	4(26)	5(31)	1(33)

第一行：$b_{11}=a_{11}$；$b_{12}=a_{12}+b_{11}=3+4=7$；$b_{13}=5+7=12$ …各新元素用“优阵”元素值加左边新元素值。

第一列：$b_{11}=a_{11}$；$b_{21}=a_{21}+b_{11}=3+4=7$；$b_{31}=5+7=12$…各新元素用“优阵”元素值加上边新元素值。

其他行列新元素用“优阵”元素值加上面、左面新元素值中较大值，如表 2-10 所示灰色单元格中，$b_{33}=a_{33}+\max\{b_{2,3},b_{3,2}\}=2+\max\{14,22\}=2+22=24$。直至计算完毕，工期为 33d。

第七节　流水作业的作图及施工组织方法

一、流水作业图的绘制要点

流水作业法的施工组织意图和内容，通过流水作业图的形式表达出来。有关流水作业图的形式在前面已经介绍了，现将流水作业作图要点叙述如下：

1. 具备开工要素

开工要素主要指工作面及生产力。对于某一工段，任何一道工序开工都必须同时具备这两个条件，即：该工序的紧前工序已完工，施工段上的工作面空出；该道工序的专业队（组）已完成了上一工段的同类工序，开工前资源具备，人、机待发。在绘图中，体现这一要求时，往往指工序交接或工地转移处，一般处在衔接或间隙状态，除非专门组织搭接施工。

2. 作图要贯彻工序衔接原则

（1）横道图中的“横道”代表某道工序及其作业时间的长短。绘图时，表示相邻工序的两个“横道”之间尽可能衔接或连接，减少间隙，以求取得最短总工期。

（2）工序衔接必须满足工艺要求和自然过程的需要。在实际工作中进行时间组织时，还应考虑质检及自然过程的延续时间。

（3）尽量减少专业队的工段转移及等待时间；尽量减少工序交接过程中工作面的闲置时间。作图时，注意尽量减少这两种情况的间隙长度，保持最大限度的连接（衔接）。当上道工序未结束之前，已为下道工序创造了足以开工的工作面时，为缩短总工期，亦可进行搭接作业。

3. 作图要贯彻工序紧凑原则

为了使流水作业取得最短总工期，在作图时各相邻工序之间，尽量紧凑衔接，即尽量使所排工序向作业开始方向靠拢（一般向图的左端靠拢）。工序紧凑原则的含义是：只要具备开工条件即刻开工，不容许相邻工序的“横道”之间出现间隙或尽量减少间隙。

4. 采用正确方法,确定最优工期

有节拍流水作业的最小工期可通过计算或作图确定;但对于无节拍流水作业,须先确定各施工段的最优施工次序,然后才能按照施工次序作图排定或计算其最小工期;网络计划可以通过"工期－资源"优化达到缩短工期的目的。

5. 合理运用"潘特考夫斯基法"(又称潘氏法则),保证连续生产

在工期容许的情况下,"潘氏法则"主要解决专业队(组)沿流水线移动作业能否有效地保持施工连续性的问题。

在工期一定的情况下,绘制施工进度图时,为让各施工专业队能在各个施工段间进行连续作业,并确定合理工期,首先要运用"潘氏法则"或"纸条串法"保证相邻各专业队(相邻工序)间的最小流水步距 K_{min}。

1)"潘特考夫斯基法"

"潘氏法则"用来绘制"横线工段式"横道图极为简便。只需通过"潘氏法则"确定相邻工序的最小流水步距 K_{min},借此作图,即可保证专业队(组)连续作业。运用"潘氏法则"的目的是为了确定相邻工序的最小流水步距 K_{min},其涵义及做法为:相邻工序流水节拍"累加数列、错位相减、取大差"。

【例 2-2】 某施工项目各工序作业时间如表 2-11 所示,下面以具体实例说明其方法与步骤:

某施工项目各工序作业时间　　表 2-11

工段 工序	A	B	C	D
a	2	3	3	1
b	1	2	1	2
c	3	3	3	2
$a+b$	3	5	4	3
$c+b$	4	5	4	4
最优次序	A	D	B	C

(1)根据各工序流水节拍列表,如表 2-11。

(2)确定最优施工次序:该施工项目属于 m 项任务、3 道工序的情况,满足其前提条件,且符合运用"约翰逊—贝尔曼法则",按前述方法确定 4 个工段的最优施工次序为 A、D、B、C,如表 2-11 所示,并按最优次序重排流水节拍表,如表 2-12 所列。

表 2-12

最优次序	A	D	B	C
a	2	1	3	3
b	1	2	2	1
c	3	2	3	3

(3)确定最短工期:根据最优施工次序,采用紧凑法作图,排出最短工期为 14d,如图 2-17 所示。从图中可看出,进行 b 道工序作业的专业队在各工段上不能连续施工,需调整。

(4)运用"潘氏法则",计算最小流水步距:根据相邻工序流水节拍"累加数列、错位相减、取大差”的方法，按以下步骤确定相邻工序之间的最小流水步距。

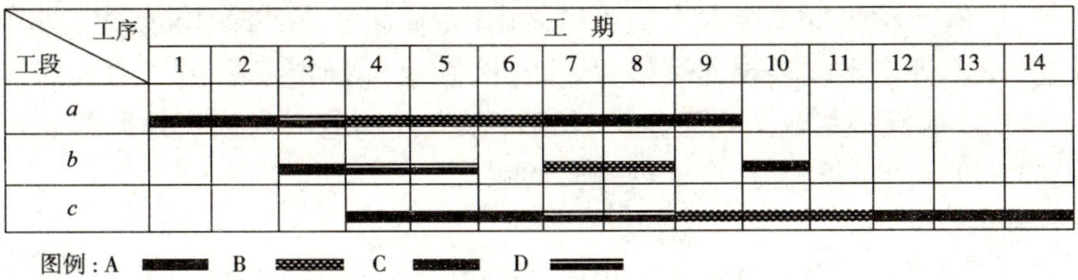

图 2-17　紧凑法绘制的横道图

首先，确定相邻工序流水节拍的累加数列。由表 2-12 可看出，3 道工序的累加数列分别为 $a_1=\{2,3,6,9\}$；$b_2=\{1,3,5,6\}$；$c_3=\{3,5,8,11\}$。

其次，将这些相邻数列错位相减得：

$$\begin{array}{rrrrrr} & 2 & 3 & 6 & 9 & \\ - & & 1 & 3 & 5 & 6 \\ \hline & 2 & 2 & 3 & 4 & -6 \end{array} \qquad \begin{array}{rrrrrr} & 1 & 3 & 5 & 6 & \\ - & & 3 & 5 & 8 & 11 \\ \hline & 1 & 0 & 0 & -2 & -11 \end{array}$$

最后，取“差”中最大的值即为相邻工序之间的最小流水步距，即：

$$K_{12}=\max\{2,2,3,4,-6\}=4\text{d}$$

$$K_{23}=\max\{1,0,0,-2,-11\}=1\text{d}$$

（5）按最小流水步距及表 2-12 作图，若要实现连续均衡生产：只要按 $K_{12}=4$ 和 $K_{23}=1$ 确定了首道工序的起点，后继工序均可按流水节拍表中相应流水节拍的数据连续划出，如图 2-18 所示。

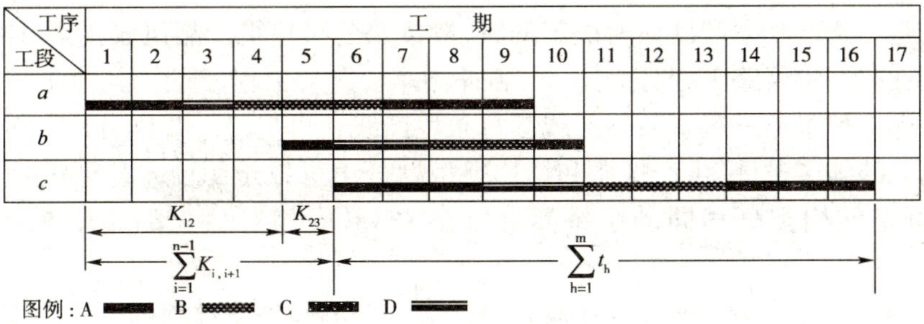

图 2-18　按最小流水步距绘制的横道图

采用“潘氏法则”绘制横线工段式横道图时，可用作图法排定工期，亦可直接按公式（2-12）计算工期得：

$$T=\sum_{i=1}^{n-1}K_{i,i+1}+\sum_{h=1}^{m}t_h=(4+1)+(3+2+3+3)=16\text{d}$$

（6）调整和优化进度计划：按“潘氏法则”编制进度图，虽然可以实现连续生产，但与紧凑法作图相比，工期增加了 2d，此消彼长，各有利弊。究竟如何取舍，一般应根据实际需要权衡利弊而定。若采取一定的技术组织措施能够调整和优化进度图，则往往可以两者兼顾，达到双赢效果。如图 2-18，若增加 B、C 工段上 a 工序的资源投入量使其作业时间各缩短 1d，则总工期便可缩减为 14d，这样，既不延长总工期，又能实现连续生产。

运用“潘氏法则”绘制施工进度图，可以避免不必要“停工待面”或“间歇作业”，保证专业队（组）连续、均衡生产。但从施工进度图的形式上看，一个施工项目总工期的长短是由施工次序、流水节拍、流水步距、施工过程数和工序数等因素所决定的，运用“潘氏法则”，虽然导致了总工期的变动，但变动幅度不会太大。可以看出，专业队实现连续作业，总工期不一定最短，但总工期最短，也不等于不能实现连续作业。唯此，在已经确定了最短工期的前提下，首先运用“潘氏法则”有效地保持专业队连续生产，然后，在容许的范围内适当地调整总工期，这无疑对加快工程进度、提高生产效益具有十分现实的意义。

2)“纸条串法”

当施工任务的工段、工序及其流水节拍数量较小时（如分项工程），采用“纸条串法”绘制“横线工段式”进度图更为简便。这种方法最大的特点是直观、简捷、不需计算、便于调整。如果所裁纸条具有“时标刻度”，两种横道图都可绘制。具体方法是：

(1)制作带有相同刻度的若干纸条，用纸条代表工序，纸条长度表示作业时间长短，用不同颜色的纸条区分工段；

(2)在时间坐标轴上，按最优施工次序和工艺顺序摆放纸条，以保证开工条件和连续性为前提窜动纸条，即可找出最小流水步距，实现连续生产；

(3)以保证开工条件和衔接、紧凑原则窜动纸条，即可排出最短工期。

二、流水作业的组织方法

(1)分析合同段（或项目）各施工过程的施工条件、工艺顺序和劳动量，确定施工流水线。施工流水线俗称生产线，对于固定性产品生产类型，即指按相同的工艺及顺序组织起来进行产品（或半成品）加工时，生产人员及其机具设备的移动路线。合同段的生产线往往是由公路建筑产品结构、施工条件和生产性质所决定的，一般按照公路建筑产品组成要素、结构类型、施工性质和施工条件等，将公路工程分为路基、路面、桥涵、交叉工程、隧道、其他工程与沿线设施、临时工程、管理养护服务房屋8条生产线。每条生产线还可以进一步细分，直至按采用的施工方案，依据独立的施工条件、生产性质和结构类型划分出可以组织流水作业的施工流水线，如桥涵工程就可把结构类型相同的小桥涵划分出来，形成相对独立的施工流水线组织流水作业。

(2)确定施工过程数 n。施工过程数的确定应符合不同进度计划的要求，一般按实际施工组织需要，抓住主导工序及其技术特点，分析工艺过程，采用独立或合并工序的方法，适当确定施工过程数 n。划分过细，组建的作业队（组）就多，不利于施工管理，容易造成资源浪费；划分太粗，不能充分发挥专业队（组）的专业技术特长，影响生产效率，达不到较好的流水效果。

(3)划分施工段并确定施工段数 m。根据施工流水线上生产工艺过程的分析结果，将具有独立施工条件、工艺过程相同的施工段落确定下来，其数目即为施工段数 m，划分方法如前所述。

(4)组织专业施工队。组建专业施工队应以主导工序的技术特点为主，充分体现工序的专业技术含量，要有较强的专业性，如钢筋班、木工班。但专业队（组）不仅是完成一道工序，通常它是以主导工序为主，还可兼顾其他工序作业，如石拱涵施工是以砌筑工艺为主组建专业队，但也可同时兼顾基础开挖这道工序。有时一个专业队亦可根据工艺技术特点完成施工组织需要分开的两道工序的作业，如木工班既可制作模板，又可拆除模板。

(5)确定各施工过程的流水节拍 t_i。一般根据可供利用或人为提供的工作面大小和施工资源的组织情况，结合企业的施工经验、技术和管理特点，采用前述方法计算流水节拍。

（6）确定各施工段的施工作业次序。流水作业的施工次序不同时，总工期也不同。通常人们为了确定最优（短）工期，采用“约翰逊—贝尔曼法则”确定施工次序。

（7）确定相邻专业队之间的流水步距 K。根据流水步距的确定原则，采用“潘特考夫斯基法则”确定流水步距 K。

（8）绘制流水施工进度图，确定计划工期。

复习思考题

1. 如何划分施工段？

2. 如何划分施工过程数？

3. 时间组织的基本作业方法有哪些？各有哪些特点？

4. 试述流水作业各参数的含义，它们在流水作业中各起什么作用？

5. 试述流水作业的作图要点。

6. 什么是流水步距？如何确定最小流水步距？

7. “约翰逊—贝尔曼法则”和“潘氏法则”的作用是什么？它们对流水作业的作图有什么影响？

8. 试计算表 2-13 计划总工期，并绘制横线工段式流水作业图。

表 2-13

施工段 / 施工过程	作业时间				
	A	B	C	D	E
a	5	3	4	5	5
b	4	5	4	3	3
c	4	3	4	4	3
d	6	5	6	5	3

9. 某工程作业时间列如表 2-14，试确定最优施工次序及最短总工期，并绘制横线工序式流水作业图。

表 2-14

施工段 / 施工过程	作业时间			
	A	B	C	D
a	7	3	5	2
b	2	3	1	3
c	8	6	3	5

第三章 网络计划技术

教学要求

1. 描述网络计划技术产生与发展的过程；
2. 论述网络计划的基本原理及网络计划技术的分类；
3. 分析双代号网络计划图的组成及工序逻辑关系，描述其绘图规则；
4. 绘制双代号网络计划图，计算相关时间参数并确定关键线路；
5. 解释双代号时间坐标网络计划图的概念；
6. 进行双代号时间坐标网络计划图时间参数的计算；
7. 描述单代号网络计划图的组成及绘图规则，绘制单代号网络计划图；
8. 计算单代号网络计划图相关时间参数，确定关键线路；
9. 解释单代号搭接网络计划的基本概念，描述其搭接关系的表示方法；
10. 进行单代号搭接网络计划时间参数的计算；
11. 论述网络计划优化的过程及网络计划的管理。

● 第一节　概　　述 ●

一、网络计划技术的产生与发展

网络计划技术，也称网络计划法，是20世纪50年代后期发展起来的一种计划管理的科学方法。早在20世纪初期，美国工程师亨利发明了“横道图法”，它是以时间为横坐标，以各分项工程或施工工序为纵坐标，按一定的先后施工次序和工艺流程，用带时间比例的水平横道线表示对应项目或工序持续时间的施工进度计划图表。但是，随着科学技术的不断进步，建设规模的越来越大，横道图法的一些缺点也逐渐暴露出来，如不能显示各项工作之间的内在联系和逻辑关系，特别是不能使用现代化的计算工具——计算机。

为了适应现代化大生产的组织管理，一些行之有效的网络计划陆续产生。1956年，美国杜邦公司开发了一种面向计算机描述工程项目的合理安排进度计划的方法，此方法称为关键线路法(Critical Path Method)，简称CPM法。杜邦公司采用此方法安排施工和维修等计划，仅一年时间就节约了约100万美元。到1958年美国海军部武器局特别计划室提出了计划评审法(Program Evaluation and Review Techniques)，简称PERT法。该方法应用于制定美国海军北极星导弹研制计划，收到了良好的效果，比原定计划完成时间提前了两年，并节约了大量资金。

随后，网络计划技术风靡全球，不断发展，以CPM方法为基础，又研制了如搭接网络计划法(DLN)、图形评审技术法(GERT)、风险评审技术法(VERT)、决策网络计划法(DN)、仿真网络计划法和流水网络计划法等。从此,网络计划技术作为一种现代管理方法,广泛应用于工业、农业、建筑业、国防和科学技术研究各个领域。

我国从20世纪60年代开始应用网络计划技术,著名数学家华罗庚教授结合我国实际情况,在吸收国外网络技术理论的基础上,将其统一命名为统筹法。网络计划技术在我国已广泛应用于国民经济各个领域的计划管理中,而应用最多的还是工程项目的施工组织与管理,并取得了巨大的经济效益。

二、网络计划的基本原理

网络计划是生产过程时间组织的一种科学方法,也是一种动态的计划。它既能统筹全局,又能明确关键;既能图示全貌,又便于平衡调整。通过网络计划时间参数的计算,既可以找出关键工作和关键线路,又可以明确各项工作的机动时间。网络计划能够明确地反映出各项工作之间错综复杂的逻辑关系。

网络计划的基本原理是:首先应用网络图的形式来表达一项工程中各项工作之间错综复杂的相互关系及其先后顺序。接着可进行时间参数的计算,通过计算能找出决定工期的关键工作和关键线路,再通过优化、调整,不断地改进网络计划,寻求最优方案并付诸实施。最后在计划执行过程中进行有效的监测和控制,以便合理使用资源,优质、高效、低耗地完成预定的工作。

三、网络计划技术的分类

1. 按工序持续时间能否确定分类

(1)肯定型网络计划。肯定型网络计划,指网络图中各工序的持续时间值是固定的,整个网络计划有确定的计划总工期,它可以用制定定额的方法来确定。如关键线路法(CPM)。

(2)非肯定型网络计划。非肯定型网络计划,指网络图中各工序的作业时间不能确定,只能采用估计值,整个网络计划无确定计划总工期。如计划评审法(PERT)。

2. 按网络结构分类

(1)单代号网络计划。单代号网络计划,指以单代号表示法绘制的网络计划。单代号网络图是用圆圈表示工序、箭线表示各工序之间相互制约、相互依赖的关系。

(2)双代号网络计划。双代号网络计划,指以双代号表示法绘制的网络计划。双代号网络图是用箭线表示工序、圆圈表示各工序之间的相互关系。

3. 按目标分类

(1)单目标网络计划。单目标网络计划,是指只有一个终点节点的网络计划,即网络图只有一个最终目标。

(2)多目标网络计划。多目标网络计划,是指终点节点不止一个的网络计划。此种网络计划只有若干个独立的最终目标。

4. 按时间表示方法分类

(1)时标网络计划。时标网络计划,是用箭线在横坐标上的投影长度表示工序时间的网络图。

(2)非时标网络计划。非时标网络计划，是指箭线长短与工序作业时间无关的网络图。

5. 按应用范围分类

(1)总网络计划。总网络计划，是以整个计划任务为对象编制的网络计划。如整条公路施工网络计划。

(2)局部网络计划。局部网络计划，是以计划任务的某一部分为对象编制的网络计划。如一座小桥涵工程网络计划。

第二节　双代号网络计划图

一、双代号网络计划图的组成

用双代号网络图来表示工程进度计划，是目前应用较为普通的网络计划形式。这种网络图由箭线、节点和线路 3 个要素组成。其工作由箭线来表示，节点都编以号码，箭线前后两个节点的号码代表该箭线所表示的工序，因此叫“双代号”。

1. 箭线

一条箭线表示一项工作，如挖基坑、安砌栏杆、浇筑混凝土等。箭线的箭头和箭尾各与一个圆圈衔接，如图 3-1 所示，i 为箭尾，表示工作的开始，j 为箭头，表示工作的结束。工作名称写在箭线上方，完成工作所需要的时间写在箭线的下方。箭线表示各项工作之间的关系，主要取决于网络计划的详细程度。

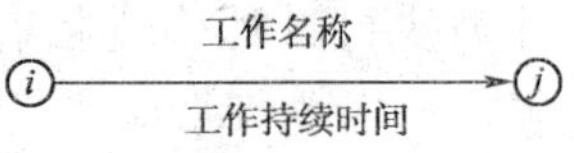

图 3-1　双代号表示方法

双代号网络图箭线又可分为实箭线和虚箭线。

(1)实箭线：表示的工作需要占用时间和消耗资源。如挖基坑这项工作，完成它需要消耗一定的人工、材料、机械和时间。也有些工作只消耗时间，不消耗资源，如稳定土养生，常用“——→”表示。

(2)虚箭线：表示的工作既不消耗时间，也不消耗资源，即虚工作，只是用来表示工作之间逻辑关系的一种符号。常用“- - -→”表示。

2. 节点

节点又称为事件，是网络图中两道工序之间的交接点，用圆圈表示。箭尾的节点为开始节点，箭头节点为结束节点。网络图的第一个节点叫网络起始节点，最后一个节点叫网络终点节点，它们分别表示网络计划的开始和结束。除整个网络计划的起、终点节点外，其余任何一个节点都叫中间节点，有双重含义：既是前面工序的结束节点，又是后面工序的开始节点。

3. 线路

从网络始节点到网络终节点的通路称为线路。线路有很多条，通过计算可以找到需用时间最长的线路。这条线路称为关键线路，位于关键线路上的工作称为关键工作，关键线路一般用粗箭线(或双箭线)来表示。

关键工作完成的快慢直接影响着工程的总工期，这就突出了整个工程的重点，使施工的组织者明确主要矛盾。关键线路并不是一成不变的，在一定条件下，关键线路可能转化为非关键线路。例如当采用了一定的技术组织措施，缩短了关键线路上各工作的持续时间，就有可能使关键线路发生转移，使原来的关键线路变成非关键线路，而非关键线路却变成了关键线路。

二、常见网络图的工作逻辑关系及虚箭线的应用

1. 工作逻辑关系的表示方法

1）逻辑关系的含义

逻辑关系是指工序之间客观上存在的一种相互制约，或者相互依赖的先后顺序关系。根据施工工艺和施工组织的要求，它包括工艺逻辑关系和组织逻辑关系；如桩基础施工，打桩→挖槽→承台→基础→回填土为工艺关系；如盖板涵 A→盖板涵 B→盖板涵 C 为组织关系。在表示施工进度计划的网络图中，根据施工工艺和施工组织的要求，应正确反映各道工序之间相互依赖和相互制约的关系，这也是网络图与横道图的最大不同之处。

各工序间的逻辑关系是否表示正确，是网络图能否反映工程实际情况的关键，也是网络计划实施的重要依据。如果逻辑关系错了，网络图中各种时间参数的计算就会发生错误，关键线路和工程的总工期也将发生错误。

要画一个正确的网络图，必须根据施工工艺和施工组织的要求，确定各道工序之间的逻辑关系，才能逐步地按工序的先后顺序把代表各道工序的箭线连接起来，绘成一张正确的网络图。

确定各道工序之间的逻辑关系，必须要解决下面三个问题：

（1）该工序必须在哪些工序之前进行？

（2）该工序必须在哪些工序之后进行？

（3）该工序可以与哪些工序平行进行？

则工作关系就有紧前工序、紧后工序、平行工序。

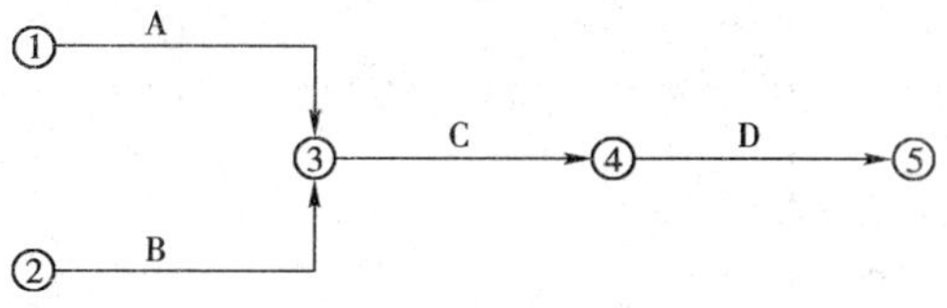

图 3-2 工序间的逻辑关系

图 3-2 中，就工序 C 而言，它必须在工序 D 之前进行，是工序 D 的紧前工序；工序 C 必须在工序 A、B 之后进行，是工序 A、B 的紧后工序，而工序 A、B 是平行进行的，则 A、B 是平行工序。

2）各种逻辑关系的正确表示方法

在网络图中，各工序之间的逻辑关系是千变万化的，表 3-1 列出了网络图中最常见的一些逻辑关系及其表示方法。表中的工序名称均以字母表示。

2. 虚箭线在双代号网络图中的应用

虚箭线表示该工序既不消耗时间，也不消耗资源，是一个假想的工作，它只是表达了各工序之间的逻辑关系。具体应用表现在以下两个方面：

1）将前后工作连接起来

如表 3-1 序号 6 中，引入虚工序，将 A、D 两项工作连接起来。

2）将工作关系隔断

仍以表 3-1 序号 6 为例，逆箭线方向将 B、C 工作关系断开了。

各工序逻辑关系表示方法 表 3-1

1	A 完成后进行 B	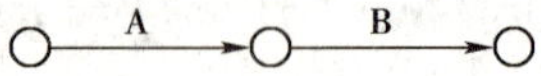	B 工序依赖 A 工序； A 工序约束 B 工序的开始
2	A、B、C 同时开始	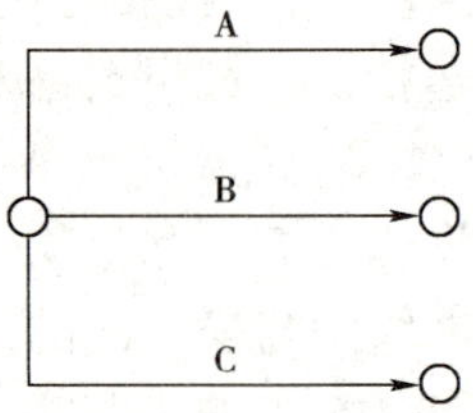	A、B、C 三道工序称为平行工序
3	A、B、C 同时结束	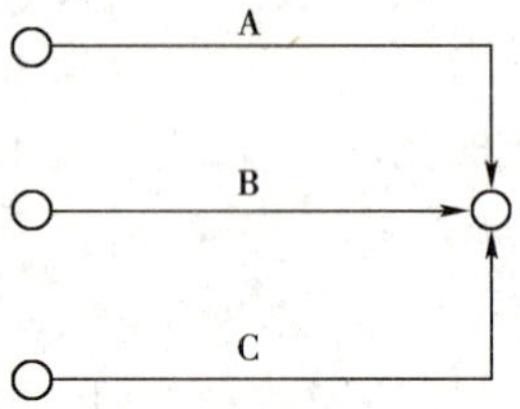	A、B、C 三道工序称为平行工序
4	A 完成后进行 B、C	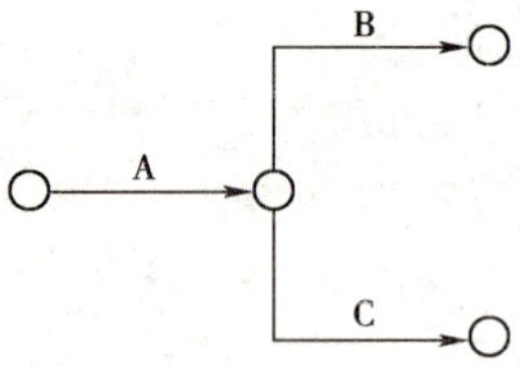	A 工序制约着 B、C 工序的开始，B、C 称为平行工序
5	A、B 均完成后同时进行 C、D	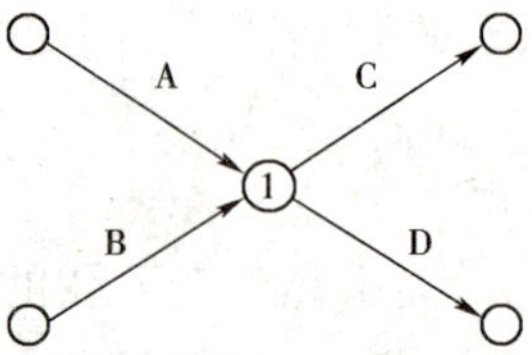	通过中间节点①正确地表达了 A、B 之间的关系
6	A 完成后进行 C； A、B 完成后进行 D	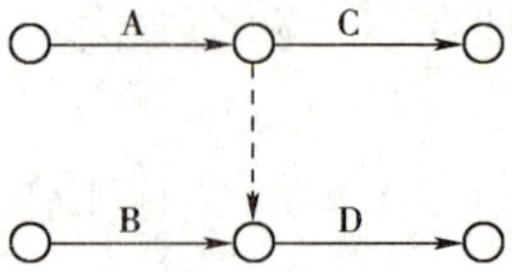	通过引入虚工作，才能正确表达 D 与 A 之间的逻辑关系

续上表

7	A、B、C 均完成后进行 D；B、C 均完成后进行 E	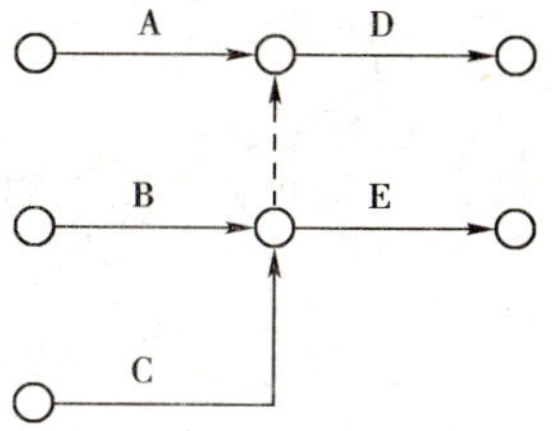	虚工序表示 D 工序受到 B、C 工序制约
8	A 完成后进行 C； A、B 完成后进行 D； B 完成后进行 E	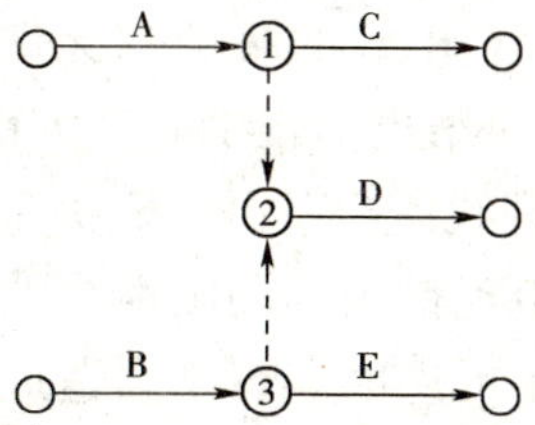	虚工序①→②反映出 C 工序只受 A 工序制约；虚工序②→③反映出 E 工序只受 B 工序制约，同时 D 工序受 A、B 工序制约
9	A、B 两道工序分成三个施工段，分别流水施工： A_1 完成后进行 A_2、B_1； A_2 完成后进行 A_3、B_2； B_1 完成后进行 B_2； B_2 完成后进行 B_3	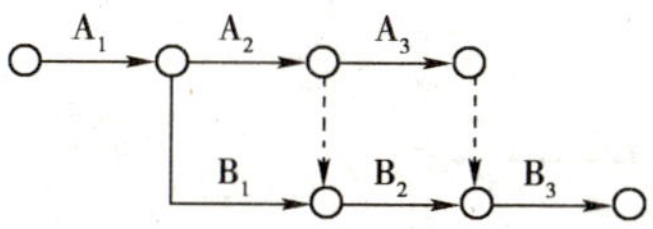	每道工序建立一个专业施工队伍，在每个施工段上进行流水作业，不同工序之间用逻辑搭接关系表示

在双代号网络图的绘制过程中，灵活有效地使用虚箭线十分重要。一般先按照某个活动的紧前活动主动增设虚箭线，待网络图构成后，再删去不必要的虚箭线。

三、双代号网络图的绘制

1. 绘制双代号网络图的基本规则

绘制双代号网络图时，应按照有关绘图的基本规则进行。否则，就不能正确地表示各工序之间的逻辑关系和进行时间参数的计算。绘制双代号网络图一般应遵循以下规则：

（1）一个网络图中只允许有一个起始节点和一个终点节点。如图 3-3 中，节点①和⑥分别为起始节点和终点节点，节点①只有箭杆从它出发，没有箭头指向它；而节点⑥只有箭头指向它，而无箭杆从它出发。如果出现多个起始节点或终点节点，则可增加虚箭杆或将节点合并的方法解决。

（2）一对节点之间只允许有一条箭线。在双代号网络图中，两个节点表示一项唯一的工作，如果一对节点之间有两条以上箭线同时存在，则无法分清这两个节点究竟代表哪一项工作。这种情况正确的表示方法是引入虚箭线。见图 3-4b）。

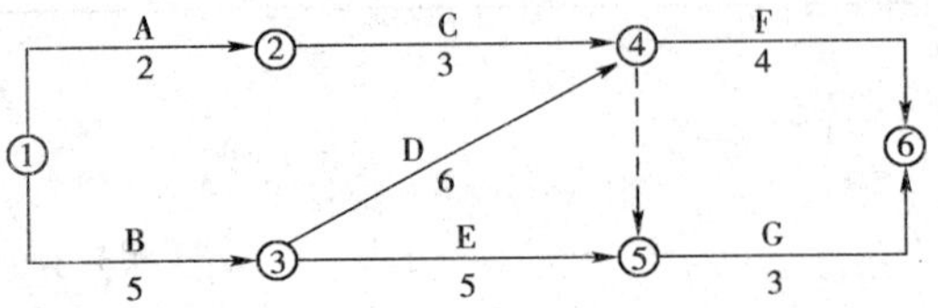

图 3-3

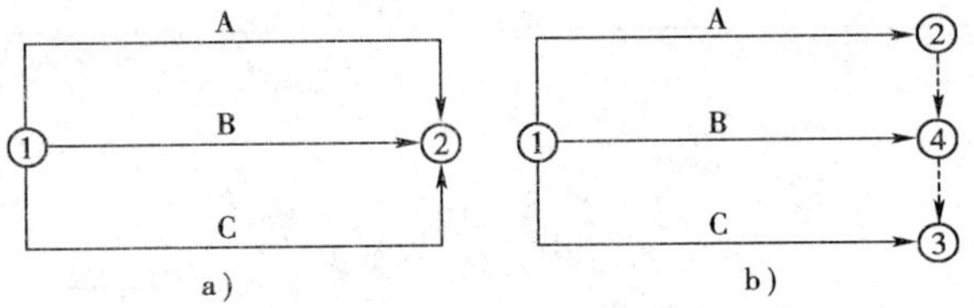

图 3-4

a)错误的表示方法;b)正确的表示方法

(3)网络计划图中不允许出现循环线路。在网络计划图中,如果从一节点出发沿某一条线路又能回到原出发的节点,此线路为循环线路。如图3-5a),①→②→③→①就是一条闭合回路,它表示逻辑上的矛盾,工作A、B、C的每项都无法开始,也无法结束,如用计算机计算时间参数时,只能循环运行,无法输出结果。正确画法如图3-5b)。

(4)网络计划图中不允许出现线段、双向箭头,并应避免使用反向箭线。网络计划图的箭头方向即为施工前进方向,不能出现错画和漏画箭头的情况。箭线所表示的工作需占用时间,不能使用反向箭线,因为时间是不可逆的。否则会造成循环线路。

(5)网络计划图的布局应合理,应尽量避免箭线交叉。网络计划图中箭线的交叉,一般可以通过整理网络图来避免。当箭线的交叉不可避免时,可采用"暗桥"、"断线"等方法加以处理,如图3-6所示。

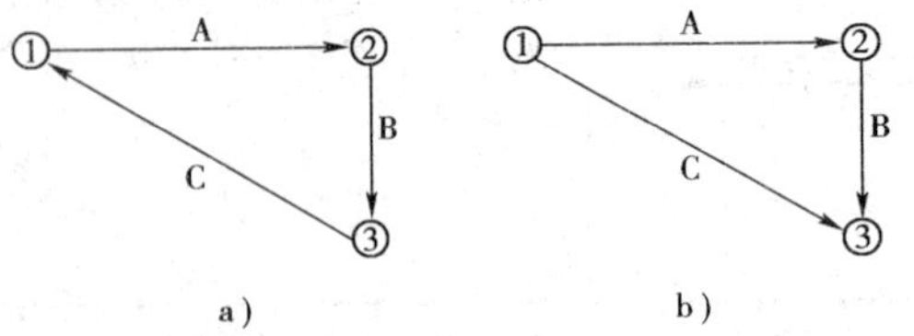

图 3-5

a)错误的表示方法;b)正确的表示方法

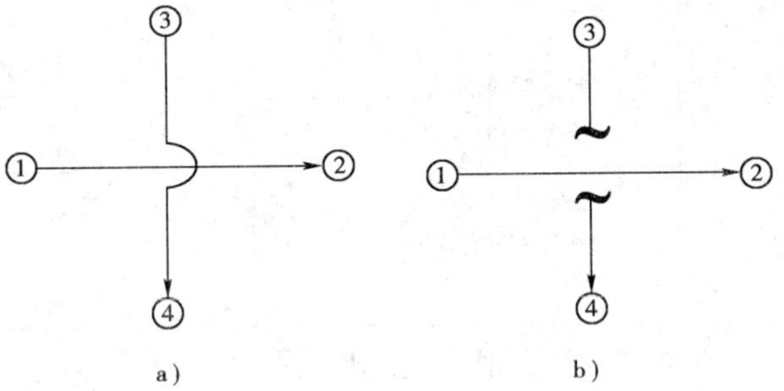

图 3-6

a)暗桥法;b)断线法

2. 双代号网络图的绘制方法

1)绘制双代号网络计划图的步骤

(1)按施工方案分解工作。首先应清楚地显示计划的内容,将施工任务分解为若干单项工作。

(2)根据已确定的工序,确定哪些是紧前工作或紧后工作,并找出工作之间的相互关系。

(3)确定各单项工作的持续时间,绘制工作关系时间表。当确定了各项工作之间的逻辑关系后,还应确定各单项工作的持续时间,工作的持续时间直接影响网络计划的质量。持续时间确定后,再根据已知资料,绘制工作时间表。其基本内容包括:工作代号、工作名称、紧前工作(紧后工作)、持续时间等。

(4)绘制双代号网络计划草图。按施工次序的约束条件画出草图,再逐步调整和编排,尽量消除交叉箭杆。

调整编排时,可采用下列方法:

①后退法。从完成的工作开始排,由后向前排,一直排到开始工作。

②前进法。从开始的工作排起,按紧接在后面的工作依次排下去,直到终点工作。

(5)整理成图。对绘制好的草图进行多次修改,主要工作是:去掉多余箭线,检查工作逻辑关系,网络图布局是否合理,最后对各节点进行正确的编号。

2)举例

【例3-1】 根据紧后工作关系,按前进法绘图,见表3-2。

表3-2

工作代号	A	B	C	D	E	F	G	H	I
紧后工作	C	D,E	G,F	G,F	H	H	I	—	—
持续时间(d)	4	6	6	7	5	9	7	4	8

解:根据表中所给各工序的逻辑关系及双代号网络图的绘图规则,绘制网络图如图3-7所示。

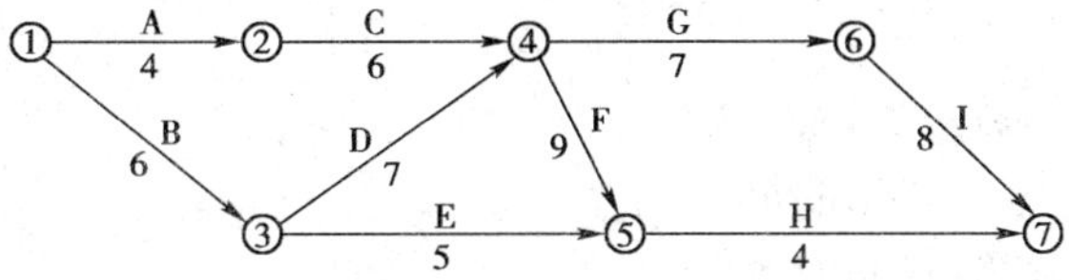

图　3-7

【例3-2】 根据紧前工作关系,按后退法绘图,见表3-3。

表3-3

工作代号	A	B	C	D	E	F	G	H	I	J	K
紧前工作	–	A	A	A	B	B,C	C,D	D	E,F	G,H,F	I,J
持续时间(d)	2	4	8	2	4	6	6	4	3	2	2

解:根据表中所给各工序的逻辑关系及双代号网络图的绘图规则,绘制网络图如图3-8所示。

四、双代号网络图时间参数的计算

网络计划的时间参数按其特性可分为两类:控制性时间参数和协调性时间参数。其中控制性时间参数包括最早时间系列参数和最迟时间系列参数;协调性时间参数包括工作总时差、自由时差、相干时差和独立时差。

1.节点时间参数的计算

1)节点最早开始时间(ET)

节点的最早开始时间是指从网络计划图的起始节点开始,沿着箭线到达下一个节点的某一时刻。它表示该节点紧前工作的全部完成,其后的紧后工作最早开始的时间。

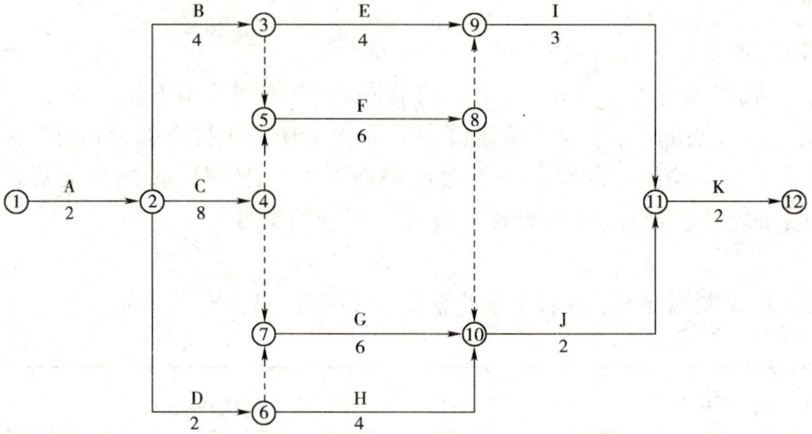

图 3-8

计算时,如无规定,网络图的起始节点的最早开始时间应等于零,即 $ET_{(1)}=0$。其余节点的最早开始时间应顺着箭线依次进行计算,直至终节点。如果有多条箭线汇集到某一个节点,则应对进入该节点的各条箭线分别进行计算,然后取最大值作为该节点的最早开始时间。取最大值是因为以该节点为开始的各道工序,必须等它的紧前工序全部结束之后才能开始。用公式表示为:

$$ET_{(j)}=\max\{ET_{(i)}+t_{(i,j)}\}\ (j=2,3,\cdots,n) \tag{3-1}$$

式中:$ET_{(j)}$——节点 j 的最早开始时间;

$ET_{(i)}$——节点 i 的最早开始时间;

$t_{(i,j)}$——工作(i,j)的持续时间;

n——网络计划图中终节点的编号。

按上式计算得到终节点的最早开始时间,即是计划的总工期。即:

$$ET_{(n)}=T \tag{3-2}$$

式中:T——计划总工期。

2)节点的最迟结束时间(LT)

节点的最迟结束时间是指从网络计划图的终节点开始,逆着箭线方向计算出的以该节点为结束的各道工序最迟完成的某一时刻。

计算时,如无规定,网络图的终节点的最迟结束时间应等于计划总工期,即 $LT_{(n)}=T=ET_{(n)}$;如另有规定则应取规定的工期。如果有多条箭线从某一个节点出发,则应对从该节点出发的各条箭线分别进行计算,然后取最小值作为该节点的最迟结束时间。取最小值是因为先行工序必须要保证其各后续工序最早开工的需要。用公式表示为:

$$LT_{(i)}=\min\{LT_{(j)}-t_{(i,j)}\}\ (i=n-1,n-2,\cdots,2,1) \tag{3-3}$$

式中:$LT_{(i)}$——节点 i 的最迟结束时间;

$LT_{(j)}$——节点 j 的最迟结束时间。

3)节点时间参数计算(以图 3-7 为例)

(1)设起点节点的最早开始时间 $ET_{(1)}=0$,顺箭线依次计算各节点的最早开始时间。

$ET_{(2)}=ET_{(1)}+t_{(1,2)}=0+4=4$

$ET_{(3)} = ET_{(1)} + t_{(1,3)} = 0 + 6 = 6$

$ET_{(4)} = \max\{ET_{(2)} + t_{(2,4)}; ET_{(3)} + t_{(3,4)}\} = \max\{4 + 6 = 10; 6 + 7 = 13\} = 13$

$ET_{(5)} = \max\{ET_{(3)} + t_{(3,5)}; ET_{(4)} + t_{(4,5)}\} = \max\{6 + 5 = 11; 13 + 9 = 22\} = 22$

$ET_{(6)} = ET_{(4)} + t_{(4,6)} = 13 + 7 = 20$

$ET_{(7)} = \max\{ET_{(6)} + t_{(6,7)} ET_{(5)} + t_{(5,7)}\} = \max\{20 + 8 = 28; 22 + 4 = 26\} = 28$

(2)终节点的最早开始时间 $ET_{(n)} = T = 28$,即等于计划工期。

(3)设终节点的最迟结束时间 $LT_{(n)} = T = ET_{(n)}$,逆箭线计算各节点的最迟结束时间。

$LT_{(7)} = ET_{(7)} = 28$

$LT_{(6)} = LT_{(7)} - t_{(6,7)} = 28 - 8 = 20$

$LT_{(5)} = LT_{(7)} - t_{(5,7)} = 28 - 4 = 24$

$LT_{(4)} = \min\{LT_{(6)} - t_{(4,6)} LT_{(5)} - t_{(4,5)}\} = \min\{20 - 7 = 13; 24 - 9 = 15\} = 13$

$LT_{(3)} = \min\{LT_{(4)} - t_{(3,4)} LT_{(5)} - t_{(3,5)}\} = \min\{13 - 7 = 6; 24 - 5 = 19\} = 6$

$LT_{(2)} = LT_{(4)} - t_{(2,4)} = 13 - 6 = 7$

$LT_{(1)} = \min\{LT_{(2)} - t_{(1,2)}; LT_{(3)} - t_{(1,3)}\} = \min\{7 - 4 = 3; 6 - 6 = 0\} = 0$

需要注意的是:代表某工作的两个节点上的时间参数如果各自相等,并且箭尾节点时间参数加上工作持续时间等于箭头节点时间参数,则该工作即为关键工作,该节点就在关键线路上。

2. 工作时间参数计算

1)工作的最早开始时间(ES)

它是指一个工作在具备一定工作条件和资源条件后,可以开始工作的最早时间。在工作程序上,它要在紧前工作完成后方能开始。很明显,工作(i,j)的最早开始时间等于箭尾节点(i)的最早开始时间。即:

$$ES_{(i,j)} = ET_{(i)} \tag{3-4}$$

式中符号意义同前。

2)工作的最早完成时间(EF)

它是指一项工作如能在最早开始时间开始,对应就有一个最早完成时间,它等于箭尾节点的最早开始时间加上工作(i,j)的持续时间。即:

$$EF_{(i,j)} = ET_{(i)} + t_{(i,j)} = ES_{(i,j)} + t_{(i,j)} \tag{3-5}$$

式中符号意义同前。

3)工作的最迟完成时间(LF)

它是指在不影响整个计划按期完成的条件下,本工作最迟必须完成的时刻,用 $LF_{(i,j)}$ 表示。它等于节点 j 的最迟结束时间。即:

$$LF_{(i,j)} = LT_{(j)} \tag{3-6}$$

式中符号意义同前。

4)工作最迟开始时间(LS)

它是指在不影响整个计划按期完成的条件下,本工作最迟必须开始的时刻,用 $LS_{(i,j)}$ 表示。它等于工作最迟完成时间减去该工作的持续时间。即:

$$LS_{(i,j)} = LF_{(i,j)} - t_{(i,j)} \tag{3-7}$$

式中符号意义同前。

现仍以图 3-7 为例,计算工作时间参数。

最早开始时间和最早完成时间:

$ES_{(1,2)}=ET_{(1)}=0;EF_{(1,2)}=ES_{(1,2)}+t_{(1,2)}=0+4=4$

$ES_{(1,3)}=ET_{(1)}=0;EF_{(1,3)}=ES_{(1,3)}+t_{(1,3)}=0+6=6$

$ES_{(2,4)}=ET_{(2)}=4;EF_{(2,4)}=ES_{(2,4)}+t_{(2,4)}=4+6=10$

$ES_{(3,4)}=ET_{(3)}=6;EF_{(3,4)}=ES_{(3,4)}+t_{(3,4)}=6+7=13$

$ES_{(3,5)}=ET_{(3)}=6;EF_{(3,5)}=ES_{(3,5)}+t_{(3,5)}=6+5=11$

$ES_{(4,5)}=ET_{(4)}=13;EF_{(4,5)}=ES_{(4,5)}+t_{(4,5)}=13+9=22$

$ES_{(4,6)}=ET_{(4)}=13;EF_{(4,6)}=ES_{(4,6)}+t_{(4,6)}=13+7=20$

$ES_{(5,7)}=ET_{(5)}=22;EF_{(5,7)}=ES_{(5,7)}+t_{(5,7)}=22+4=26$

$ES_{(6,7)}=ET_{(6)}=20;EF_{(6,7)}=ES_{(6,7)}+t_{(6,7)}=20+8=28$

最迟完成时间和最迟开始时间:

$LF_{(6,7)}=LT_{(7)}=28;LS_{(6,7)}=LF_{(6,7)}-t_{(6,7)}=28-8=20$

$LF_{(5,7)}=LT_{(7)}=28;LS_{(5,7)}=LF_{(5,7)}-t_{(5,7)}=28-4=24$

$LF_{(4,6)}=LT_{(6)}=20;LS_{(4,6)}=LF_{(4,6)}-t_{(4,6)}=20-7=13$

$LF_{(4,5)}=LT_{(5)}=24;LS_{(4,5)}=LF_{(4,5)}-t_{(4,5)}=24-9=15$

$LF_{(3,5)}=LT_{(5)}=24;LS_{(3,5)}=LF_{(3,5)}-t_{(3,5)}=24-5=19$

$LF_{(3,4)}=LT_{(4)}=13;LS_{(3,4)}=LF_{(3,4)}-t_{(3,4)}=13-7=6$

$LF_{(2,4)}=LT_{(4)}=13;LS_{(2,4)}=LF_{(2,4)}-t_{(2,4)}=13-6=7$

$LF_{(1,3)}=LT_{(3)}=6;LS_{(1,3)}=LF_{(1,3)}-t_{(1,3)}=6-6=0$

$LF_{(1,2)}=LT_{(2)}=7;LS_{(1,2)}=LF_{(1,2)}-t_{(1,2)}=7-4=3$

3. 工作的时差计算

时差是指在不影响整个任务完工时间的条件下,某项活动可以利用的机动时间。工作的时差包括:总时差、自由时差、相干时差和独立时差。

1)总时差(TF)

它是指在不影响紧后工作的最迟必须开始时间的条件下,本工作所拥有的最大机动时间。计算公式为:

$$TF_{(i,j)}=LS_{(i,j)}-ES_{(i,j)}=LF_{(i,j)}-EF_{(i,j)}$$

或

$$TF_{(i,j)}=LT_{(j)}-ET_{(i)}-t_{(i,j)} \qquad (3\text{-}8)$$

式中符号意义同前。

工作总时差具有以下性质:

①如果工作总时差 $TF_{(i,j)}=0$,则工作(i,j)无任何机动时间,其他时差也都为 0。

②总时差与前后工作都有关系,它是一条线路所共有的最大机动时间。

③工作的总时差一般用于控制整个计划的总工期。

④$TF_{(i,j)}>0$,说明该工作存在机动时间;$TF_{(i,j)}=0$,说明该工作无机动时间;$TF_{(i,j)}<0$,说明计划工期超过规定工期,应采取措施予以缩短,确保按期完成。

2)自由时差(FF)

它是指在不影响紧后工作最早可能开始时间的前提下,工作所具有的机动时间,它是总时差的一部分。计算公式为：

$$FF_{(i,j)}=ET_{(j)}-ET_{(i)}-t_{(i,j)}=ET_{(j)}-EF_{(i,j)}$$

或

$$FF_{(i,j)}=ES_{(j,k)}-EF_{(i,j)} \tag{3-9}$$

式中：$ES_{(j,k)}$——工作(i,j)的紧后工作的最早开始时间；

其余符号意义同前。

工作自由时差具有以下性质：

(1)工作的自由时差总是小于或等于其总时差；

(2)使用工作的自由时差，对紧后工作的最早开始时间没有影响；

(3)工作的自由时差用于控制工程项目实施过程中的中间进度，以便控制计划各阶段按期完成。

3)相干时差(IF)

它是指可以与紧后工作共同利用的机动时间。它是在工作总时差中，除去自由时差外，剩余的那部分时差。计算公式为：

$$IF_{(i,j)}=LT_{(j)}-ET_{(j)}$$

或

$$IF_{(i,j)}=TF_{(i,j)}-FF_{(i,j)} \tag{3-10}$$

式中符号意义同前。

4)独立时差(DF)

它是指在不影响紧前工作最迟结束时间及紧后工作最早开始时间的条件下，本工作所拥有的机动时间。计算公式为：

$$DF_{(i,j)}=ET_{(j)}-LT_{(i)}-t_{(i,j)}$$

或

$$DF_{(i,j)}=FF_{(i,j)}-IF_{(h,i)}(h<i) \tag{3-11}$$

式中：$IF_{(h,i)}$——工作(i,j)的紧前工作的相干时差；

其余符号意义同前。

4.关键线路及其确定

1)关键线路

在网络图中，由关键工作组成的线路即为关键线路。网络图的各条线路中，持续时间之和最长的线路就是关键线路。

2)非关键线路

在网络图中，关键线路以外的线路，即为非关键线路。非关键线路中总时差不为零的工作称为非关键工作。非关键线路上的工作并非全由非关键工作组成。

3)关键线路的确定

(1)在网络图中，总时差最小的工作所组成的线路就是关键线路。

(2)关键线路上所有节点的两个时间参数均相等；反过来，如果节点的两个时间参数相等，该节点不一定是关键线路上的节点。

4)关键线路的性质

(1)关键线路在网络计划中有时不一定只有一条，可能存在多条；

(2)非关键工作如果将总时差全部用完，就会转化为关键工作；

(3)当非关键线路延长的时间超过它的总时差，关键线路就转化为非关键线路。

仍以图 3-7 为例,计算工作时差并确定关键线路。

工作 A:

$TF_{(1,2)}=LS_{(1,2)}-ES_{(1,2)}=3-0=3$;$FF_{(1,2)}=ET_{(2)}-ET_{(1)}-t_{(1,2)}=4-0-4=0$

$IF_{(1,2)}=TF_{(1,2)}-FF_{(1,2)}=3-0=3$;$DF_{(1,2)}=ET_{(2)}-LT_{(1)}-t_{(1,2)}=4-0-4=0$

工作 B:

$TF_{(1,3)}=LS_{(1,3)}-ES_{(1,3)}=0-0=0$;$FF_{(1,3)}=ET_{(3)}-EF_{(1,3)}=6-6=0$

$IF_{(1,3)}=TF_{(1,3)}-FF_{(1,3)}=0-0=0$;$DF_{(1,3)}=ET_{(3)}-LT_{(1)}-t_{(1,3)}=6-0-6=0$

工作 C:

$TF_{(2,4)}=LS_{(2,4)}-ES_{(2,4)}=7-4=3$;$FF_{(2,4)}=ET_{(4)}-EF_{(2,4)}=13-10=3$

$IF_{(2,4)}=TF_{(2,4)}-FF_{(2,4)}=3-3=0$;$DF_{(2,4)}=ET_{(4)}-LT_{(2)}-t_{(2,4)}=13-7-6=0$

工作 D:

$TF_{(3,4)}=LS_{(3,4)}-ES_{(3,4)}=6-6=0$;$FF_{(3,4)}=ET_{(4)}-EF_{(3,4)}=13-13=0$

$IF_{(3,4)}=TF_{(3,4)}-FF_{(3,4)}=0-0=0$;$DF_{(3,4)}=ET_{(4)}-LT_{(3)}-t_{(3,4)}=13-6-7=0$

工作 E:

$TF_{(3,5)}=LS_{(3,5)}-ES_{(3,5)}=19-6=13$;$FF_{(3,5)}=ET_{(5)}-EF_{(3,5)}=22-11=11$

$IF_{(3,5)}=TF_{(3,5)}-FF_{(3,5)}=13-11=2$;$DF_{(3,5)}=ET_{(5)}-LT_{(3)}-t_{(3,5)}=22-6-5=11$

工作 F:

$TF_{(4,5)}=LS_{(4,5)}-ES_{(4,5)}=15-13=2$;$FF_{(4,5)}=ET_{(5)}-EF_{(4,5)}=22-22=0$

$IF_{(4,5)}=TF_{(4,5)}-FF_{(4,5)}=2-0=2$;$DF_{(4,5)}=ET_{(5)}-LT_{(4)}-t_{(4,5)}=22-13-9=0$

工作 G:

$TF_{(4,6)}=LS_{(4,6)}-ES_{(4,6)}=13-13=0$;$FF_{(4,6)}=ET_{(6)}-EF_{(4,6)}=20-20=0$

$IF_{(4,6)}=TF_{(4,6)}-FF_{(4,6)}=0-0=0$;$DF_{(4,6)}=ET_{(6)}-LT_{(4)}-t_{(4,6)}=20-13-7=0$

工作 H:

$TF_{(5,7)}=LS_{(5,7)}-ES_{(5,7)}=24-22=2$;$FF_{(5,7)}=ET_{(7)}-EF_{(5,7)}=28-26=2$

$IF_{(5,7)}=TF_{(5,7)}-FF_{(5,7)}=2-2=0$;$DF_{(5,7)}=ET_{(7)}-LT_{(5)}-t_{(5,7)}=28-24-4=0$

工作 I:

$TF_{(6,7)}=LS_{(6,7)}-ES_{(6,7)}=20-20=0$;$FF_{(6,7)}=ET_{(7)}-EF_{(6,7)}=28-28=0$

$IF_{(6,7)}=TF_{(6,7)}-FF_{(6,7)}=0-0=0$;$DF_{(6,7)}=ET_{(7)}-LT_{(6)}-t_{(6,7)}=28-20-8=0$

通过以上计算,找出总时差为零的工作有 B、D、G、I,将这些关键工作连接起来,就可确定出关键线路为:①→③→④→⑥→⑦。

5. 时间参数的计算方法

1)列式计算法

该方法是根据各项时间参数的计算公式,逐一计算的方法。如前述例 3-1 的时间参数计算方法。

2)图上计算法

图上计算法是根据各时间参数计算公式,直接在网络图上计算各时间参数的方法。这种方法无需列式计算，简捷而不易出错，便于检查和修改，故较常用，表示方法如图 3-9 所示。

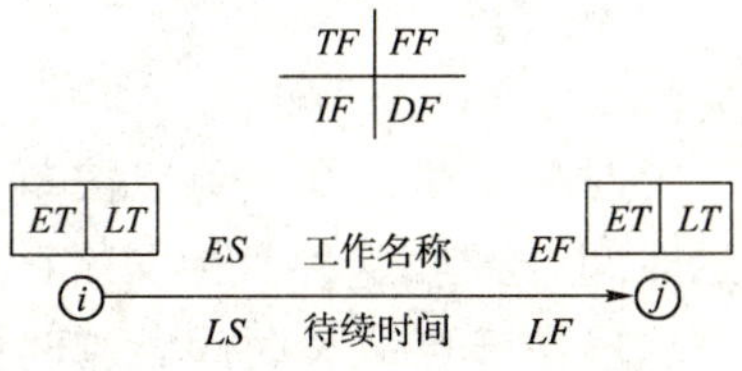

图　3-9

3）表上计算法

表上计算法是以表格的形式来计算时间参数，原理同图上计算法一样。限于篇幅，这里不再叙述。

【例3-3】　用图算法计算图3-10所示网络计划的各时间参数，并用粗箭线标出关键线路。

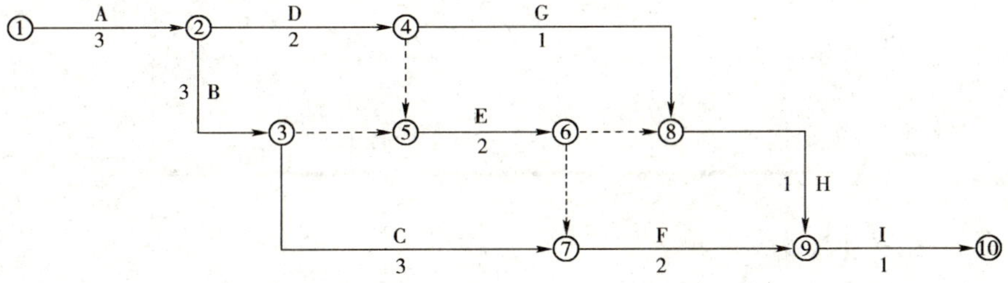

图　3-10

解：根据式(3-1) ~ 式(3-11)计算各类时间参数，并将计算结果按图 3-9 表示方法直接标于图上，如图 3-11 所示。

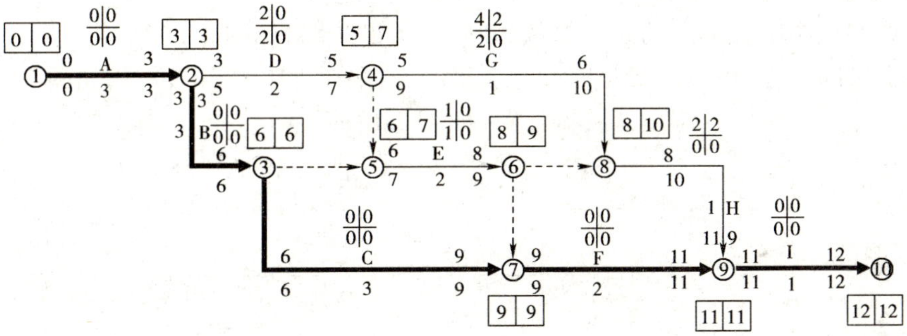

图　3-11

• 第三节　双代号时间坐标网络计划 •

一、双代号时间坐标网络计划的概念

前面介绍的非时标网络，各项工作的作业持续时间均与箭线长度无关。使用这种网络计划，如果工作顺序、相互关系及持续时间变动时，改变原计划很方便，但不能直接从网络图上看出工作的最早开始时间和最早完成时间，以及工作的最迟必须开始时间和最迟必须完成时间。

为了克服非时标网络计划的不足，产生了双代号时间坐标网络计划，简称时标网络计划，是网络计划的另一种表示形式。它在一般网络计划的上方或下方增加一个时间坐标，箭线的长短即表示该工作的持续时间的长短。它能够表达工程各项工作之间恰当的时间关系。

二、时间坐标网络计划的绘制方法

时标网络计划图可以按节点最早开始时间(节点最早时间)、节点最迟结束时间(节点最迟时间)绘制,这种时标网络计划图主要供计划管理人员分析计划和实施资源优化用。

1. 按节点最早时间绘制时标网络图

以图3-12所示一般网络计划图为例,现按节点最早时间把它标画成时标网络计划,如图3-13所示。

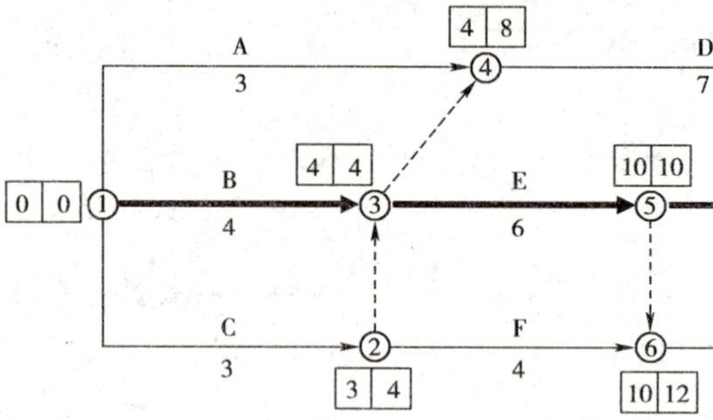

图 3-12

具体画法步骤如下:

(1)计算网络图中各节点的时间参数,并确定关键线路,如图3-12所示。

(2)画出时间坐标,按节点最早时间把关键线路画在图中适当的位置,如图3-13所示。

(3)按节点最早时间绘制出非关键线路,如图3-13所示。

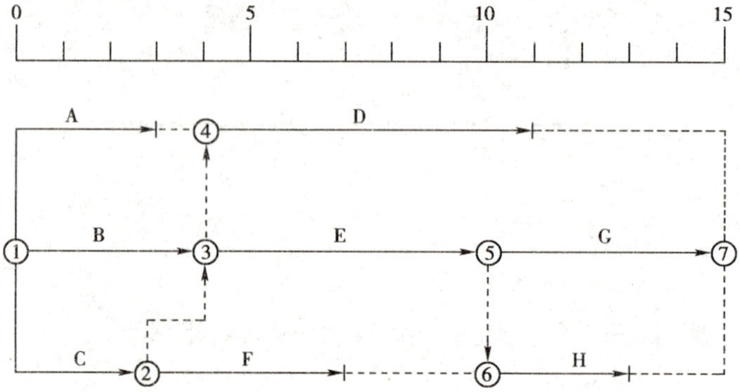

图 3-13

在绘制时标网络计划图时,应注意:

(1)图中所有节点的位置,应按节点的最早可能实现时间标画在相应的时间坐标上。

(2)从网络图起点开始按箭线方向逐项工作绘至网络图的终点,工作用实箭线表示,实箭线的长度表示工作持续时间的长短,虚工作用虚箭线表示,工作的机动时间用虚线表示,虚线补在实线的右边,并在实箭线和虚线分界处加一截止短线作为分界线。

(3)时间坐标网络计划图中各节点的纵向位置没有时间含义。

从上图可看出,按节点最早时间绘制的时间坐标网络图,在工作安排上是"前紧后松",工作的机动时间分布在后面，此时图中的虚线部分即为各工作的自由时差。

2. 按节点最迟时间绘制时标网络图

仍以图 3-12 为例，其绘制步骤和方法与按节点最早时间绘制时标网络图一样，只需按节点位置由最早时间移至最迟时间即可，但应注意虚线补在实线的左边，见图 3-14。

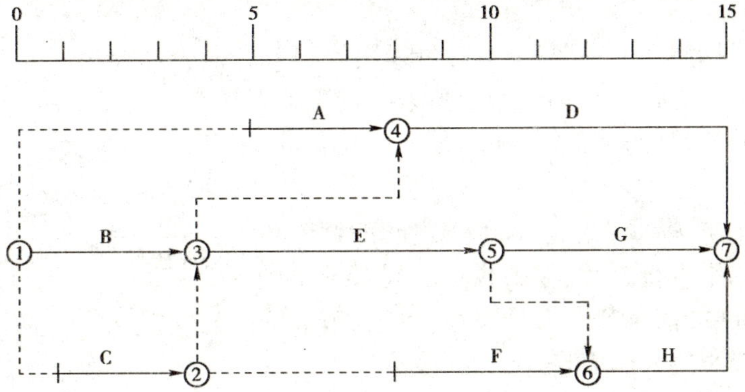

图　3-14

从上图可看出，按节点的最迟时间绘制的时间坐标网络图，在工作安排上是“前松后紧”，工作的机动时间分布在前面，此时图中的虚线部分没有任何时差的概念。

三、时间坐标网络计划的特点

1. 优点

(1)时标网络图与横道图比较接近，能直观地反映整个网络计划的时间进程。

(2)在编制工作项目时，可迅速地一边绘图一边计算，且可及时调整。

(3)可用于资源优化，时标网络图进行逐日资源平衡调整显得尤为方便。

(4)调整优化后的时间坐标网络计划，可直接作为进度计划下达给承包人使用。

2. 缺点

(1)在时标网络图上不能反映总时差，在图上不能利用时差进行优化。

(2)时标网络图箭线的长度反映了工作时间长短，工期长箭线就长，图就长，给绘图和看图指导施工造成不便，因此一般在指导分项、分部工程施工时用得较多。

(3)时标网络计划的调整比较繁琐，当情况发生变化时，有时移动局部几项工作就可能牵动整个网络计划的改变。

(4)时标网络图在画图前仍需编制双代号网络图，计算出最早或最迟时间，增加了工作量。

第四节　单代号网络图

单代号网络图与双代号网络图相似，也是由许多节点和箭线组成，但与双代号网络图不同的是单代号网络图的节点表示的是工序，而箭线仅表示各道工序之间的逻辑关系。单代号网络图与双代号网络图相比，具有工作之间的逻辑关系容易表示、没有虚工作、网络图便于检查和修改等优点，所以单代号网络图在国内外得到了广泛的应用。

一、单代号网络图的组成

单代号网络图的基本组成要素有：节点、箭线和代号。现分述于下：

1. 节点

节点是单代号网络图的主要符号，它可以用圆圈或方框表示。一个节点表示一项具体工作（工序、作业、活动或施工过程）。节点所表示的工作名称、作业时间和代号一般都标注在圆圈或方框内。计算所得的时间参数标注在节点的两侧。如图3-15所示。

2. 箭线

单代号网络图中，箭线表示紧邻工作之间的逻辑关系。箭线应画成水平直线、折线或斜线。单代号网络图中没有虚箭线，箭线的箭尾节点编号应小于箭头节点的编号。箭线水平投影的方向应自左向右，表达工作的前进方向。有关箭线前后节点（工序）之间的关系，如图3-16所示。

图3-15 单代号网络图节点表示方法

3. 代号

在单代号网络图中，节点（工序）必须编号，此编号即该工作的代号。代号只能有一个，不得重号，故称“单代号”。代号用数码表示，箭尾节点的号码要小于箭头节点的号码，并且节点编号严禁重复。例如，有两道工序“盖板”和“回填土”，持续时间分别为15d和12d，前者代号为5，后者代号为6，则这两道工序正确的代号表示方法如图3-17所示。

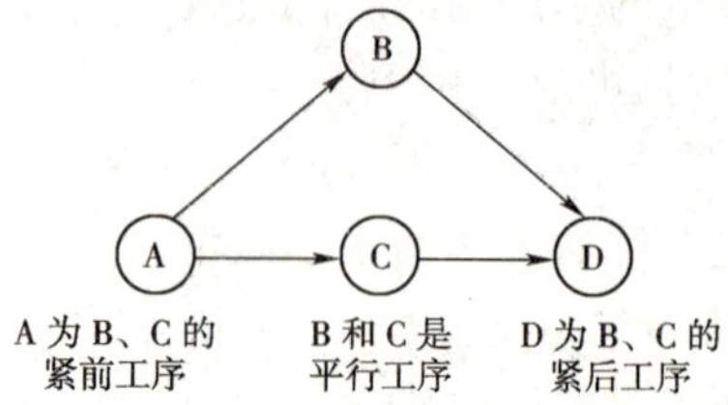

图3-16 箭线所表示的工序关系

图3-17 代号表示方法

二、单代号网络图的绘制

1. 单代号网络图的绘图规则

同双代号网络图的绘制一样，绘制单代号网络图也必须遵循一定的绘图规则。当违背了这些规则时，就可能出现逻辑关系混乱，无法判别各工作之间的紧前和紧后关系，无法进行网络图的时间参数计算。这些基本规则主要有：

（1）当单代号网络图中有多项起点节点或多项终点节点时，应在网络图的两端分别增加一个虚拟的起点节点和终点节点。这也是单代号网络图所特有的规则，如图3-18所示。

（2）网络图中不允许出现循环回路。

（3）在绘制网络图时，应避免箭线交叉。当交叉不可避免时，可采用“暗桥法”或“断线法”，如图3-19所示。

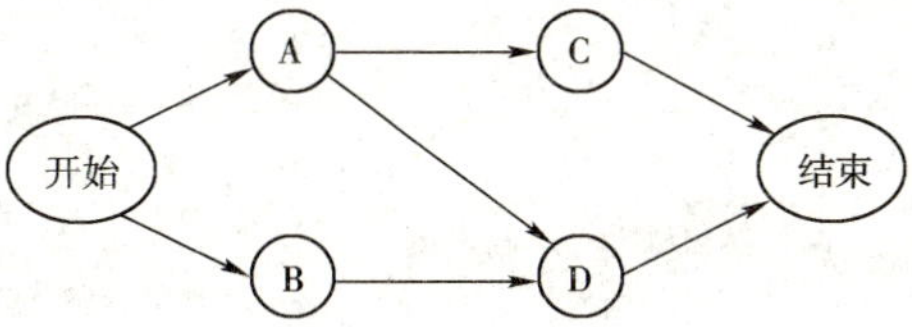

图　3-18

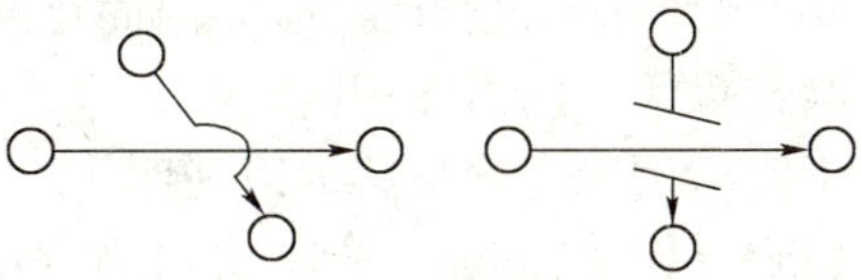

a)　　b)

图　3-19

a)暗桥法;b)断线法

(4)网络图中不允许出现有重复编号的工作,任何一个编号只能表示一项工作。

(5)在网络图中除起点节点和终点节点外,不允许出现其他没有内向箭线的工作节点和没有外向箭线的工作节点。

(6)网络图中箭尾节点的编号应小于箭头节点的编号。

2. 单代号网络图中工序之间逻辑关系的表示方法

由于单代号网络图中没有虚箭线,所以各工序之间的逻辑关系表示方法比较简单,其逻辑关系仍然是根据施工工艺和施工顺序来确定。表3-4是用单代号网络图表示的工序之间的各种逻辑关系。

单代号网络图工序逻辑关系表示方法　　表3-4

描　　述	图　　示
A工序完成后进行B工序	
B、C工序完成后进行D工序	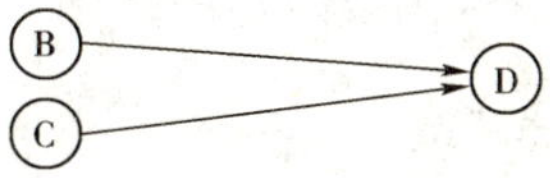
B工序完成后,C、D工序可以同时开始	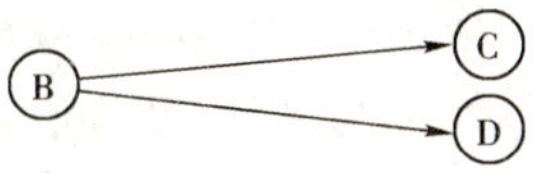
A工序完成后,进行C工序;B工序完成后,可以同时进行C、D工序	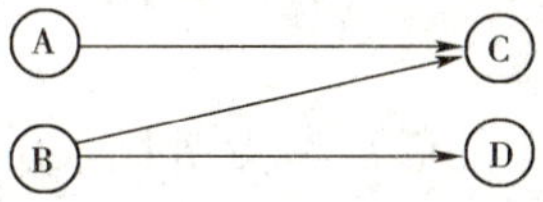

3. 单代号网络图的绘制

单代号网络图的绘制步骤与双代号网络图的绘制步骤基本相同,主要包括以下两部分:

(1)根据工程计划中各工序在工艺上、组织上的逻辑关系,列出工序一览表及各工序的紧前工序、紧后工序名称。

(2)根据上述工序之间的逻辑关系绘制单代号网络图。这里包括:首先绘制草图;然后对一些不必要的交叉进行整理，绘出简化网络图；再对绘出的简化网络图进行整理并编号。其编号原则与双代号网络图相同。

下面举例对上述步骤加以说明。

【例3-4】 绘制如表3-5所示工作关系的单、双代号网络图。

表 3-5

工作代号	A	B	C	D	E	F
紧后工作	D、E、F	D、F	E、F	—	—	—

解：根据上表中的工作关系，绘制的单、双代号网络图分别如图 3-20a）和图 3-20b）图所示。

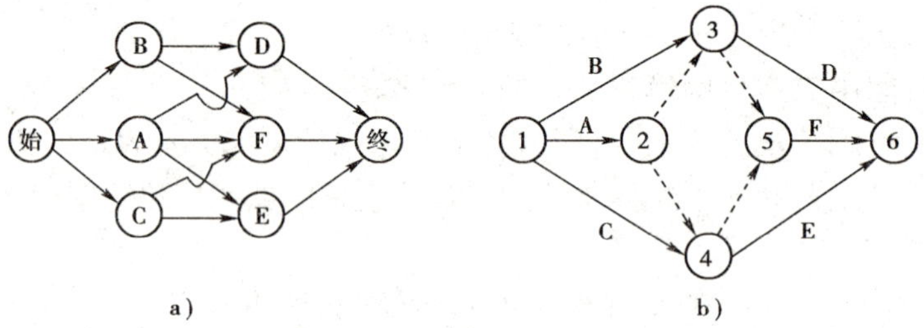

图 3-20

a）单代号网络图；b）双代号网络图

通过以上单、双代号网络图实例比较，可以看出单代号网络图的绘制比双代号简单，其各项工作之间的相互关系表示清楚；单代号网络图中不用虚工作，便于检查、修改；单代号网络图中常用"暗桥法"或"断线法"解决交叉问题；由于单代号网络图中无节点时间参数，所以单代号网络图不能标画成时标网络图。

三、单代号网络图时间参数的计算

1. 单代号网络图时间参数的计算步骤

单代号网络图中，节点本身就表示工序，所以它只有工序时间参数计算，没有节点时间参数的计算。单代号网络计划时间参数的计算步骤如下：

（1）计算工序的最早可能开始时间和最早可能结束时间。工序最早可能开始时间和最早可能结束时间的计算，应从网络图的起点节点开始，顺着箭线方向按节点编号从小到大的顺序依次逐个计算。

①网络图的起点节点所代表的工作，其最早可能开始时间如无规定时其值等于零，即：

$$ES_1 = 0$$

②工序的最早可能结束时间，等于本工序的最早可能开始时间与其持续时间之和，即：

$$EF_i = ES_i + t_i (i = 1, 2, 3, \cdots, n-1, n) \tag{3-12}$$

式中：EF_i——工序 i 的最早可能结束时间；

ES_i——工序 i 的最早可能开始时间；

t_i——工序 i 的持续时间；

n——网络图中终点节点的编号。

③其他工序的最早可能开始时间，等于其紧前工序的最早可能结束时间的最大值，即：

$$ES_j = \max\{EF_i\}(j = 2,3,4,\cdots,n-1,n) \tag{3-13}$$

式中：ES_j——工序 j 的最早可能开始时间；

EF_i——工序 j 的紧前工序 i 的最早可能结束时间。

式中 EF_i 取最大值是因为任何一道工序必须等它的紧前工序全部结束后才能开始。

④网络计划的计算工期，等于其终节点所代表的工序的最早可能结束时间，即：

$$T_{计算} = EF_n \tag{3-14}$$

式中：EF_n——终点节点 n 的最早可能结束时间。

(2)计算相邻两道工序之间的时间间隔。相邻两道工序之间的时间间隔，是指其紧后工序的最早开始时间与本工序的最早结束时间之间的差值，即：

$$LAG_{i,j} = ES_j - EF_i \tag{3-15}$$

式中：$LAG_{i,j}$——工序 i 与其紧后工序 j 之间的时间间隔；

ES_j——工序 j 的最早可能开始时间；

EF_i——工序 i 的最早可能结束时间。

(3)计算工序的最迟可能结束时间和最迟可能开始时间。工序最迟可能结束时间和最迟可能开始时间的计算，应从网络图的终点节点开始，逆着箭线方向按节点编号由大到小的顺序依次逐个计算。

①网络计划的计划工期，应等于或小于上级规定的工期。当上级未规定工期时，可令计划工期等于计算工期，即：

$$T_{计划} = T_{计算} \tag{3-16}$$

②网络计划终点节点 n 所代表的工序的最迟可能结束时间应等于计划工期，即：

$$LF_n = T_{计划} \tag{3-17}$$

由式(3-14)、式(3-16)、式(3-17)可知，$LF_n = EF_n$，即终节点的最迟可能结束时间等于它的最早可能结束时间。

③工序最迟可能开始时间，等于工序最迟可能结束时间减去该工序的作业持续时间，即：

$$LS_i = LF_i - t_i(i = n,n-1,\cdots,3,2,1) \tag{3-18}$$

式中：LS_i——工序 i 的最迟可能开始时间；

LF_i——工序 i 的最迟可能结束时间；

t_i——工序 i 的持续时间。

④其他工序的最迟可能结束时间，等于其紧后工序的最迟可能开始时间的最小值，即：

$$LF_i = \min\{LS_j\}(i = n-1,n-2,\cdots,3,2,1) \tag{3-19}$$

式中：LS_j——工序 i 的紧后工序 j 的最迟可能开始时间。

式中 LS_j 取最小值是因为任何一道工序的结束都不应影响紧后工序的最迟开始时间。

(4)计算工序的总时差。在单代号网络图中，工序总时差的概念与双代号网络图完全相同。工序的总时差应从终节点开始，逆箭线方向按节点编号从大到小依次计算。其计算过程为：

①网络计划终节点的工序总时差，等于计划工期与计算工期之差，即：

$$TF_n = T_{计划} - T_{计算} \tag{3-20}$$

式中：TF_n——网络终节点 n 的工序总时差。

②其他工序的总时差，等于本工序与其各紧后工序之间的时间间隔，加上该紧后工序的总时差所得之和的最小值，即：

$$TF_i = \min\{LAG_{i,j} + TF_j\} \tag{3-21}$$

式中：TF_i——工序 i 的总时差；

$LAG_{i,j}$——工序 i 与其紧后工序 j 之间的时间间隔；

TF_j——工序 i 的紧后工序 j 的总时差。

③当已计算出各道工序的最早、最迟可能开始和结束时间后，工序的总时差也可以按下面的公式计算：

$$TF_i = LF_i - EF_i \tag{3-22}$$

或

$$TF_i = LS_i - ES_i \tag{3-23}$$

式中符号意义同前。

(5)计算工序的自由时差。工序自由时差的概念与双代号网络图中工序自由时差的概念完全相同。其计算过程如下：

①网络计划终节点的工序自由时差，等于计划工期与本工序的最早完成时间之差，即：

$$FF_n = T_{计划} - EF_n \tag{3-24}$$

式中：FF_n——终节点 n 的工序的自由时差；

$T_{计划}$——单代号网络计划的计划工期；

EF_n——终节点 n 所代表的工序的最早可能结束时间。

②其他工序的自由时差，等于本工序与其紧后工序之间的时间间隔的最小值，即：

$$FF_i = \min\{LAG_{i,j}\} \tag{3-25}$$

式中：FF_i——工序 i 的自由时差。

其他符号意义同前。

③当已计算出各道工序的最早可能开始时间后，工序的自由时差也可按下面的公式计算：

$$FF_i = \min\{ES_j\} - ES_i - t_i \tag{3-26}$$

式中：ES_j——工序 i 的紧后工序 j 的最早可能开始时间；

其他符号意义同前。

2. 关键工序和关键线路的确定

1)关键工序的确定

如前所述，工序总时差最小的工序为关键工序。

2)关键线路的确定

(1)将总时差最小的关键工序相连，并保证相邻两关键工序之间的时间间隔为零而构成的线路就是关键线路；

(2)从网络计划的终点节点开始，逆着箭线方向依次找出相邻两项工序之间时间间隔为零的线路就是关键线路；

(3)在肯定型网络计划中，工序总持续时间最长的线路为关键线路。

3. 单代号网络图时间参数的标注方法

单代号网络图时间参数的标注方法,如图 3-21 所示。

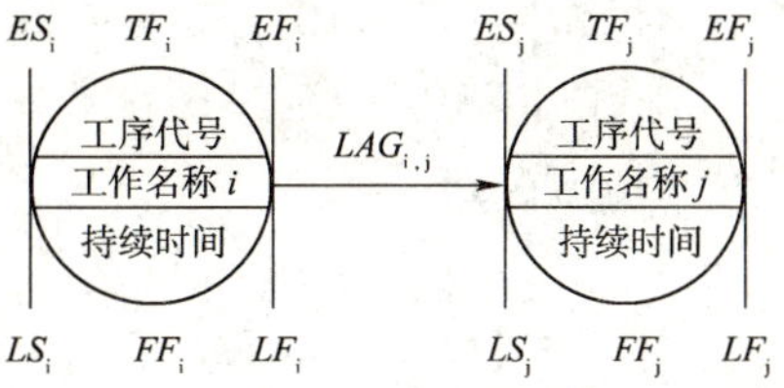

图 3-21 单代号网络图时间参数的标注

【例 3-5】 计算如图3-22所示的单代号网络图的时间参数,并确定关键线路。

解:(1)计算工序的最早可能开始时间和最早可能完成时间。

①因起始节点工序 A 的最早可能开始时间未规定,故取 $ES_1 = 0$。

②工序的最早可能结束时间,等于本工序的最早可能开始时间与其持续时间之和。因此,A 工序的最早可能结束时间:$EF_1 = ES_1 + t_1 = 0 + 3 = 3$。

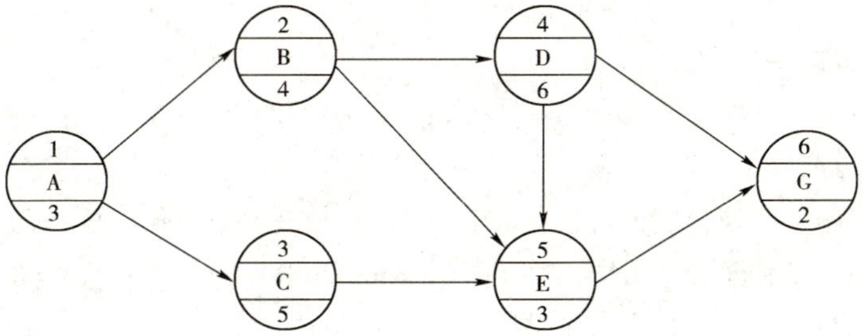

图 3-22 单代号网络图

③其他工序的最早可能开始时间,等于其紧前工序的最早可能结束时间的最大值,即:

B 工序:$ES_2 = EF_1 = 3$;$EF_2 = ES_2 + t_2 = 3 + 4 = 7$

C 工序:$ES_3 = EF_1 = 3$;$EF_3 = ES_3 + t_3 = 3 + 5 = 8$

D 工序:$ES_4 = EF_2 = 7$;$EF_4 = ES_4 + t_4 = 7 + 6 = 13$

E 工序:$ES_5 = \max\{EF_2, EF_3, EF_4\} = \max\{7, 8, 13\} = 13$

$EF_5 = ES_5 + t_5 = 13 + 3 = 16$

G 工序:$ES_6 = \max\{EF_4, EF_5\} = \max\{13, 16\} = 16$

$EF_6 = ES_6 + t_6 = 16 + 2 = 18$

④网络计划的计算工期等于其终节点所代表的工序的最早可能结束时间,即:

$$T_{计算} = EF_6 = 18$$

(2)计算相邻两道工序之间的时间间隔。按公式 $LAG_{i,j} = ES_j - EF_i$ 计算,过程如下:

$LAG_{1,2} = ES_2 - EF_1 = 3 - 3 = 0$;$LAG_{1,3} = ES_3 - EF_1 = 3 - 3 = 0$

$LAG_{2,4} = ES_4 - EF_2 = 7 - 7 = 0$;$LAG_{2,5} = ES_5 - EF_2 = 13 - 7 = 6$

$LAG_{3,5} = ES_5 - EF_3 = 13 - 8 = 5$;$LAG_{4,5} = ES_5 - EF_4 = 13 - 13 = 0$

$LAG_{4,6} = ES_6 - EF_4 = 16 - 13 = 3$;$LAG_{5,6} = ES_6 - EF_5 = 16 - 16 = 0$

(3)计算工序的最迟可能结束时间和最迟可能开始时间。

①网络计划的计划工期的计算。上级未规定计划工期时,令计划工期等于计算工期,即:

$$T_{计划} = T_{计算} = EF_6 = 18$$

②网络计划终节点工序的最迟可能结束时间应等于计划工期,即:

$$LF_6 = T_{计划} = 18$$

③其他工序的最迟可能结束时间,等于其紧后工序的最迟可能开始时间的最小值;工序最迟可能开始时间,等于工序最迟可能结束时间减去该工序的作业持续时间,即:

G 工序:$LF_6 = 18; LS_6 = LF_6 - t_6 = 18 - 2 = 16$

E 工序:$LF_5 = LS_6 = 16; LS_5 = LF_5 - t_5 = 16 - 3 = 13$

D 工序:$LF_4 = \min\{LS_5, LS_6\} = \min\{13, 16\} = 13; LS_4 = LF_4 - t_4 = 13 - 6 = 7$

C 工序:$LF_3 = LS_5 = 13; LS_3 = LF_3 - t_3 = 13 - 5 = 8$

B 工序:$LF_2 = \min\{LS_4, LS_5\} = \min\{7, 13\} = 7; LS_2 = LF_2 - t_2 = 7 - 4 = 3$

A 工序:$LF_1 = \min\{LS_2, LS_3\} = \min\{3, 8\} = 3; LS_1 = LF_1 - t_1 = 3 - 3 = 0$

(4)计算工序的总时差。网络计划终节点的工序总时差按 $TF_n = T_{计划} - T_{计算}$ 计算,没有规定,认为 $T_{计划} = T_{计算} = 18$,则 $TF_6 = 0$。其他工作总时差按公式 $TF_i = \min\{LAG_{i,j} + TF_j\}$计算,计算结果如下:

$TF_5 = LAG_{5,6} + TF_6 = 0 + 0 = 0$

$TF_4 = \min\{(LAG_{4,5} + TF_5); (LAG_{4,6} + TF_6)\} = \min\{(0+0); (3+0)\} = 0$

$TF_3 = LAG_{3,5} + TF_5 = 5 + 0 = 5$

$TF_2 = \min\{(LAG_{2,4} + TF_4); (LAG_{2,5} + TF_5)\} = \min\{(0+0); (6+0)\} = 0$

$TF_1 = \min\{(LAG_{1,2} + TF_2); (LAG_{1,3} + TF_3)\} = \min\{(0+0); (0+5)\} = 0$

(5)计算工序的自由时差。网络计划终节点的工序自由时差按公式 $FF_n = T_{计划} - EF_n$ 计算,得:$FF_6 = 0$。

其他工序的自由时差按 $FF_i = \min\{LAG_{i,j}\}$ 计算,结果如下:

$FF_1 = \min\{LAG_{1,2}; LAG_{1,3}\} = \min\{0; 0\} = 0$

$FF_2 = \min\{LAG_{2,4}; LAG_{2,5}\} = \min\{0; 6\} = 0$

$FF_3 = LAG_{3,5} = 5; FF_4 = \min\{LAG_{4,5}; LAG_{4,6}\} = \min\{0; 3\} = 0$

$FF_5 = LAG_{5,6} = 0$

以上计算结果如图 3-23 所示(在图中未标注的工序之间的时间间隔为 0)。

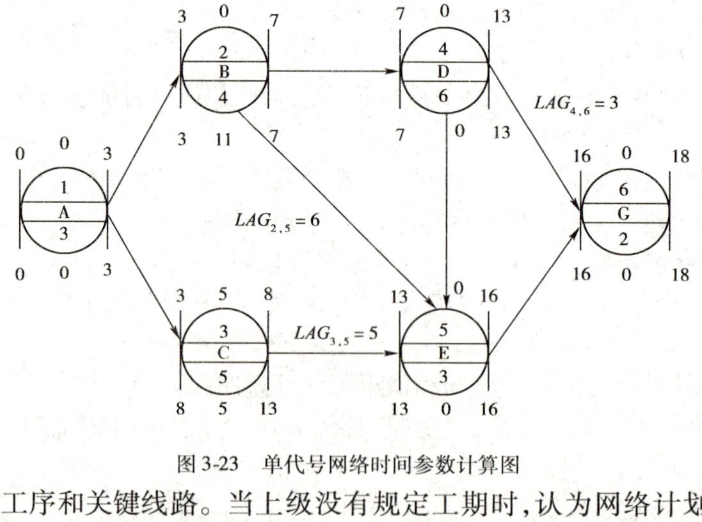

图 3-23 单代号网络时间参数计算图

(6)确定关键工序和关键线路。当上级没有规定工期时,认为网络计划的计算工期与计划工期相等,这样总时差为零的工作为关键工作。如图 3-23 所示单代号网络计划图中关键工序有：A、B、D、E、G 工序。将这些关键工序相连，并保证相邻两项关键工序之间的时间间隔为零而构成的线路就是关键线路，即线路Ⓐ→Ⓑ→Ⓓ→Ⓔ→Ⓖ为关键线路。

本例关键线路用黑粗线表示。如果相邻两项关键工序之间的时间间隔不为零，则仅仅由这些关键工序相连的线路不一定是关键线路，如线路Ⓐ→Ⓑ→Ⓓ→Ⓖ和线路Ⓐ→Ⓑ→Ⓔ→Ⓖ均不是关键线路。因此，在单代号网络计划中，关键工序相连的线路并不一定是关键线路。

在单代号网络计划中，线路上工作总持续时间最长的线路为关键线路，本例总持续时间最长为 18，即网络计算工期。

• 第五节　单代号搭接网络计划 •

一、基本概念

前面我们所讲的网络计划，其工作顺序关系的逻辑表达都是一种固定的衔接关系，即紧前工序完成之后紧后工序才开始工作。但在工程实践中，为了达到缩短工期的目的，常常需要将相邻工序安排成平行或搭接进行。在这种情况下，紧后工序的开始并不以紧前工序的完成为条件，只要紧前工序开工一段时间能为后续工序提供一定的开始工作的条件，紧后工序就可以插入而与紧前工序平行施工。工序之间的这种关系我们称之为搭接关系。

例如：某盖板涵的基础工程，由挖基础和砌基础两项工作组成，即工序 A、工序 B。A 完成后才能进行 B 工序。但作为生产指挥者，为了加快施工进度，尽快完工，在工作面允许的情况下，分为两个施工段施工，即 A_1、A_2、B_1、B_2，分别组织两个专业队进行流水施工，其单代号网络图及横道图表示见图 3-24 及图 3-25。上述情况如果设 A 工序开始 5d 后，B 工序才能开始，用单代号搭接网络图来表示，其图形可大大简化，如图3-26 所示。

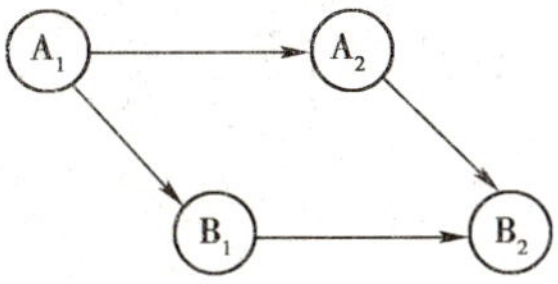

图 3-24　单代号表示法

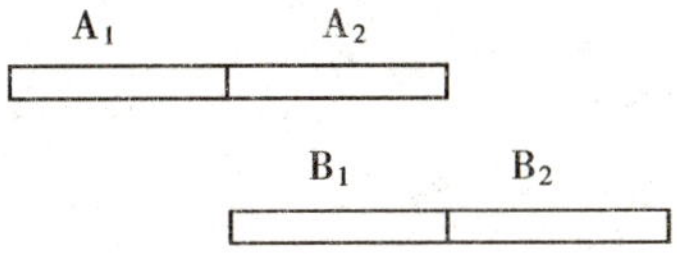

图 3-25　横道图表示法

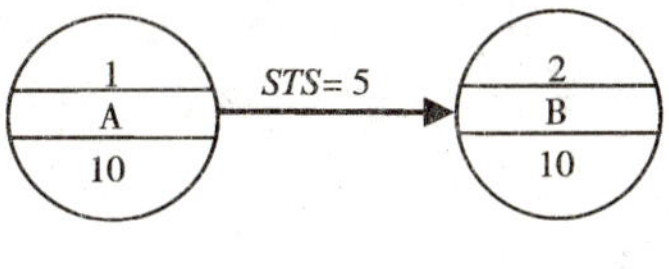

图 3-26　STS 型时间参数表示法

二、搭接关系的表示方法

在搭接网络计划中，工作之间的逻辑关系是由相邻两工作之间的不同时距决定的。时距就是紧前工作与紧后工作的先后开始或结束工作之间的时间间隔。由于相邻工作各有开始和结束时间，故基本时距有 4 种情况，如图 3-27 所示。

1. 结束到开始时距（F_iTS_j）

表示工作 i 结束时间到紧后工作 j 的开始时间之间的时间间隔，如图 3-28 所示。其计算关系式如下：

$$ES_j = EF_i + F_iTS_j \tag{3-27}$$

$$LF_i = LS_j - F_iTS_j \tag{3-28}$$

当 $F_iTS_j = 0$ 时，表示工作 i 结束后工作 j 就立即开始。当计划的所有相邻工作的 $F_iTS_j = 0$ 时，整个搭接网络计划就成为前面所讲的一般单代号网络图了。可见，一般的衔接关系只是搭接关系的一种特殊表示形式。

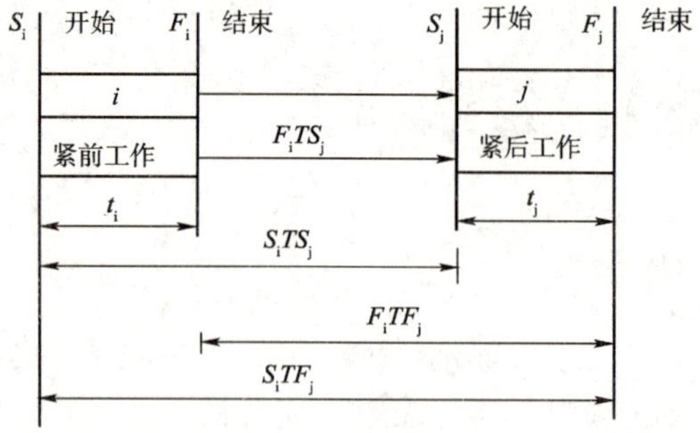

图 3-27　工序之间衔接关系图

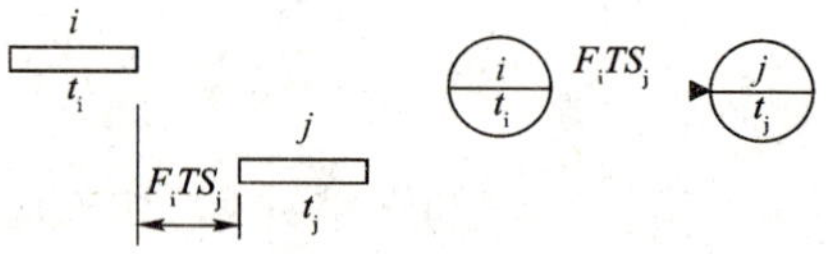

图 3-28　时距 FTS 的表示方法

2. 开始到开始时距（S_iTS_j）

表示紧前工作 i 的开始时间到紧后工作 j 的开始时间之间的时间间隔，如图 3-29 所示。其计算关系式如下：

$$ES_j = ES_i + S_iTS_j \tag{3-29}$$

$$LS_i = LS_j - S_iTS_j \tag{3-30}$$

3. 结束到结束时距（F_iTF_j）

表示工作 i 的结束时间与其紧后工作 j 的结束时间之间的时间间隔。如图 3-30 所示。

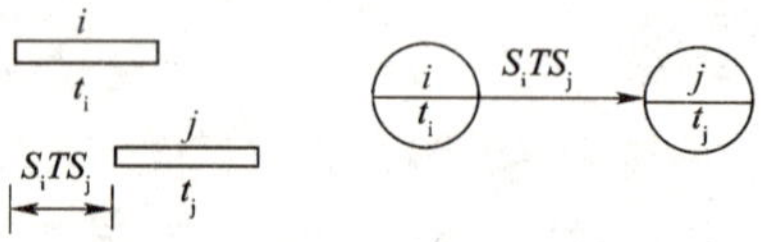

图 3-29　时距 STS 的表示方法

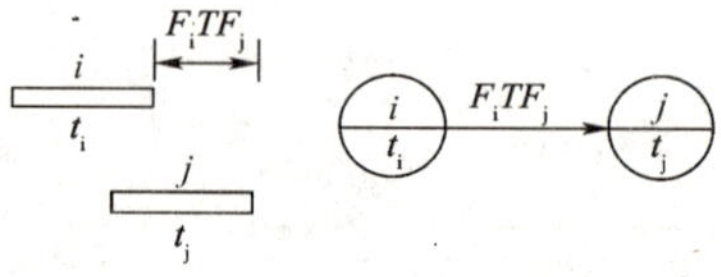

图 3-30　时距 FTF 的表示方法

其计算关系式如下：

$$EF_j = EF_i + F_iTF_j \tag{3-31}$$

$$LF_i = LF_j - F_iTF_j \tag{3-32}$$

4. 开始到结束时距（S_iTF_j）

表示工作 i 的开始时间与其紧后工作 j 的结束时间之间的时间间隔，如图 3-31 所示。其计算关系式如下：

$$EF_j = ES_i + S_iTF_j \tag{3-33}$$

$$LS_i = LF_j - S_iTF_j \tag{3-34}$$

5. 混合时距

在搭接网络计划中除了上述提到的四种基本时距关系之外，还有一种情况，就是同时由四种基本时距关系中两种以上来限制工作之间的逻辑关系。例如 i、j 两项工作可能同时由 STS

与 *FTF* 时距限制，或由 *STF* 与 *FTS* 时距限制等，如图 3-32 所示。

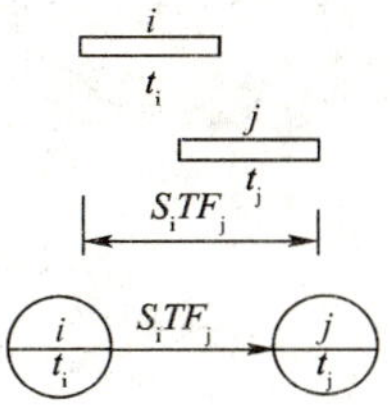

图 3-31 时距 *STF* 的表示方法

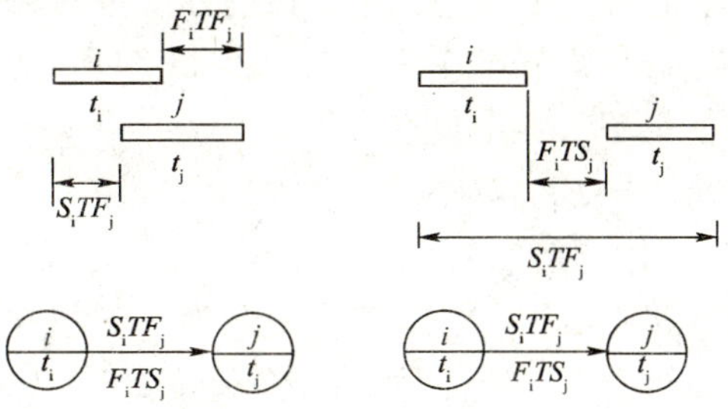

图 3-32 混合时距表示方法

三、搭接网络计划时间参数计算

搭接网络计划时间参数也就是各工作的时间参数和时差。现以图 3-33 某工程的搭接网络计划为例进行分析计算。

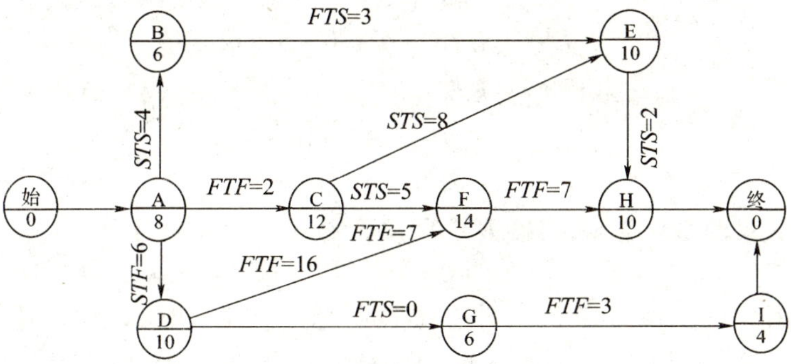

图 3-33 某工程搭接网络计划

1. 工作最早开始时间和最早完成时间的计算

计算工作最早时间参数必须从开始节点开始，沿箭线方向向终点进行。因为在单代号网络图中起点和终点都是虚设的，故其工作时间都为零。

(1) A 工作：凡是与开始节点相联系的工作最早开始时间都为零，且为一般搭接，则：

$$ES_A = 0; EF_A = ES_A + t_A = 0 + 8 = 8$$

(2) B 工作：其紧前工作为 A，搭接关系为 *STS*，按式(3-29)计算得：

$$ES_B = ES_A + S_A TS_B = 0 + 4 = 4; EF_B = ES_B + t_B = 4 + 6 = 10$$

(3) C 工作：其紧前工作为 A，搭接关系为 *FTF*，按式(3-31)计算得：

$$EF_C = EF_A + F_A TF_C = 8 + 2 = 10; ES_C = EF_C - t_C = 10 - 12 = -2$$

C 工作的最早开始时间出现负值，这说明 C 工作在工程开始之前 2d 就应开始工作，这是不合理的，必须按以下方法来处理：即凡某项中间工作的 ES_i 为负值时，用虚线从开始节点将该工作连接起来，如图 3-34 所示。这时 C 工作的最早开始时间就由起点决定，其最早完成时间也要重新计算：

$$ES_C = 0; EF_C = ES_C + t_C = 0 + 12 = 12$$

(4) D 工作：其紧前工作为 A，搭接关系为 *STF*，按式(3-33)计算得：

$$EF_D = ES_A + S_ATF_D = 0 + 6 = 6; ES_D = EF_D - t_D = 6 - 10 = -4$$

D 工作也出现了负值，仍按上述方法处理，将 D 工作用虚线与开始节点连接起来，如图3-34所示。这时 D 工作的最早开始时间为：

$$ES_D = 0; EF_D = ES_D + t_D = 0 + 10 = 10$$

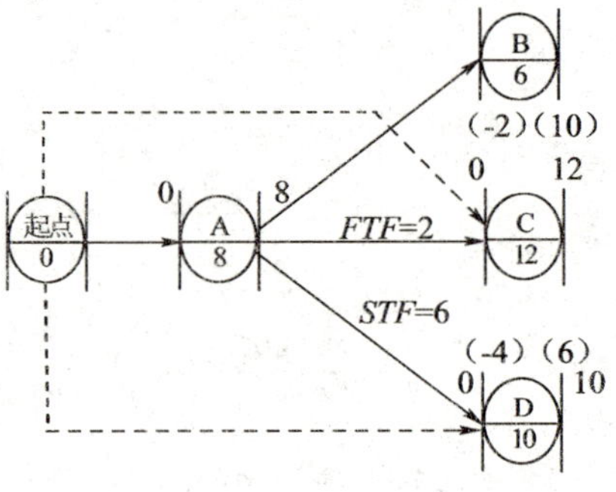

图 3-34　ES 为负值的处理方法图

(5) E 工作：其紧前工作为 B、C，与 B 工作搭接关系为 FTS 搭接；与 C 工作搭接关系为 STS 搭接，其计算也应像单代号网络图那样，分别按式(3-27)和式(3-29)计算后从中取其最大值，即：

$$ES_E = \max\begin{Bmatrix} EF_B + F_BTS_E = 10 + 3 = 13 \\ ES_C + S_CTS_E = 0 + 8 = 8 \end{Bmatrix} = 13$$

$$EF_E = ES_E + t_E = 13 + 10 = 23$$

(6) F 工作：有两道紧前工序，分别为 C 工序和 D 工序，其中与 C 工序为混合搭接关系，与 D 工序为 FTF 搭接关系，分别按式(3-29)和式(3-31)计算后从中取其最大值，即：

$$EF_F = \max\begin{Bmatrix} ES_C + S_CTS_F + t_F = 0 + 5 + 14 = 19 \\ EF_C + F_CTF_F = 12 + 7 = 19 \\ EF_D + F_DTF_F = 10 + 16 = 26 \end{Bmatrix} = 26$$

$$ES_F = EF_F - t_F = 26 - 14 = 12$$

(7) G 工作：其紧前工作为 D，搭接关系为 FTS，按公式(3-27)计算得：

$$ES_G = EF_D + F_DTS_G = 10 + 0 = 10; EF_G = ES_G + t_G = 10 + 6 = 16$$

(8) H 工作：其紧前工作为 E、F，与 E 工作搭接关系为 STS 搭接；与 F 工作搭接关系为 STF 搭接，分别按式(3-29)和式(3-33)计算后从中取其最大值，即：

$$EF_H = \max\begin{Bmatrix} ES_E + S_ETS_H + t_H = 13 + 2 + 10 = 25 \\ ES_F + S_FTF_H = 12 + 7 = 19 \end{Bmatrix} = 25$$

$$ES_H = EF_H - t_H = 25 - 10 = 15$$

(9) I 工作：其紧前工作为 G，搭接关系为 FTF，按式(3-31)计算得：

$$EF_I = EF_G + F_GTF_I = 16 + 3 = 19; ES_I = EF_I - t_I = 19 - 4 = 15$$

(10) 终节点：其紧前工作为 H、I，搭接关系均为一般搭接，取两者中最早完成时间的最大值作为终节点的最早完成时间，即：

$$EF_{终} = \max\{EF_H, EF_I\} = \max\{25, 19\} = 25$$

如果是单代号网络图，这个值就是网络计划中的最大值，也即是总工期。但在搭接网络计划中，决定工程工期的完成时间最大值的工作却不一定在最后，本例(见图 3-35)就是一个实例，是在中间的 F 工作。也就是说，当中间工作的完成时间大于最后工作的完成时间时，它就是最终节点的时间(即工程的计划总工期)，这时应用虚箭线把该工作联系到终节点，然后再计算终节点时间。即：

$$EF_{终点} = T_{计划}\max\{EF_F, EF_H, EF_I\} = \max\{26, 25, 19\} = 26$$

2. 工作的最迟开始时间和最迟完成时间的计算

计算工作的最迟时间参数，必须从终节点开始逆箭头方向向开始节点计算，以终点时间作

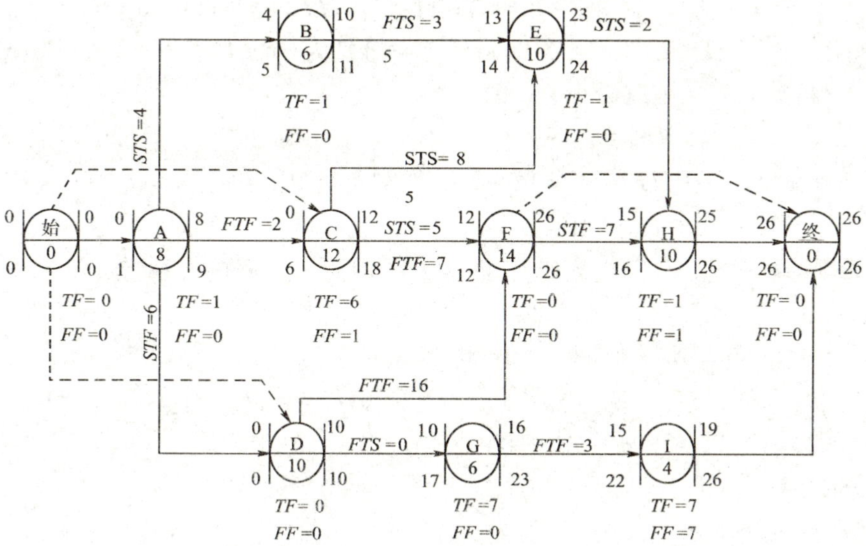

图 3-35 搭接网络计划时间参数计算图

为工程最迟完成时间开始计算。

(1)凡是与终节点有联系的工作,其最迟完成时间即为终节点的最迟完成时间(工程的计划总工期)。即:

$$LF_{终点} = LF_F = LF_H = LF_I = T_{计划} = 26$$

则:

$$LS_{终点} = LF_{终点} - t_{终点} = 26 - 0 = 26$$

$$LS_F = LF_F - t_F = 26 - 14 = 12$$

$$LS_H = LF_H - t_H = 26 - 10 = 16$$

$$LS_I = LF_I - t_I = 26 - 4 = 22$$

(2)E 工作:紧后工作只有 H,搭接关系为 *STS*,按式(3-30)计算得:

$$LS_E = LS_H - S_E TS_H = 16 - 2 = 14; LF_E = LS_E + t_E = 14 + 10 = 24$$

(3)G 工作:紧后工作只有 I,搭接关系为 *FTF*,按式(3-32)计算得:

$$LF_G = LF_I - F_G TF_I = 26 - 3 = 23; LS_G = LF_G - t_G = 23 - 6 = 17$$

(4)D 工作:有两个紧后工作 G、F,搭接关系分别为 *FTS*、*FTF*,其计算也应像单代号网络图那样,分别按式(3-28)和式(3-32)计算后从中取其最小值,即:

$$LF_D = \min\begin{Bmatrix} LS_G - F_D TS_G = 17 - 0 = 17 \\ LF_F - F_D TF_F = 26 - 16 = 10 \end{Bmatrix} = 10; LS_D = LF_D - t_D = 10 - 10 = 0$$

(5)C 工作:有两个紧后工作 E、F,与 E 为 *STS* 搭接关系,与 F 为混合搭接关系,按式(3-30)和式(3-32)计算后从中取最小值,即:

$$LS_C = \min\begin{Bmatrix} LS_E - S_C TS_E = 14 - 8 = 6 \\ LS_F - S_C TS_F = 12 - 5 = 7 \\ LF_F - F_C TF_F - t_C = 26 - 7 - 12 = 7 \end{Bmatrix} = 6$$

$$LF_C = LS_C + t_C = 6 + 12 = 18$$

(6)B 工作:紧后工作只有 E,搭接关系为 *FTS*,按式(3-28)计算得:

$$LF_B = LS_E - F_BTS_E = 14 - 3 = 11; LS_B = LF_B - t_B = 11 - 6 = 5$$

(7)A 工作：有三个紧后工作 B、C、D，搭接关系分别为 STS、FTF、STF，分别按式(3-30)、式(3-32)、式(3-34)计算后从中取最小值，即：

$$LS_A = \begin{Bmatrix} LS_B - S_ATS_B = 5 - 4 = 1 \\ LF_C - F_ATF_C - t_A = 18 - 2 - 8 = 8 \\ LF_D - S_ATF_D = 10 - 6 = 4 \end{Bmatrix} = 1; LF_A = LS_A + t_A = 1 + 8 = 9$$

(8)起节点：有三个紧后工作 A、C、D，搭接关系均为一般搭接关系，按式(3-28)计算后从中取最小值，即：

$$LF_{起} = \min\begin{Bmatrix} LS_A - F_{起}\ TS_A = 1 - 0 = 1 \\ LS_C - F_{起}\ TS_C = 6 - 0 = 6 \\ LS_D - F_{起}\ TS_D = 0 - 0 = 0 \end{Bmatrix} = 0; LS_{起} = LF_{起} - t_{起} = 0 - 0 = 0$$

3. 时差的计算

1)总时差的计算

总时差的定义前面讲过，它主要是指该项工序在不影响总工期条件下所拥有的总机动时间，其计算公式与一般单代号网络计划相同，即：

$$TF_i = LF_i - ES_i - t_i = LS_i - ES_i = LF_i - EF_i \tag{3-35}$$

本例按式(3-35)计算各工作的总时差分别如下(计算过程略)：

$$TF_{起点} = 0; TF_A = 1; TF_B = 1; TF_C = 6; TF_D = 0; TF_E = 1; TF_F = 0; TF_G = 7;$$
$$TF_H = 1; TF_I = 7; TF_{终点} = 0$$

2)自由时差的计算

前面也讲过，自由时差就是在不影响紧后工序最早可能开始时间的情况下，本工序所拥有的机动时间。在搭接网络计划中，由于工作之间的连接关系是由不同的时距所确定，其自由时差也必然受其影响，所以自由时差应分别以不同的时距进行计算。其计算公式如下：

$$FF_i = \begin{Bmatrix} ES_j - EF_i - F_iTS_j \\ ES_j - ES_i - S_iTS_j \\ EF_j - EF_i - F_iTF_j \\ EF_j - ES_i - S_iTF_j \end{Bmatrix} \tag{3-36}$$

当工作的总时差 $TF_i = 0$ 时，其自由时差 FF_i 一定为零，即 $FF_i = 0$。

本例按式(3-36)计算各工作的自由时差分别如下：

$$FF_{起点} = 0 (因为\ TF_{起点} = 0)$$

$$FF_A = \min\begin{Bmatrix} ES_B - ES_A - S_ATS_B = 4 - 0 - 4 = 0 \\ EF_C - EF_A - F_ATF_C = 12 - 8 - 2 = 2 \\ EF_D - ES_A - S_ATF_D = 10 - 0 - 6 = 4 \end{Bmatrix} = 0$$

$$FF_B = ES_E - EF_B - F_BTS_E = 13 - 10 - 3 = 0$$

$$FF_C = \min\begin{cases} ES_E - ES_C - S_CTS_E = 13 - 0 - 8 = 5 \\ ES_F - ES_C - S_CTS_F = 12 - 0 - 5 = 7 \\ EF_F - EF_C - F_CTF_F = 26 - 12 - 7 = 7 \end{cases} = 5$$

$$FF_D = \min\begin{cases} EF_F - EF_D - F_DTF_F = 26 - 10 - 16 = 0 \\ ES_G - EF_D - F_DTS_G = 10 - 10 - 0 = 0 \end{cases} = 0$$

$$FF_E = ES_H - ES_E - S_ETS_H = 15 - 13 - 2 = 0$$

$$FF_F = \min\begin{cases} EF_{终} - EF_F = 26 - 26 = 0 \\ EF_H - ES_F - S_FTF_H = 25 - 12 - 7 = 6 \end{cases} = 0$$

$$FF_G = EF_I - EF_G - F_GTF_I = 19 - 16 - 3 = 0$$

$$FF_H = EF_{终} - EF_H = 26 - 25 = 1$$

$$FF_I = EF_{终} - EF_I = 26 - 19 = 7$$

$$FF_{终点} = 0（因为 TF_{终点} = 0）$$

本例所有工作的时间参数计算结果，如图 3-35 所示。

4. 关键线路的确定

从开始节点将工序总时差 $TF_i = 0$ 的工作连接起来，直到终点节点的一条线路就是关键线路。本例中，起点→D→F→终点就是关键线路。

● 第六节　网络计划的优化 ●

网络计划的优化是指通过不断改善网络计划的初始方案，在满足给定网络计划的约束条件下，利用最优化原理，按照某一衡量指标（如时间、成本、资源等）来寻求一个最优的计划方案。根据网络计划优化条件和目标的不同，通常有工期优化、资源优化和费用优化。

一、网络计划的工期优化

工期优化就是以缩短工期为目标，通过对初始网络计划的调整，压缩关键工作的持续时间，使关键线路的工期缩短，从而满足上级规定的工期要求。需要注意的是：在压缩关键线路的工期时，会使某些时差较小的非关键线路变为关键线路，这时需要再次压缩新的关键线路，直到达到规定工期为止。下面以图 3-36 所示网络计划为例，说明工期优化的方法和步骤，假定上级指令性工期为 100d，图中括号内数据为工作的最短持续时间。优化步骤如下：

第一步，计算并找出网络计划的关键线路及关键工作。用工作正常持续时间计算节点的最早时间和最迟时间，找出网络计划的关键工作及关键线路，如图 3-37 所示。其中关键线路用粗箭线表示为：①→③→④→⑥。关键工作为：①→③，③→④，④→⑥。

第二步，计算需缩短时间。根据图 3-37 所计算的工期需要缩短时间 60d。

第三步，确定各关键工作能缩短的持续时间。根据图 3-36 中数据，关键工作①→③可缩短 20d，③→④可缩短 30d，④→⑥可缩短 25d，共计可缩短 75d。但考虑前述原则，因缩短工作④→⑥增加劳动力较多，故仅缩短 10d，重新计算网络计划工期如图 3-38 所示。其中关键线路为：①→②→③→⑤→⑥。关键工作为：①→②，②→③，③→⑤，⑤→⑥，工期为 120d。

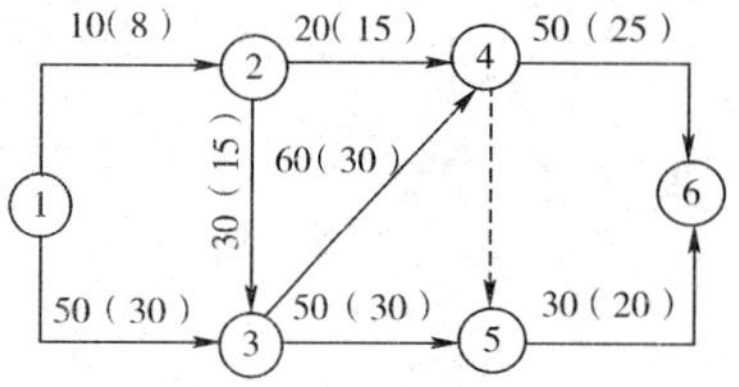

图 3-36　某网络计划图

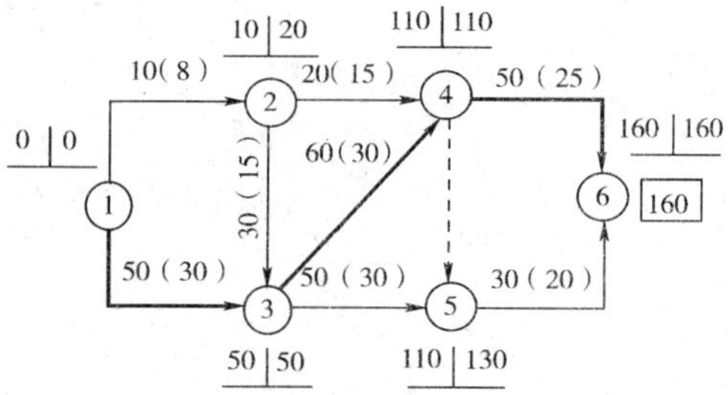

图 3-37　某网络计划的节点时间

第四步，若计算工期仍超过要求工期，则重复以上步骤，直到满足工期要求或已不能再压缩为止。如图 3-38 所示，按上级要求工期尚需压缩 20d。仍根据前述原则，综合考虑后，选择工作②→③、③→⑤较适宜，用最短工作持续时间换置工作②→③和工作③→⑤的正常持续时间，重新计算网络计划参数，如图 3-39 所示。经计算，关键线路为：①→③→④→⑥；工期 100d，满足要求。

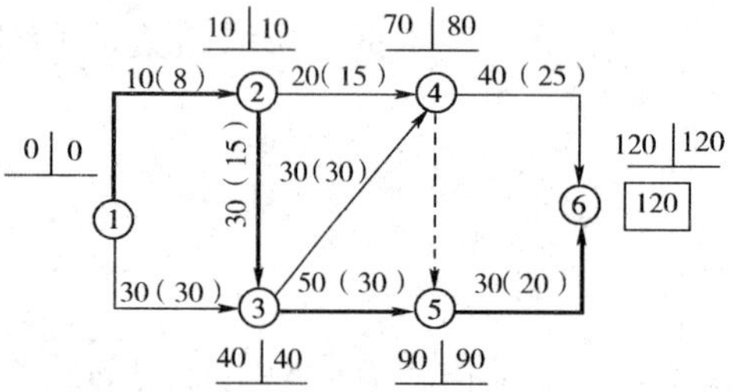

图 3-38　某网络计划第一次调整结果

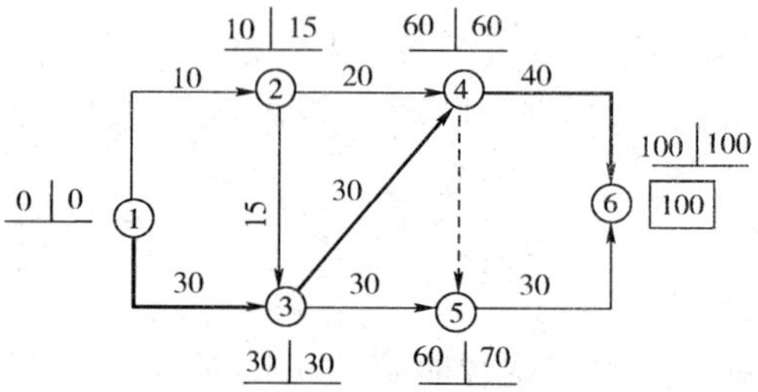

图 3-39　优化后的某网络计划

二、网络计划的资源优化

资源是指完成一项计划任务所需投入的人力、材料、机械设备和资金等。完成一项工程任务所需要的资源量基本上是不变的，不可能通过资源优化将其减少。资源优化的目的是通过改变工作的开始时间和完成时间，使资源按照时间分布符合优化目标。

资源优化可以分为以下两类：

1. 资源有限，工期最短

是在资源限制条件下，通过调整计划安排，使工期延长最小的过程。其优化步骤如下：

(1)按照各项工作的最早开始时间安排进度计划，计算网络计划每个时间单位的资源需用量。

(2)从计划开始日期起，逐个检查每个时段资源需用量是否超过所能供应的资源限量。如果在每个时段的资源需用量均能满足资源限量的要求，则可行优化方案就编制完成；否则，必须转入下一步进行计划的调整。

(3)分析超过资源限量的时段。如果在该时段内有几项工作平行进行，则采取将其中的一项工作安排在与之平行的另一项工作之后进行，以降低该时段的资源需用量。

(4)对调整后的网络计划重新计算每个时间单位的资源需用量。

(5)重复上述(2)~(4)步,直到整个工期范围内每个时间单位的资源需用量均满足资源限量为止。

2. 工期固定,资源均衡

是在不延长总工期的前提下,调整非关键工作的开始时间,达到资源尽可能均衡的过程。调整的方法一般有以下三种:

(1)利用工作机动时间,推迟或提前某些非关键工作的开始时间。

(2)在项目实际施工条件允许的情况下,可在资源需求量超限的时段内中断某些非关键工作,以便减少资源的需要量。

(3)改变某些非关键工作的作业持续时间,相应减少其资源用量。

三、网络计划的费用优化

费用优化又称工期成本优化,是指寻求工程总成本最低的工期安排,或按要求工期寻求最低成本的计划安排的过程。费用优化的基本步骤如下:

(1)按工作的正常持续时间确定计算工期、关键线路以及各项工作的直接费用率。

(2)当关键线路只有一条时,应找出组合直接费用率最小的一项关键工作,作为缩短持续时间的对象;当关键线路有多条时,应找出组合直接费用率最小的一组关键工作,作为缩短持续时间的对象。

(3)对于选定的压缩对象(一项关键工作或一组关键工作),首先要比较其直接费用率或组合直接费用率与工程间接费用率的大小,然后再进行压缩。

(4)当需要缩短关键工作的持续时间时,其缩短值的确定必须符合下列两条原则:

①缩短后工作的持续时间不能小于其最短持续时间;

②缩短持续时间的工作不能变成非关键工作。

(5)计算关键工作持续时间缩短后相应的总费用。

(6)重复上述(2)~(5)步,直至计算工期满足要求工期或被压缩对象的直接费用率,或组合直接费用率大于工程间接费用率为止。

(7)计算优化后的工程总费用。

复习思考题

1. 什么是网络计划技术?网络计划的基本原理是什么?

2. 双代号网络计划图由哪些要素组成?各个要素的含义是什么?

3. 什么叫线路、关键线路和关键工作?

4. 绘制双代号网络图时,应遵循哪些基本原则?

5. 双代号网络图时间参数的计算方法有哪几种?

6. 时间坐标网络计划有何特点?

7. 时间坐标网络计划的绘制方法有哪几种?试加以比较。

8. 单代号网络图的基本组成要素有哪些?它与双代号网络图的本质区别有哪些?

9. 单代号网络图的绘图规则有哪些？

10. 单代号网络图关键线路如何确定？

11. 什么是单代号搭接网络计划？搭接关系的表示方法有哪几种？

12. 单代号搭接网络计划时间参数有哪些？如何进行计算？

13. 什么是网络计划的优化？有哪几种优化？各种优化的步骤有哪些？

14. 根据表 3-6 绘制双代号网络图，计算时间参数并标出关键线路。

表 3-6

工作名称	A	B	C	D	E	F	G	H	I	J	K	L
紧后工作	B,C,D	E,I	F	F,G	H	J	H	K	–	L,K	–	–
持续时间(d)	6	4	7	3	5	4	8	3	5	7	6	8

15. 用图算法计算图 3-40 网络计划图的时间参数，并标出关键线路。

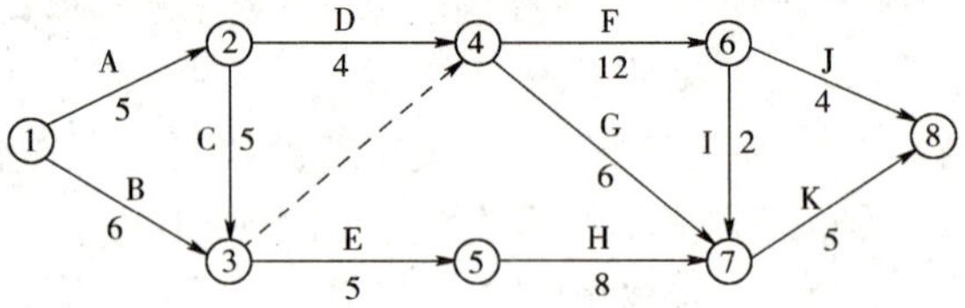

图 3-40

16. 某路线工程的工作关系，如表 3-7 所示。

表 3-7

工作名称	A	B	C	D	E	F	G	H	I
紧前工作	–	A	A	C	B、C	B	D、E	E、F	G、H
持续时间(d)	2	5	1	2	3	2	3	2	1

(1)绘制双代号网络计划图，计算相关时间参数并确定关键线路；

(2)按节点最早时间和节点最迟时间绘制时间坐标网络图。

17. 某工程项目单代号搭接网络图如图 3-41 所示，计算其时间参数并确定关键线路。

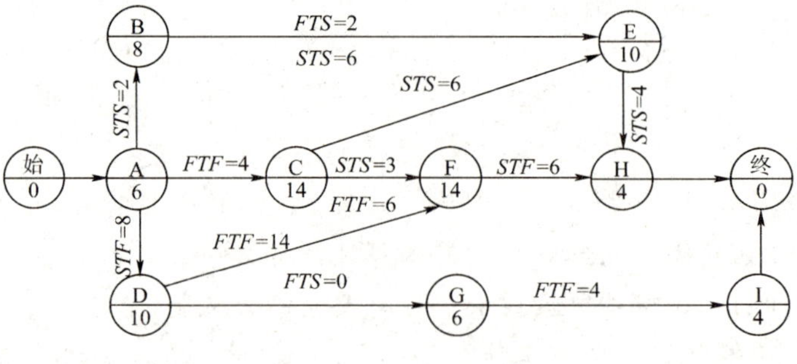

图 3-41　某工程项目单代号搭接网络图

第四章
公路施工组织设计文件的编制

教学要求

1. 描述公路施工组织设计文件编制的原则、依据及程序；
2. 论述公路施工组织设计的阶段与文件组成；
3. 分析并描述公路施工组织设计资料的调查过程；
4. 确定公路施工组织设计方案；
5. 编制公路施工组织设计施工进度计划；
6. 编制资源供应计划；
7. 布置施工平面图，进行全场性临时工程的设置。

·第一节　公路施工组织设计文件编制的原则、依据及程序·

一、公路施工组织设计文件编制的原则

1. 认真贯彻国家的各项方针和政策，严格执行基本建设程序和施工程序

公路施工要严格遵守公路基本建设程序和施工程序，依照国家建设项目计划及设计要求，合理配置资源，最经济地完成预定的建设项目。

2. 科学安排施工顺序

公路施工应合理安排施工中的各生产要素的施工顺序，在保证工程质量和施工安全的前提下，充分利用空间，争取时间，使人尽其力、物尽其用，达到高效、优质、低耗的目的。

3. 采用国内外先进的施工技术，科学地确定施工方案

先进的施工技术是提高劳动生产率、改善工程质量、加快施工进度、降低工程成本的主要途径。在选择施工方案时，要结合施工特点和现场条件积极采用新工艺、新技术、新材料和新设备，充分体现技术的先进适用性和经济合理性。

4. 采用科学的计划方法

在编制施工进度计划时，应从实际出发，尽量采用先进合理的流水作业施工组织方法，以实现连续、均衡、有节奏的施工。积极推广应用科学的网络计划方法，寻求最佳施工组织方案，并对进度、资源、空间等进行最优的施工统筹安排。

5. 充分发挥机械效能，努力提高施工机械化水平

在组织施工时，应结合当时施工机具的实际配备情况，使主导工程的施工机械能连续作

业。同时,还应使大型机械与中小型机械相结合,实现施工综合机械化,充分发挥机械的效能,以提高机械化施工程度。

6. 合理安排季节性施工项目,确保全年连续施工

在组织施工时,对于受季节性影响的工程项目,应优先考虑安排。尽量避免把土方工程、基础工程、下部工程安排在雨期和汛期施工;尽量避免把混凝土工程、路面工程安排在冬季施工。对那些必须在冬季或雨季施工的项目,则应采用相应的技术措施,确保工程质量和施工安全。

7. 合理地部署施工现场,尽可能地减少暂设工程

精心地规划施工总平面图,合理地部署施工现场,尽量减少临时工程,节约施工用地。充分利用原有设施,做到暂设工程与已有设施、正式工程相结合。

8. 确保工程质量和施工安全

在进行施工组织设计时,要有确保工程质量和施工安全的技术组织措施。在组织施工时,要坚决贯彻执行施工技术规范、安全操作规程的有关规定,最终达到确保工程质量和施工安全的目的。

二、公路施工组织设计文件编制的依据

(1)设计文件及有关资料。

(2)计划批准文件及有关合同文件。

(3)建设地区的工程勘察资料和调查资料。

(4)现行的规范、规程和有关技术标准。

(5)类型相似或相近项目的经验资料。

(6)其他资料主要包括:施工组织与管理工作的有关政策规定和规章制度,环境保护要求,以及历史文物、风景名胜地区对施工的特殊规定等。

三、公路施工组织设计文件编制的程序

编制公路施工组织设计要遵守一定的程序,要按照公路工程施工的客观规律,结合施工时的具体条件,协调和处理好各个影响因素的关系,用科学的方法进行编制。编制程序如下:

(1)分析设计资料,了解工程概况,进行施工条件分析。

(2)确定施工整体部署,选择施工方案。

(3)编制施工进度计划,即安排各项工程的施工进度。

(4)计算人工、材料、机具、设备需要量,编制供应计划。

(5)编制临时工程计划。

(6)编制工地运输组织计划。

(7)布置施工平面图。

(8)编制各种技术组织措施计划。

(9)计算技术经济指标。

(10)编写施工组织设计说明书。

不同的施工组织设计阶段,编制程序会有所不同。在编制时,应抓住关键环节,同时处理

好各方面的关系，重点编制好施工方案、施工进度计划和施工平面布置图。图4-1是施工组织设计编制程序的相互关系。

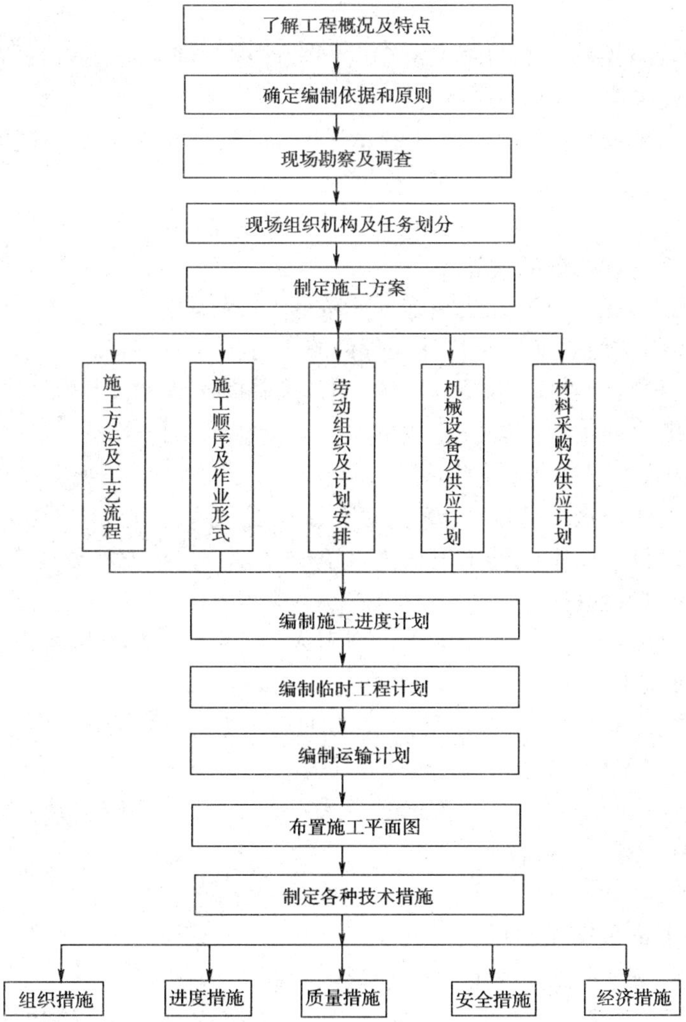

图4-1　施工组织设计编制程序的相互关系

第二节　公路施工组织设计阶段与文件组成

公路施工组织设计按其编制阶段的不同，可分为设计阶段的施工组织设计文件和施工阶段的施工组织设计文件两大类。

一、设计阶段的施工组织设计文件

公路建设项目可分为一阶段设计、两阶段设计和三阶段设计。在各个设计阶段，都需要编制相应的施工组织设计文件。在初步设计阶段拟定施工方案；在技术设计阶段编制修正的施工方案;在施工图设计阶段编制施工组织计划。

1. 两阶段设计

1)施工方案

两阶段或三阶段初步设计中的施工组织设计文件称为施工方案,它是初步设计文件的组成部分。施工方案应提交的文件内容有:

(1)施工方案说明。它是在初步设计的总说明书中,对施工方案编制的主要问题进行的说明。其主要内容是:

①工程概况;

②贯彻国家有关方针政策的说明;

③施工组织、施工力量、施工方法和施工期限的安排;

④主要工程、控制工期的工程及特殊工程的施工方案与措施;

⑤劳动力、主要材料的供应,机具、设备的配备及临时工程的安排;

⑥下一阶段应解决的主要问题及注意事项。

(2)施工方案图表。主要包括:

①工程概略进度图。根据劳动力、施工期限、施工条件以及施工方案按年度和季度进行时间组织方面的概略安排。图中应列出工程项目单位、数量,按年度和季度表示出各项工程施工起止时间、机动时间、衔接时间等。

②人工、主要材料及机具、设备安排表。列出人工、主要材料及机具设备的名称、来源、单位、数量、需要量(可按上半年、下半年编制)。

③临时工程一览表。列出临时工程名称(如便道、便桥、生产生活房屋、预制场、钢梁、电力及电讯线等)、设置的地点或桩号、单位及数量等。

④公路临时用地表。列出临时用地的位置或桩号、工程名称、隶属(县、乡、个人)、长度、宽度、土地类别及数量等。

2)施工组织计划

公路建设项目不论采用几阶段设计,在施工图设计阶段都应编制施工组织计划,它是施工图设计文件的组成部分。施工组织计划的组成内容有:

(1)编制说明。它是在施工图设计说明书中,对施工组织计划编制的主要问题所进行的说明。施工组织计划应作为一篇单独编列。其主要内容包括:

①初步设计(或技术设计)批复意见的执行情况;

②采用新工艺、新技术、新材料和新设备的情况;

③施工组织、施工期限、主要工程的施工方法、进度安排及其采取的措施;

④劳动力计划及主要施工设备的安排情况;

⑤主要材料供应、运输方案及临时工程的安排情况;

⑥对特殊地区(缺水、风沙、高原、严寒等)以及冬、雨季施工所采取的措施;

⑦对高速公路和一级公路的交通工程及沿线设施施工协调和分期实施等有关问题的说明;

⑧施工准备工作的意见(如征地,拆迁,修建便道、便桥、临时房屋,架设临时电力线路、通讯设施等)。

(2)施工组织计划图表。主要包括的内容有:

①施工进度图。图中应列出工程项目名称、单位、数量、劳动量等,按年、月分别绘出各工程项目起止日期,并标出平均每班人数,绘出劳动力示意图等。

②主要材料计划表。表中列出材料的名称及规格、单位、数量、来源、运输方式、年度、季度计划用量等。

③主要施工机具、设备计划表。表中列出机具、设备的名称及规格、数量(台班、台数)、使用期限、年度、季度需要量等。

④临时工程数量表。表中列出临时工程名称(包括便道、便桥、生产生活房屋、预制场、施工场地、电力及电信设施等)、设置的地点或桩号、说明、单位及数量等。

⑤公路临时用地表。表中列出临时用地的位置或桩号、工程名称、隶属(县、乡、村、个人)关系、长度、宽度、土地类别及数量等。

⑥技术组织措施计划表。表中列出针对工程项目的技术措施名称及内容摘要、计划的依据及负责人、预计产生的经济效果和完成日期等。

⑦重点工程施工进度图。图中应列出工程项目名称、施工方法、单位、数量、作业班制、劳动量等,绘出各工程项目施工起止日期,并绘出劳动力安排示意图等。

(3)施工平面图设计。主要包括:

①施工总平面图。图中绘出原有地形、地物、地貌的位置;主要工程项目位置;临时生产、生活设施位置;其他与施工有关内容(如国家测量标志、不良地质地段、气象台、水文站等)的位置。一般与施工进度图绘在同一张图上,如图 4-6 所示。

②重点工程施工场地布置图。图中绘出仓库、工棚、便道、便桥、钢筋加工场地、构件预制场地、沥青(或水泥)混凝土拌和场地、材料堆放场地等位置,如图 4-7 所示。

施工平面图设计的内容将在本章第七节介绍。

2. 三阶段设计

对于技术复杂及资料缺乏的大型工程建设项目需要进行三阶段设计,即在初步设计审查后,根据会审意见和施工方案说明中提出的应进一步解决的问题及注意事项修改设计方案,进行技术设计,编制修正施工方案。修正施工方案是技术设计文件的组成部分,它的编制深度和文件内容介于施工方案和施工组织计划之间。三阶段设计中,初步设计阶段的“施工方案”和施工图设计阶段的“施工组织计划”与前面所述内容相同,这里不再赘述。

3. 一阶段设计

对于技术简单、方案明确的小型建设项目要进行一阶段设计,即施工图设计。此时的施工组织设计文件应编制施工组织计划,其组成应参照两阶段设计中相应的内容要求编制,图表部分也比两阶段设计中施工方案有所补充或更详细。

二、施工阶段的施工组织设计文件

施工阶段编制的施工组织设计文件,是在施工组织计划的基础上,由施工单位负责编制的。它的特点是现实、深入、具体、可行。施工阶段的施工组织设计文件的内容与施工图设计阶段的施工组织计划基本相似,但更具体、更详细。

为适应公路工程招、投标制度以及公路工程监理制度的实施需要,施工阶段施工组织设计,按照作用和使用层次对象不同可分为:标前施工组织设计(也称指导性施工组织设计)和标后施工组织设计(也称实施性施工组织设计)。

1. 标前施工组织设计

标前施工组织设计是指在投标之前施工单位在深入了解和研究招标文件、设计文件和设计图纸,以及调查和复核施工现场之后,结合本单位的具体情况进行编制的。工程施工单位为了使投标具有竞争力,必须根据业主对投标书所要求的内容编制标前设计,标前设计的好坏既是能否中标的关键,又是总包单位进行分包的依据,同时还是承包单位与发包单位进行合同签约谈判、拟定合同文本中相关条款的基础资料。

标前施工组织设计,应根据招标文件的具体要求、施工单位的技术经济条件和施工现场的实际情况进行编制,其主要内容如下:

(1)根据招标文件,确定施工方案。包括施工方法的选择、施工顺序的安排、施工机械的选用、劳动力和主要材料及半成品的投入量。

(2)制定施工进度计划。包括工程开、竣工日期,施工进度控制图及说明。

(3)进行施工现场平面布置。包括施工用水、用电量,临时设施用量、费用的计算。

(4)制定主要技术组织措施。包括质量、安全、进度等方面的技术组织保证措施。

(5)其他有关投标和签约谈判的设计。

编制标前施工组织设计时,为了适应竞争性投标,便于投标报价,使施工单位能获取更大的经济效益,常采用预算定额进行编制,或者施工定额与预算定额混合编制。

2. 标后施工组织设计

标后施工组织设计是指在设计阶段编制的施工组织计划和投标时编制的标前施工组织设计的基础上,为了确保和落实标前施工组织设计按期或提前实现,施工单位中标及签订合同后编制的施工组织设计文件。它是施工单位在详细研究设计文件、图纸、合同条款,以及现场反复调查复核的基础上,对标前施工组织设计文件内容进行进一步的分析和研究,重新进行补充、完善和落实的过程。

标后施工组织设计作为具体指导施工全过程的技术文件,其内容必须十分具体,对各分项工程、各工序和各施工班组都要进行施工进度的日程安排和具体操作的设计。其主要内容如下:

(1)施工部署。施工部署是对重要组织问题和技术问题作出决策和规划,包括:

①工程项目的组织结构和人员配备;

②决策工程质量、进度、成本、安全的控制措施;

③拟定投入的施工力量总规模、资金供应和各项物资供应方式;

④临时设施规划。

(2)确定施工方案。包括施工阶段划分、施工方法确定、施工机具选用、施工顺序安排等。

(3)编排施工进度计划。包括施工过程的开始和结束时间、施工顺序、搭接关系安排;利用流水作业法和网络计划法编排施工进度,用以实现合同工期。

(4)安排施工准备工作。包括开工前施工准备工作的业务量计算,明确责任和完成时间,对工程所涉及的有关单位关系的处理等。

(5)合理进行施工平面布置。要以合理利用施工用地、保证施工方便及节约为宗旨。

(6)制订施工技术组织措施。包括保证质量的技术组织措施;安全防护技术组织措施;保证施工进度和工期的措施;降低工程费用的措施;环境污染防护措施;文明施工措施等。

(7)编制资源供应计划。它是根据施工进度计划编制的劳动力供应计划、材料供应计划、施工机具供应计划、预制品供应计划、资金收支计划等,是保证施工进度计划实施和市场供应的依据。

编制标后施工组织设计时,应根据工程项目和施工单位的实际情况,采用施工定额进行编制,有的采用本企业先进定额或指标,甚至专利技术进行编制。

标后施工组织设计,应尽可能符合施工实际,并留有余地。当任何一个对计划起控制作用的因素发生改变,如劳动力、材料、设备、资金供应的脱节,气候、气象、水文等施工条件的意外变化等,都可能使施工难于按原计划进行,这就需要对原施工组织设计进行不断地修订和调整,以确保经济、安全、保质、保量、按期或提前完成施工任务。

第三节　公路施工组织设计资料调查

一、概　　述

公路施工产品类型多、投资巨大、生产周期长、受外界及自然因素影响大、需要协调的问题复杂。要编制出切实可行的施工组织设计,施工前必须掌握准确可靠的原始资料,有计划、有步骤地认真做好原始资料的调查、收集和分析工作。在此基础上,才能正确地制定施工方案、合理地安排施工进度,才能正确地做好各项资源供应和施工现场部署工作。

编制设计阶段的施工组织设计文件所进行的原始资料调查,是在公路的勘察设计阶段,由勘察设计单位组成的调查组与公路设计资料调查同时进行的。编制施工阶段的施工组织设计文件所进行的原始资料调查,是在投标前和公路施工准备阶段,由施工单位组成的调查组,结合招标文件及所签工程承包合同进行实地勘察或复核定线工作进行的,是对设计阶段调查结果的复核和补充。设计阶段和施工阶段的调查方法及内容基本相同,都要深入现场,通过实地勘察、座谈访问、查阅历史资料,并采取必要的测试手段获得所需数据及资料。

二、自然条件调查

1. 地形、地貌调查

主要进行公路沿线、桥位、隧道、附属加工场及大型土石方地段的调查。这些资料可作为选择施工用地、布置施工平面图、进行场地平整及土方量计算、规划临时设施、了解障碍物及其数量等的依据。

2. 工程地质调查

工程地质调查的目的是为了查明建设地区的工程地质条件和特征,包括地层构造、土质的类别及土层厚度、土的性质、承载力及地震级别等。调查资料可作为选择路基土石方施工方法、基础施工方法及确定特殊路基处理措施、选定自采加工材料料场等的依据。

3. 水文地质调查

(1)地下水文资料。包括地下水的最高、最低水位;地下水的水质分析及化学成分分析;

地下水对基础有无冲刷、侵蚀影响等。调查资料有助于选择基础施工方案、确定降低地下水位措施、复核地下排水设计以及拟定防止侵蚀性介质的措施。

(2)地面水文资料。包括临近江河湖泊距施工现场的距离;洪水、平水、枯水期的水位、流量及航道深度;水质分析等。调查的目的在于为确定临时供水方案、制定水下工程施工方案、复核地面排水设计等提供依据。

4. 气象资料调查

(1)降雨资料。包括全年降雨量、雨季期、日最大降雨量、年雷暴日数等。调查资料有助于确定全年施工作业的有效工作天数及桥涵下部构造的施工季节,制订雨季施工措施、工地排水及防洪方案等。

(2)气温资料。包括年平均、最高、最低气温。调查资料有助于确定夏季防暑降温及冬季施工措施,估计混凝土、水泥砂浆的强度增长情况,选择水泥混凝土工程、路面工程及砌筑工程的施工季节。

(3)风力及风向资料。包括最大风力、主导风向、风速、风的频率;大于或等于8级风全年天数等。调查资料有助于安排临时设施,确定高空作业及吊装的方案与安全措施。

5. 其他自然条件调查

其他自然条件包括地震、滑坡、泥石流等,必要时也应进行调查,并注意它们对路基和基础的影响,以便采取专门的施工保障措施。

三、施工条件调查

1. 建设地区的能源及生活物资供应调查

能源一般指水源、电源、燃料资源等。调查内容主要有:施工及生活用水与当地水源连接的距离、地点、水压、水质及水费等;施工及生活用电的电源位置、路径、容量、电压及电费等;施工及生活用物资、燃料的供应及价格情况等。

2. 建设地区的交通条件调查

交通运输方式一般有铁路、公路、水路、航空等。调查内容包括:工地沿线及邻近地区的公路、铁路、航道的位置;车站、港口、码头到工地的距离和卸货与存储能力;主要材料及构件运输通道的情况。有超长、超高、超宽或超重的大型构件需整体运输时,还要调查沿途架空线路、隧道、立交等净空高度和宽度等资料。

3. 建筑材料及地方资源情况调查

调查的内容包括:建筑材料的产地、品种、规格、质量、单价、运输方式、运输距离及运费情况;地方资源的开采、运输、利用的可能性及经济合理性。这些资料可作为确定材料的供应计划、加工方式、储存和堆放场地及建造临时设施的依据。

4. 社会劳动力及生活设施调查

调查的内容包括:当地能提供的劳动力来源、人数、技术水平、工资情况;建设地区已有的可供施工期间使用的房屋情况;当地主副食、日用品供应、文化教育、消防治安、医疗单位等各种设施在施工中可能充分利用的情况等。这些资料是制定劳动力安排计划、建立职工生活基地、确定临时设施的依据。

5. 建筑基地情况调查

调查的内容包括：建设地区附近有无商品混凝土拌和站和预制构件厂；有无建筑机械化基地、机械租赁站及修配厂；有无木材加工厂、采石厂、金属结构及配件加工厂等。这些资料可用作确定构配件、半成品及成品等货源的加工供应方式和运输计划的依据。

最后，施工阶段调查时，还应了解当地民风民俗、村规民约等情况，以利组织施工管理和职工教育，从而确保与地方关系和睦协调、确保文明施工。

第四节 公路施工组织设计施工方案的确定

施工方案是指对工、料、机等生产要素所作的总体设想和安排。施工方案是编制施工组织设计首先要确定的问题，也是决定其他内容的基础。施工方案的好坏，在很大程度上决定了施工组织设计的编制质量和工程施工的质量、工期及经济效益。因此，确定一个先进合理、切实可行的施工方案，是公路施工组织设计重要的内容，也是决定整个工程全局的关键。

一、施工方案的选择

1. 制订和选择施工方案的基本要求

(1)切实可行。制订施工方案首先必须从实际出发，一定要符合当前的实际情况，有实现的可能性。

(2)满足合同要求的工期。施工方案必须保证在竣工时间上符合国家或合同规定的要求，并争取提前完成。

(3)确保工程质量和施工安全。制订施工方案应充分考虑工程质量和施工安全，并提出保证工程质量和施工安全的技术组织措施，使方案完全符合技术规范与安全规程的要求。

(4)施工费用最低。在制订施工方案时，尽量采用降低施工费用的一切正当的、有效的措施，使工料消耗和施工费用降低到最低的限度。

2. 施工方案选择的内容

施工方案包括的内容很多，概括起来主要有四个方面：施工顺序的安排；施工方法的确定；施工机械的选择；施工作业的组织。前两项属于施工方案的技术方面内容，后两项属于施工方案的组织方面内容。施工作业的组织在第二章中已讲述，现仅将前三个方面的内容介绍如下。

二、施工顺序的安排

施工顺序的安排是编制施工方案的重要内容之一。施工顺序安排得好，可以加快施工进度，减少人工和机械的停歇时间，并能充分利用工作面，避免施工干扰，达到科学的、均衡的、连续的施工。安排施工项目的施工顺序，应遵循和考虑以下七点：

1. 首先要考虑影响全局的关键工程的合理施工顺序

如路线工程中的某大桥、某隧道、某深路堑，若不在前期完工，将导致其他工程不能施工(如无法运输材料、机械或工期太长等)，而拖延工期，此时应集中力量首先完成关键工程。

2. 统筹考虑各分部、分项工程之间的关系

在一个单位工程项目中，各分部、分项工程之间的施工总是有先有后。如桥梁施工，总是先基础，后桥台、墩身，最后是架梁。但是，各桥台、桥墩之间，桥墩与桥墩之间，都不存在哪个先施工、哪个后施工的施工顺序。所有这些都有统筹安排的问题。

3. 必须考虑对施工质量的影响

在安排施工顺序时，要以能确保工程质量作为前提条件之一。例如桥梁工程的基础是钻孔灌注桩，施工方法采用钻孔机钻孔。在安排每个基础每根桩的施工顺序时，不能相邻桩顺序施工，否则会发生坍孔现象，所以必须要间隔施工。

4. 必须符合施工工艺要求

公路工程项目的各施工过程或工序之间，存在着一定的工艺顺序要求。如钻孔灌注桩在钻孔后应尽快灌注水下混凝土，以防坍孔，所以两道工序必须紧密衔接。

5. 考虑当地的气候条件和水文要求

安排工程项目施工顺序时，必须考虑当地水文、地质、气象等的影响。在南方施工时，应根据雨季施工特点来考虑施工顺序。如桥梁的基础工程一定要安排在汛期之前完成或安排在汛期之后进行。在严寒地区施工时，则应考虑冬季施工特点来安排施工顺序等。

6. 合理安排施工顺序可使施工期缩短

工期缩短会带来显著的经济效益，因为工期缩短能减少管理费、人工费、机械台班费且无需额外的附加资源，可降低施工的直接成本。

7. 安排施工顺序时应考虑经济和节约，降低施工成本

如公路施工中周转性材料的使用，应合理安排施工顺序。这样不但可以增加周转性材料的周转次数，还可以减少周转性材料的配备数量。如桥墩、台、基础施工顺序安排得当，可增加模板的周转次数，在同样完成任务的情况下可配备得少一些，减少材料成本。

三、施工方法的选择

施工方法是施工方案的核心内容，它对工程的实施具有决定性作用。施工方法在技术上必须满足保证施工质量、提高劳动生产率、加快施工进度及充分利用施工机械的要求，做到技术上先进、经济上合理，施工组织也正是在这个基础上进行。因此，选择施工方法应考虑以下五个方面的问题：

(1)选择的施工方法必须具备实现的可能性；

(2)选择的施工方法应满足合同工期的要求；

(3)选择的施工方法应进行多种可能方案的经济比较，力求降低成本；

(4)选择的施工方法应能够保证施工质量和安全；

(5)选择施工方法时，应尽量采用机械化施工，提高机械化施工水平，以便加快施工进度。

在现代化的施工条件下，施工方法的确定，一般与施工机械、机具的选择和配备有直接的关系，这有时会成为主要问题。例如桥梁基础工程施工，仅钻孔灌注桩就有多种施工机械可供选择，是选择潜孔钻机，还是冲击式钻机，或是冲抓式钻机，还是旋转式钻机。钻机一旦确定，施工方法也就确定了。

四、施工机械的选择

正确拟定施工方法和选择施工机械是合理组织施工的关键，二者又有着相互紧密的联系。

施工方法一经确定，机械设备的选择就应以满足施工方法的要求为基本依据，而正确地选择施工机械能使施工方法更为先进、合理。因此施工机械选择的好坏，在很大程度上决定了施工方案的优劣。所以，在选择机械时应注意以下六点：

1. 根据施工条件选择机械的类型

选择的机械类型必须符合施工现场的地质、地形条件及工程量和施工进度的要求等。这也是合理选择施工机械的重要依据。

2. 在现有或可能获得的机械中选择

尽管某种机械在各方面都很合适，但不能得到，就不能作为可供选择的一个方案。如采用挖掘机配上翻斗车进行大型土方施工时，如有推土机、铲运机配合施工，效果会更好。但施工企业无资金购置或租赁不到，也只能按现有的设备确定方案。

3. 根据机械的损耗费与运行费是否经济进行选择

机械的损耗费与运行费是机械运用中需重点考虑的因素，也是选择施工机械必须考虑的一项原则。为了降低施工运行费，不能大机小用，一定要以满足施工需要为目的。

4. 考虑主机与辅机合理组合的原则

选择施工机械时，一定要在保证主机充分发挥作用的前提下，考虑辅机的台数和生产能力。如在土方工程施工中，用自卸汽车运输配合单斗挖掘机挖土时，自卸汽车的数量必须保证挖土机能连续不断地工作而不致因等车停歇。同时，自卸汽车的数量也必须要与挖掘机单斗容量相匹配，以保证充分发挥挖掘机的效力。

5. 从全局出发统筹考虑选择施工机械

从全局出发就是不仅考虑本项工程施工的需要，也要考虑所承担的同一现场上的其他项工程施工的需要。例如同一现场的多个分部、分项工程需要的混凝土量比较大，而又相距不远，采用混凝土拌和站比多台分散的搅拌机要经济，而且还可以保证混凝土的质量。

6. 购置机械与租赁机械的选择

根据工程量的大小与企业资金情况，对施工需要的机械是购置还是租赁，必须要进行比较。

第五节　施工进度计划的编制

一、施工进度计划的作用

施工进度计划就是根据施工部署中的施工方案和工程项目的开展程序，对全工地的所有工程项目进行时间上的安排。施工进度计划反映了工程从施工准备工作开始，直至工程竣工为止的全部施工过程；反映了各分部、分项工程及各工序之间的衔接关系。

施工进度计划的作用，在于确定各个施工项目及其主要工种工程、准备工作和全工地性工程的施工期限及其开工和竣工的日期，从而确定公路施工现场上劳动力、材料、成品、半成品、施工机械的需要数量和调配情况，以及现场临时设施的数量、水电供应数量和能源、交通的需要数量等等。通过施工进度计划的编制，有助于领导部门抓住关键，统筹全局，合理布置人力、物力，正确指导施工生产活动的顺利进行；有利于工人群众明确目标，更好地发挥主观能动性；

有利于施工企业内部及时配合，协同作战。因此，正确地编制施工进度计划，是保证各施工项目以及整个建设工程按期交付使用、充分发挥投资效益、降低公路工程施工成本的重要条件。

二、施工进度计划编制的依据

(1)上级或合同规定的开工、竣工日期；

(2)工程设计图纸、定额资料等；

(3)工程项目所在地的水文、地质、气象等自然情况；

(4)主要工程的施工方案(施工顺序、施工方法、作业方式)；

(5)项目部可能投入的施工力量、机械设备和主要材料的供应及到货情况；

(6)施工区域内影响施工的经济条件和技术条件；

(7)工程项目所在地资源可利用情况；

(8)工程项目的外部条件等。

三、施工进度图的形式

施工进度计划通常是以图表的形式表示的，主要形式有横线图法、垂直图法和网络图法三种。

1. 横线图

1)横线图法

横线图也叫横道图或甘特图，它是美国工程师亨利·甘特在第一次世界大战期间创造的一种生产进度的表达方法，目前已在工程实践中得到广泛的应用。它以时间为横坐标，以各分部、分项工程或施工工序为纵坐标，按一定的先后施工顺序和工艺流程，用带时间比例的水平横线表示对应项目或工序持续时间的施工进度计划图表。

2)横线图的常用格式

横线图的常用格式如图 4-2 所示。它是由两大部分组成：左面部分是以分部、分项工程或工序为主要内容的表格，包括序号、项目名称(工序名称)、施工方法、工程量、定额和劳动量等计算数据；右面部分是用横线条表示的指示图表，它是由左面的有关数据经计算得到的。在指示图表中用水平横向线条形象地表示出各工序(项目)的施工进度，其线条的长度表示施工持续时间长短，线条的位置表示施工过程，线上可以用数字表示劳动力数量；有时也可以采用不同线条符号表示作业班(组)或施工段别。

3)横线图的特点

(1)横线图的优点

从图 4-2 可看出，横线图简单、直观、易懂、易编制，可以方便地表达出施工计划的总工期和各分部、分项工程或施工工序的持续时间；每项工作何时开始、何时结束一目了然；便于计算完成施工计划所需的劳动力、材料、机械设备及资金等各种资源需要量。

(2)横线图的缺点

①分部、分项工程或施工工序之间的逻辑关系不明确，仅反映工作之间的前后衔接关系；

②施工期限与地点关系无法表示，不能绘制对应施工项目的平面示意图；

③工程数量的实际分布情况不具体，无法寻找施工计划的潜力；

序号	工程项目	单位	数量	劳动量（工日）	工期 开始	工期 结束	每班平均人数	工作日（d）	2005年 4	5	6	7	8	9	10	11
1	施工准备			184	4.1	4.10	23	8	23							
2	采砂石料	m^3	3975	10176	5.1	8.31	106	96				106				
3	运输材料	t	5943	2496	5.20	9.30	24	104				24				
4	洞外石方	m^3	1632	800	4.11	4.30	50	16	50							
5	下部导坑	m^3	2683	4320	5.1	9.15	40	108				40				
6	上部导坑	m^3	1600	2444	5.10	9.22	24	106				24				
7	扩大	m^3	3533	5724	5.20	10.2	54	106				54				
8	挖底	m^3	3819	6148	5.30	10.12	58	106					58			
9	浇边墙	m^3	836	2650	6.5	10.17	25	106					25			
10	浇拱圈	m^3	1170	3710	6.15	10.27	35	106					35			
11	拱背填片石	m^3	366	480	7.1	10.31	5	96						5		
12	压浆	m^3	451	1248	7.10	11.10	13	96						13		
13	浇筑盖板	m^3	313	216	10.1	10.31	9	24							9	
14	整修路拱	m^3	1512	393	10.27	11.15	25	16								25
15	浇路面	m^3	1479	414	11.1	11.20	25	16								25
16	砌水沟	m^3	185	388	10.1	10.31	15	26							15	

说明：1. 进度线上数字为人数；

2.采用流水作业方法；

3.本图采用厘米格纸绘制，工期数值可变化。

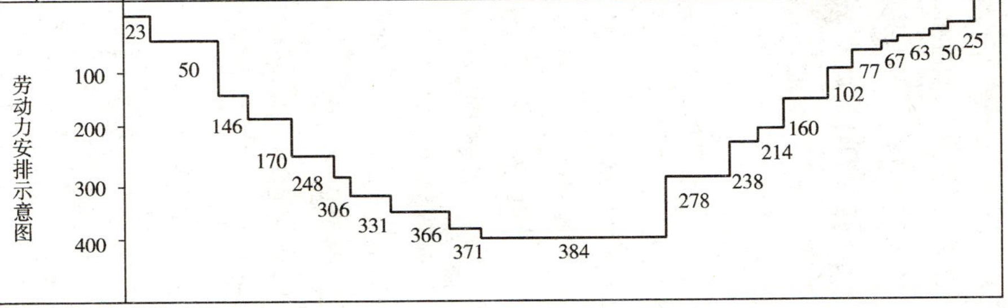

图 4-2　某工程横线式施工进度图

④不能实现定量分析，因而无法采用计算机计算；

⑤无法反映工作的机动使用时间，反映不出关键工作及哪些工作决定总工期；

⑥无法进行施工组织及施工技术方案的比较与优化。

因此，横线图只适宜编制集中性工程进度计划、材料供应计划或者简单的工程进度计划。

2. 斜线图

1）斜线图法

斜线图也叫垂直图或坐标图，是在流水作业斜线图的基础上扩充和改进形成的。它以纵坐标表示施工日期和工程数量，以横坐标表示公路里程和工程位置，而各分部、分项工程（工序）的施工进度，则相应地以不同的斜线或符号表示的一种施工进度图形。

2）斜线图的常用格式

斜线图的常用格式如图4-3所示。它一般由三部分组成：图的上部表示了各分部、分项工程的工程数量按里程分布的具体情况和构造物的具体位置、结构形式等；图的中间部分用不同的斜线或线条表示了各工序的施工进度和作业组织形式，对应进度线的右侧按月以一定的比例绘出劳动力需要量曲线；图的下部按里程绘出施工组织平面示意图。

3）斜线图的特点

（1）斜线图的优点

①各工程项目工程数量的分布情况和施工日期一目了然；

②工程项目的相互关系、施工紧凑程度和施工速度都十分清楚；

③从图中可直接找出任何时间各作业队的施工位置和施工情况，可以预测在正常施工条件下的施工进程。

（2）斜线图的缺点

①不能确定工作的机动时间及关键工作；

②计划的编制及修改的工作量较大；

③不能使用电子计算机进行定量分析；

④不能进行计划方案的比较及选优。

斜线图适用于任何工程，是编制工程进度的一种较好的形式。

3. 网络图

网络图也叫流程图，是以加注工作持续时间的箭线和节点来表示施工进度计划的一种网状流程图。它的基本原理及计算方法已在前面第三章第一节讲述过，这里不再重复。网络图如图4-4所示。

网络图是一种比较先进的工程进度图，无论是集中型工程还是线形工程都可以用网络图表示工程进度。

四、施工进度计划编制的步骤

1. 划分施工项目，确定施工方法

编制工程施工进度计划时，首先要按照施工图纸和施工顺序将各个施工项目划分为若干个工序、操作，并结合施工方法、施工条件、劳动组织等因素，加以适当调整，使其成为编制施工进度计划所需的施工过程。划分时应注意：

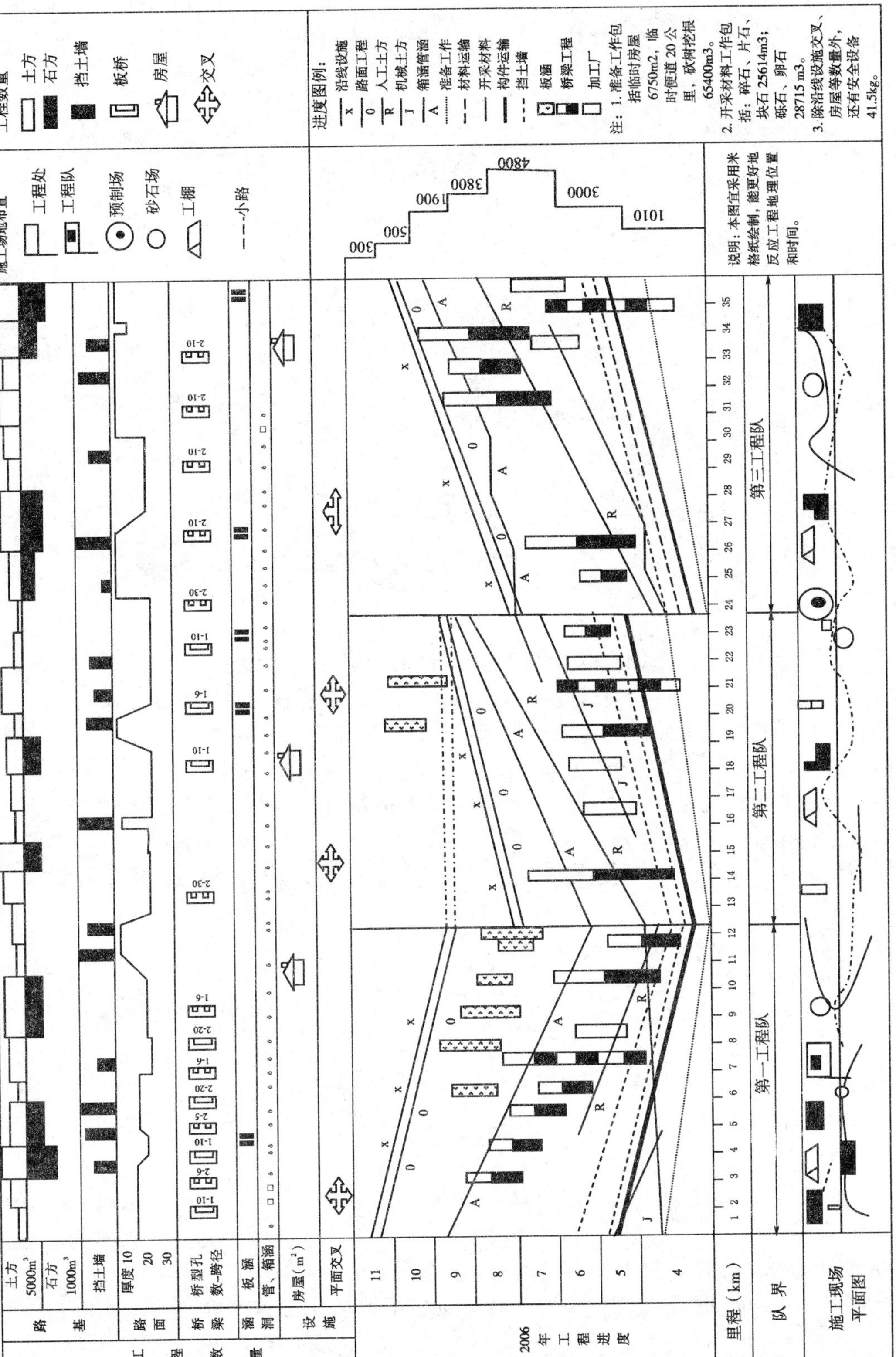

图 4-3　某路线工程垂直施工进度图

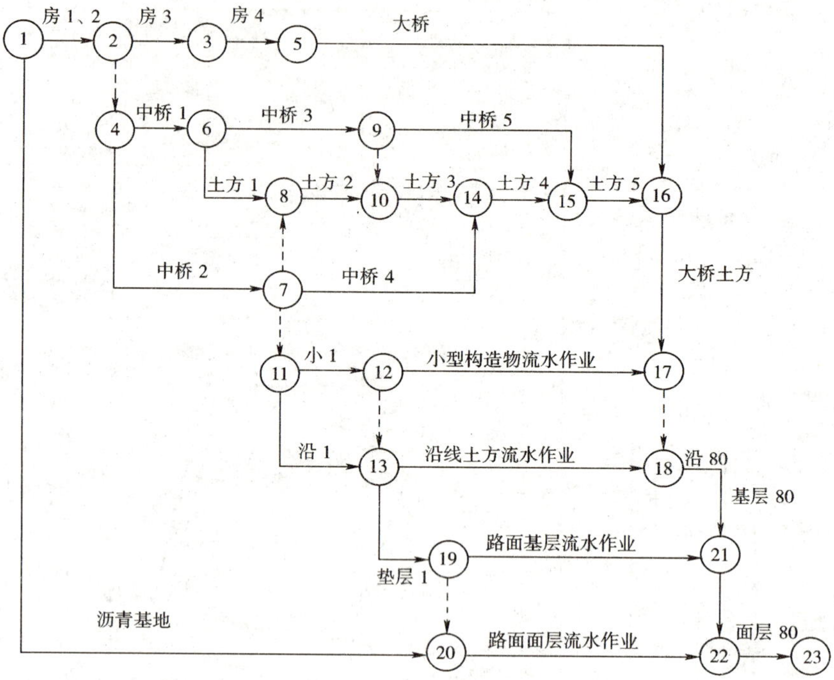

图 4-4　某工程网络图式施工进度图

(1)划分施工项目的粗细程度，一般要根据进度计划的需要和施工定额(施工图设计阶段按预算定额)的细目和子目填列，分项后的工程项目必须能够在定额项目表中查到；

(2)施工项目的划分要结合施工条件、施工方法和劳动组织等因素，使施工进度计划能够符合施工实际，起到真正指导施工的作用；

(3)施工项目的划分必须要结合工程结构特点进行分项填列，切不可漏列、错列和重列，以免影响进度计划的准确性；

(4)划分施工项目时，要以主导施工项目为主，首先要安排好主导施工项目的施工进度，其他施工项目要密切配合。

2. 计算工程量与劳动量

1)工程数量计算

计算工程量应根据施工图纸和工程量计算规则进行，计算时应注意以下问题：

(1)计算工程量的单位与现行定额手册中所规定单位相一致；

(2)结合选定的施工方法和安全技术要求计算工程量；

(3)结合施工组织要求，按照施工顺序分区、分段、分层次计算工程量。

2)劳动量计算

劳动量就是工程细目的工程数量与相应时间定额的乘积。它等于施工时实际使用的劳动力数量与作业时间的乘积，或机械化施工时实际使用的机械台数与作业时间的乘积。

人工操作时称为劳动量；机械作业时称为作业量，统称劳动量。

劳动量根据计算出的各分部、分项的工程量和查出的时间定额或产量定额按式(4-1)计算。

$$D = \frac{Q}{C} \tag{4-1}$$

或
$$D = QS \tag{4-2}$$

式中：D——完成某施工过程所需的劳动量（工日）或机械台班数量（台班）；

Q——完成某施工过程所需的工程数量（m^3、m^2、t…）；

S——某施工过程所需的时间定额（工日或台班/m^3、m^2、t…）；

C——某施工过程所需的产量定额（m^3、m^2、t…/工日或台班）。

3. 计算作业工期

计算各分部、分项工程作业工期的方法有两种：

（1）按计划配备在各分部、分项工程上的施工机械数量和各专业工人人数确定。即：

$$t = \frac{D}{R \cdot n} = \frac{Q \cdot S}{R \cdot n} = \frac{Q}{C \cdot R \cdot n} \tag{4-3}$$

式中：t——完成某分部、分项工程的作业工期（施工天数）；

D——某分部、分项工程所需的劳动量或机械台班数量（工日或台班）；

Q——完成某分部、分项工程所需的工程数量（m^3、m^2、t…）；

S——某分部、分项工程所需的时间定额（工日或台班/m^3、m^2、t…）；

C——某分部、分项工程所需的产量定额（m^3、m^2、t…/工日或台班）；

R——某分部、分项工程所配置的工人人数或机械台数；

n——每天工作班制数。

在安排每班工人人数和机械台数时，应综合考虑各分项工程所安排的工人或机械都应有足够的工作面（不能少于最小工作面），以提高工作效率并保证施工安全。

（2）根据总工期要求倒排各分部、分项工程的作业工期。首先根据规定总工期和施工经验，确定各分部、分项工程的施工时间，然后再按各分部、分项工程需要的劳动量或机械台班数量，确定每一分部、分项工程每个工作班所需要的工人人数或机械台数，此时可将式（4-3）变化为：

$$R = \frac{D}{t \cdot n} = \frac{Q \cdot S}{t \cdot n} = \frac{Q}{C \cdot t \cdot n} \tag{4-4}$$

式中符号意义同前。

通常计算时均先按一班制考虑。如果每天所需机械台数或工人人数，已超过施工单位现有人力、物力或工作面限制时，则应根据具体情况和条件从技术上和施工组织上采取积极的措施，如可采用二班制或三班制，最大限度地组织立体交叉平行流水作业等。

4. 主导工期与工作班制选择

由公式（4-3）可知，当某分部、分项工程所配置的人工或机械的劳动量确定之后，可根据该项目所投入的工人人数、机械台数，求得工人以及各种机械作业的工期。其中工期最长的那个作业称为主导作业。主导作业的工期称为主导工期。一个施工过程的工期主要取决于主导工期。

主导工期的长短，主要取决于各种作业的人工或机械数量的实际投入量。生产过程中各种作业的人工、机械投入数量是可以调节的，从而施工过程中的主导作业及其主导工期也是可变的。

在编制施工进度图时，应尽量调节各种作业所需的人工、机械投入数量，使各种作业的工期一致，亦即都成为主导作业。但在施工阶段，由于实际施工条件限制，往往不能使各种作业的工期一致，此时，则应按主导作业的主导工期绘制施工进度图，控制该施工过程的工期。而其他非主导作业所需的人工、机械数量只能供统计之用。

一般情况下，应以人工作业工期为主导工期，其他作业则应调节机械投入量或作业班制。条件允许的情况下，在24小时内组织二班制或三班制作业，将会缩短作业的生产工期。

二班制或三班制作业，主要适用于工艺要求连续生产的作业项目；需要突击或为了缩短总施工期的作业项目；以及需要调节作业工期的作业项目。一般情况下，桥梁工程的水下施工部分(如基础、承台等)，为了赶在汛期前完成，可采用二班制或三班制作业；路线工程一般采用一班制作业。

5. 施工进度图的编制

工程施工进度图规定了各个施工项目的完成期限和整个工程的总工期，它也是编制一切资源供应计划的依据。施工进度图编制质量的好坏，直接影响整个施工组织设计优劣。

下面重点介绍各种施工进度图的编制步骤：

1) 横线图的编制步骤

(1) 作图的准备工作。

①深入研究本工程的施工方案和施工方法；

②充分研究各种作图的资料和依据，对拟编的施工进度图在总体上有个安排和构想。

(2) 编制作业工期计算表。

①准备好作业工期计算表，如表4-1所示。

作业工期计算表　　表4-1

<table>
<tr><td rowspan="2">序号</td><td rowspan="2">工程部位或桩号</td><td rowspan="2">施工项目</td><td rowspan="2">施工方法</td><td colspan="2">工程数量</td><td rowspan="2">定额编号</td><td rowspan="2">主导工期</td><td colspan="2">人工劳动量(工日)</td><td colspan="2">实用人数</td><td rowspan="2">人工作业工期</td></tr>
<tr><td>单位</td><td>数量</td><td>定额</td><td>数量</td><td>作业班制</td><td>每班人数</td></tr>
<tr><td>1</td><td>2</td><td>3</td><td>4</td><td>5</td><td>6</td><td>7</td><td>8</td><td>9</td><td>10</td><td>11</td><td>12</td><td>13</td></tr>
<tr><td></td><td></td><td></td><td></td><td></td><td></td><td></td><td></td><td></td><td></td><td></td><td></td><td></td></tr>
<tr><td></td><td></td><td></td><td></td><td></td><td></td><td></td><td></td><td></td><td></td><td></td><td></td><td></td></tr>
</table>

<table>
<tr><td rowspan="3">序号</td><td colspan="6">机械作业量(台班)</td><td colspan="9">实用机械台数与作业工期</td></tr>
<tr><td colspan="2">机</td><td colspan="2">机</td><td colspan="2">机</td><td colspan="3">机</td><td colspan="3">机</td><td colspan="3">机</td></tr>
<tr><td>定额</td><td>数量</td><td>定额</td><td>数量</td><td>定额</td><td>数量</td><td>班制</td><td>台数</td><td>工期</td><td>班制</td><td>台数</td><td>工期</td><td>班制</td><td>台数</td><td>工期</td></tr>
<tr><td>1</td><td>14</td><td>15</td><td>16</td><td>17</td><td>18</td><td>19</td><td>20</td><td>21</td><td>22</td><td>23</td><td>24</td><td>25</td><td>26</td><td>27</td><td>28</td></tr>
<tr><td></td><td></td><td></td><td></td><td></td><td></td><td></td><td></td><td></td><td></td><td></td><td></td><td></td><td></td><td></td><td></td></tr>
<tr><td></td><td></td><td></td><td></td><td></td><td></td><td></td><td></td><td></td><td></td><td></td><td></td><td></td><td></td><td></td><td></td></tr>
</table>

②根据设计图纸、施工方式、作业方法，参照所用定额的子目，按前面介绍的划分施工项目的要求进行列项，并将施工项目(工序)填入表4-1相应栏目内。

③在表4-1中逐项确定施工方法、计算工程数量及劳动量(作业量)。

④逐项选定定额，按照定额的编号要求将其编号填入表 4-1 中。

⑤在表 4-1 中逐项确定施工班组、作业班制、实用人数或机械台数，通过计算确定作业工期；或根据限定的主导工期和合同规定的工期，通过计算确定所需人工和机械数量。

⑥在表 4-1 中逐项确定主导工期。

(3)绘制施工进度线。

①参照图 4-2 绘制横线图的图框和表格。

②将"作业工期计算表"中的相关数据、计算成果抄录于横线图的左侧。

③按照合同或施工方案确定的开、竣工日期，在图中填列施工进度日历。

④根据"作业工期计算表"计算的主导工期，结合工程项目(工序)之间的逻辑关系和各方面的因素，在进度图上合理设计各作业项目的施工起止日期，亦即用直线或不同形状、不同颜色的线条在施工进度图的右侧绘制施工进度线。

⑤在作业项目进度安排上，进行反复优化、比较、修改，同时修改作业工期计算表中相关数据，直至合理并取得较优结果为止。

⑥在进度图的下部，绘制劳动力分布曲线。

⑦编写施工进度图的说明，并列于进度图的适当位置。

⑧在进度图的适当位置，列出图例。

(4)多方案反复比较、评价，择优定案。为了使施工组织设计符合施工实际，需要作多个比较方案，绘制几个施工进度草图，再经过反复平衡、比较、评价，最后才能确定采用的方案。

2)斜线图的编制步骤

(1)作图的准备工作。编制斜线图的准备工作，与编制横线图的准备工作基本相同。

(2)编制作业工期计算表。编制斜线图作业工期计算表的内容和方法，与编制横线图作业工期计算表的内容和方法基本相同。但列项时，线形工程要按里程顺序，并以公里为单位计量列项；集中型工程要按工程的桩号顺序，并单独计量列项(必要时还要按工程子目计量列项)。

(3)绘制施工进度线。

①根据作业项目的多少，参照图 4-3 绘制斜线图的图表轮廓并标注里程。

②将各分部、分项工程的工程数量，按里程分布的具体情况和构造物的具体位置、结构形式等，用不同图形(符号)展绘于进度图的上部各栏内(见图 4-3)。

③根据合同或上级确定的工程开、竣工日期，将施工进度日历绘于图左的纵坐标上。

④将施工平面布置示意图按里程展绘于进度图的下部。

⑤列项计算各施工项目的劳动量、作业持续时间、劳动力及机械台数，一般可在作业工期计算表中算好，这与前面所介绍的计算方法相同。

⑥按各作业项目的主导工期、施工方法、作业方式，依照施工组织原理，分别用铅笔绘出不同形状(符号)的进度线，并按紧凑的原则，使各进度线相对移动到最佳位置，此项设计工作要反复比较、修改，直至符合要求。具体设计方法如下：

a. 小桥涵工程　首先要明确施工组织作业方法(顺序、平行、流水作业等)，然后根据每座小桥涵工程的开、竣工日期，在各小桥涵的相应桩号位置，用垂直线绘出施工期进度线，并依次向流水方向移动。在图上反映的垂直方向全长,即为全部小桥涵工程之总工期。

b. 大中桥工程　其绘制方法与小桥涵工程相同,但习惯上将桥梁上、下部分工程用两种图线符号表示,有的还将下部分为基础和墩、台身表示。

c. 路基工程　当路基工程的作业方式确定之后,可根据工程量、施工力量配置、施工条件,依公里逐个施工段按主导工期,以斜线表示时间和里程之间的关系。由于工程施工的复杂和多方面原因,路基施工进度线可能是一条或多条直线,也可能是一条或多条连续(或间断)的折线。

d. 路面工程　路面工程一般组织成一段或多段连续施工,故进度线一般是一条或多条斜直线。斜线的垂直高度为路面施工的总工期,斜线的水平长度等于路面总里程。由于路基线起伏变化大,为了使路面线与路基线不致相交(避免施工中断),应经过试排后再画。

⑦绘制资源(人工、材料等)消耗数量-时间曲线。

⑧进行反复优化、比较和修改。

⑨绘制图例。

⑩编写施工进度图的说明。

(4)做出多个方案,进行比较、评价,择优定案。其评价要点,与横线图编制步骤中第四步相同。

3)网络图的编制步骤

网络图式施工进度图是网络计划技术在编制施工进度图中的应用。其原理、参数计算及编制步骤,已在第三章讲过,这里不再重复。

6. 施工进度计划的检查与调整

当施工进度计划初始方案编制好以后,应按照施工过程的组织原则对其进行检查与调整,以便使进度计划更加合理,这是一个细致的反复的过程。对于初步编制的施工进度计划,主要检查各个施工过程的施工顺序、平行搭接和技术间歇是否合理;编制的计划工期能否满足合同规定的工期要求;劳动力及物资资源方面是否能满足连续、均衡地施工。在这些方面进行检查并初步调整,使不满足变为满足,使一般满足变成优化满足。调整的方法一般有:增加或缩短某些分项工程的施工持续时间;在施工顺序允许的条件下将某些分项工程的施工时间向前或向后移动;必要时可以调整施工方法或施工技术组织措施。总之,通过调整,在工期能满足要求的条件下,使劳动力、材料、设备需要趋于均衡,主要施工机械利用率比较合理。

应当指出,上述编制施工进度计划的步骤不是孤立的,而是互相依赖、互相联系的。公路工程施工是一个复杂的生产过程,在施工过程中,由于劳动力和机械、材料等物资的供应及自然条件等因素的影响而经常出现不符合原计划的情况,因而在工程进展中,应随时掌握施工动态、经常检查,不断调整计划。

•第六节　资源供应计划的编制•

一、资源供应计划的作用及编制原则

工程项目资源供应计划,是在确定施工方案及施工进度的基础上进行编制的。资源供应

计划必须满足施工方案、施工进度的实施和发包方要求。

1. 资源供应计划的作用

资源的供应计划，可作为有关职能部门按计划调配各种资源需要量的依据；有利于及时组织劳动力和物资的供应；确定工地临时设施，以保证施工生产的顺利进行。

资源供应计划与施工成本有着密切的关系，特别是材料供应计划，编制时一定要满足施工实际的需要，既要保证正常的施工需要，还要保证施工进度加快时的需要。资源供应计划编制的优劣与流动资金的周转率和利用率有直接的关系。

2. 资源供应计划编制的原则

为保证公路施工生产的正常进行，编制资源供应计划应遵循下列原则：

(1)必须遵守国家的法律、法规和各项规定。

(2)按照国家各项物资管理政策和要求进行编制。

(3)用科学的态度，实事求是地编制资源供应计划，并应留有余地。

(4)了解市场、掌握市场，按照市场规律编制资源供应计划。

(5)编制资源供应计划，应尽量采用当地的资源，以减少运杂费，降低资源采购成本。

二、资源供应计划编制的方法及程序

1. 资源供应计划编制的方法

(1)收集基础资料，包括设计部门提供的工程项目设计资料、施工部门提供的施工组织设计资料、财务部门提供的计划年度资金、计划和本部门规定的主要资源材料消耗定额。

(2)根据工程量和规定使用的劳动定额及要求的工期计算完成工程所需的劳动力数量，计算过程中应考虑节假日、雨雪天和施工方法不同对劳动力数量产生的影响。

(3)确定计划年度主要工程材料的储备定额，根据完成的工程量和所选用材料消耗定额计算材料需要量。

(4)结合施工方案，确定选择机械配备的数量和种类，再根据工程量和机械时间定额，考虑施工所需各种机械的施工作业班制，进行各种施工机械台班需要量的计算。

2. 资源供应计划编制的程序

编制资源供应计划时应考虑周到，切合实际。一般分为以下三个阶段进行编制：

(1)准备阶段。要通过调查、研究收集上期计划情况和本期计划的任务，调整储备定额的有关资料以及新技术、新材料、新工艺的使用和市场变化的信息，经过分析加工，去伪存真。

(2)编制阶段。要核算需要、确定储备、查清库存和可供安排的资源，要进行物资计划的审查，避免漏项和人为的差错，使计划尽可能符合实际。

(3)执行阶段。要不断检查计划的执行情况，发现问题及时调节处理。

三、资源供应计划图表

各项资源需要量计划可用来确定施工现场的临时设施，并按计划供应材料、调配劳动力，以保证施工按计划顺利进行。在工程施工进度计划正式编制完了后，就可以编制各项资源需要量计划。

1. 劳动力需要量计划

根据已确定的施工进度计划，就可计算出各个施工项目每天所需的人工数，将同一时间内所有施工项目的人工数进行累加，即可绘出如图 4-5 所示的每日施工的人工数量随时间变化的劳动力需要量图。

劳动力需要量图表明劳动力需要量与施工期限之间的关系，不同的工程进度安排，劳动力需要量图呈现不同的状态，图 4-5 是劳动力需要量的三种典型图式。

如前所述，正确的施工组织设计应该使劳动力需要量均衡，以减少服务性的各种临时设施和避免因施工调动频繁而形成窝工。图 4-5a）在短期内劳动力出现高峰现象；图 4-5b）劳动力数量频繁调动。这两种情况都不便于施工管理并增加了各种临时设施的规模，在编制施工进度计划时应力求避免。图 4-5c）在较长时间内劳动力保持了均衡，符合施工规律，是最好的情况。

劳动力消耗的均衡性，可用劳动力不均衡系数 K 表示。劳动力不均衡系数的值应大于或等于 1，一般不超过 1.5。其值按式(4-5)计算：

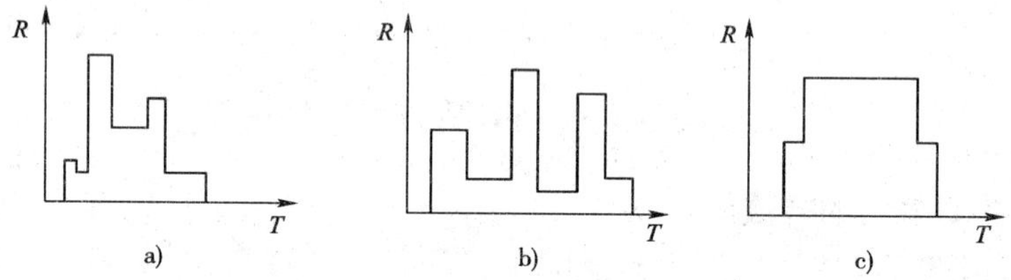

图 4-5　劳动力需要量示意图

a）短时高峰；b）锯齿波动；c）均衡情况

$$K = \frac{R_{max}}{R_{平均}} \tag{4-5}$$

式中：R_{max}——施工期间劳动力最高人数；

$R_{平均}$——施工期间加权平均人数，即总劳动量/计划总工期。

根据劳动力需要量图，可以编制劳动力需要量计划（见表 4-2）。劳动力需要量计划，主要是作为安排劳动力的平衡、调配和衡量劳动力耗用指标、安排生活福利设施的依据。其编制方法是将施工进度计划表内所列各施工过程每天（或旬、月）所需工人人数按工种汇总而得。

劳动力需要量计划表　　表 4-2

序号	工种	人数	需要人数及时间										备注
			年					年					
			一季度	二季度	三季度	四季度	合计	一季度	二季度	三季度	四季度	合计	
1	2	3	4	5	6	7	8	9	10	11	12	13	14

2. 主要材料需要量计划

主要材料包括施工需要的钢材、水泥、木材、沥青、石灰、砂、石料、爆破器材等，以及有关临时设施和拟采取的各种施工技术措施用料。预制构件及其他半成品亦列入主要材料计划中。

主要材料需要量计划是备料、供料和确定仓库、堆场面积及组织运输的依据，其编制方法是将施工进度计划表中各施工过程的工程量，按材料品种、规格、数量、使用时间、材料的来源及运输方式计算汇总而得。主要材料计划的表格形式如表4-3所示。

主要材料计划的编制过程同劳动力需要量计划类似，一般按年度和季度进行编制。

主要材料计划表　　表4-3

序号	材料名称及规格	单位	数量	来源	运输方式	年度、季度需要量										备注
						年					年					
						一季度	二季度	三季度	四季度	合计	一季度	二季度	三季度	四季度	合计	
1	2	3	4	5	6	7	8	9	10	11	12	13	14	15	16	17

3. 构件和半成品需要量计划

结构构件、配件和其他加工半成品的需要量计划，主要用于落实加工订货单位，并按照所需规格、数量、时间，组织加工、运输和确定仓库或堆场，可根据施工图和施工进度计划编制。其表格形式如表4-4所示。

构件和半成品需要量计划表　　表4-4

序号	构件、半成品名称	规格	图号、型号	需要量		使用部位	加工单位	供应日期	备注
				单位	数量				
1	2	3	4	5	6	7	8	9	10

4. 主要施工机具、设备需要量计划

主要施工机具、设备需要量包括基本生产过程、辅助生产过程所需的主要机具、设备，并应考虑机械设备进、出场所需台班以及使用期间的检修、轮换的备用数量。

主要施工机具、设备需要量计划用于确定施工机具类型、数量、进场时间，可据此落实施工机具来源，组织进场，保证施工进度的正常进行。其编制方法为：将施工进度计划表中的每个施工过程，每天所需的机械类型、数量和施工工期进行汇总，以得出主要施工机具、设备需要量计划。其表格形式如表4-5所示。

主要施工机具、设备需要量计划表　　表4-5

序号	机具名称及规格	数量		使用期限		年								备注
		台班	台辆	开始日期	完成日期	一季度		二季度		三季度		四季度		
						台班	台辆	台班	台辆	台班	台辆	台班	台辆	
1	2	3	4	5	6	7	8	9	10	11	12	13	14	15

第七节　施工平面图布置

施工平面图是对一个施工项目施工现场的平面规划和空间布置的具体成果。它是根据工程规模、特点和施工现场的条件，按照一定的设计原则，正确地解决施工期间所需设置的各种临时工程和其他设施的合理位置关系。施工平面图是进行施工现场布置的依据和实现施工现场有组织有计划进行文明施工的先决条件，因此它是施工组织设计的重要组成部分。

一、施工平面图的类型及主要内容

1. 按施工平面图的作用划分

1）施工总平面图

施工总平面图是拟建项目施工场地的总布置图。它按照施工布置和施工总进度计划的要求，对施工现场的道路交通、材料仓库、附属企业、临时房屋、临时水电管线等作出合理的规划布置，从而正确处理整个工地施工期间所需各项设施和永久建筑、拟建工程之间的空间关系。施工总平面图的绘图比例一般为1:5000或1:2000。图4-6为某公路施工总平面图。施工总平面图一般应包括以下内容：

（1）公路施工用地范围内及附近已有的和拟建的地上、地下建筑物，及其他地面附着物、农田、果园、树林、地下洞穴、坟墓等位置及主要尺寸。

（2）新建公路工程的主要施工项目位置，如路线及里程、大中桥、隧道、渡口、集中土石方、交叉口、特殊路基等重点工程的位置；公路养护、运营管理使用的道班房、加油站、高速公路的收费站、服务区等运输管理服务建筑物位置。

（3）取土和弃土场位置。当取土和弃土场离施工现场很远，在平面布置上无法标注时，可用箭头指向取土或弃土场方向并加以说明。

（4）既有高压线位置、水源位置（既有的水井），既有河流位置及河道改移位置。

（5）既有公路、铁路的路线方向、位置、里程与本施工项目的关系，因施工需要临时改移公路的位置。

（6）公路临时设施的布置。

（7）重要地形地物，如河流、山峰、文物及自然保护区、高压铁塔、重要通讯线等。

（8）其他与施工有关的内容，如地质不良路段，国家测量标志，气象台，水文站变电站和防洪、防火、安全设施等。

（9）现场安全及防火设施等。

（10）施工场地排水系统位置。

2）单位工程或分部、分项工程施工平面图

单位工程或分部、分项工程施工平面图，是以单位工程或分部、分项工程为对象的空间组织平面设计方案。图上应详细绘出施工现场、辅助生产、生活区域及原有地形、地物等情况，如某工程项目中的大桥施工平面图、隧道施工平面图、立交枢纽施工平面图、附属加工厂施工平面图、基础工程施工平面图、主梁吊装施工平面图等等。图4-7为某隧道施工场地平面布置示意图。

2. 按主体工程形态划分

1）线形工程施工平面图

公路工程线形施工平面图是沿路线全长绘制的一个狭长的带状式平面图，见图4-6。图中一方面要反映原有河流、公路、铁路、大车道、车站、码头、运输点、田地、悬崖、湿地等地形、地物；另一方面要反映施工组织设计成果，如采料场、附属加工厂、仓库、施工管理机构、临时便道

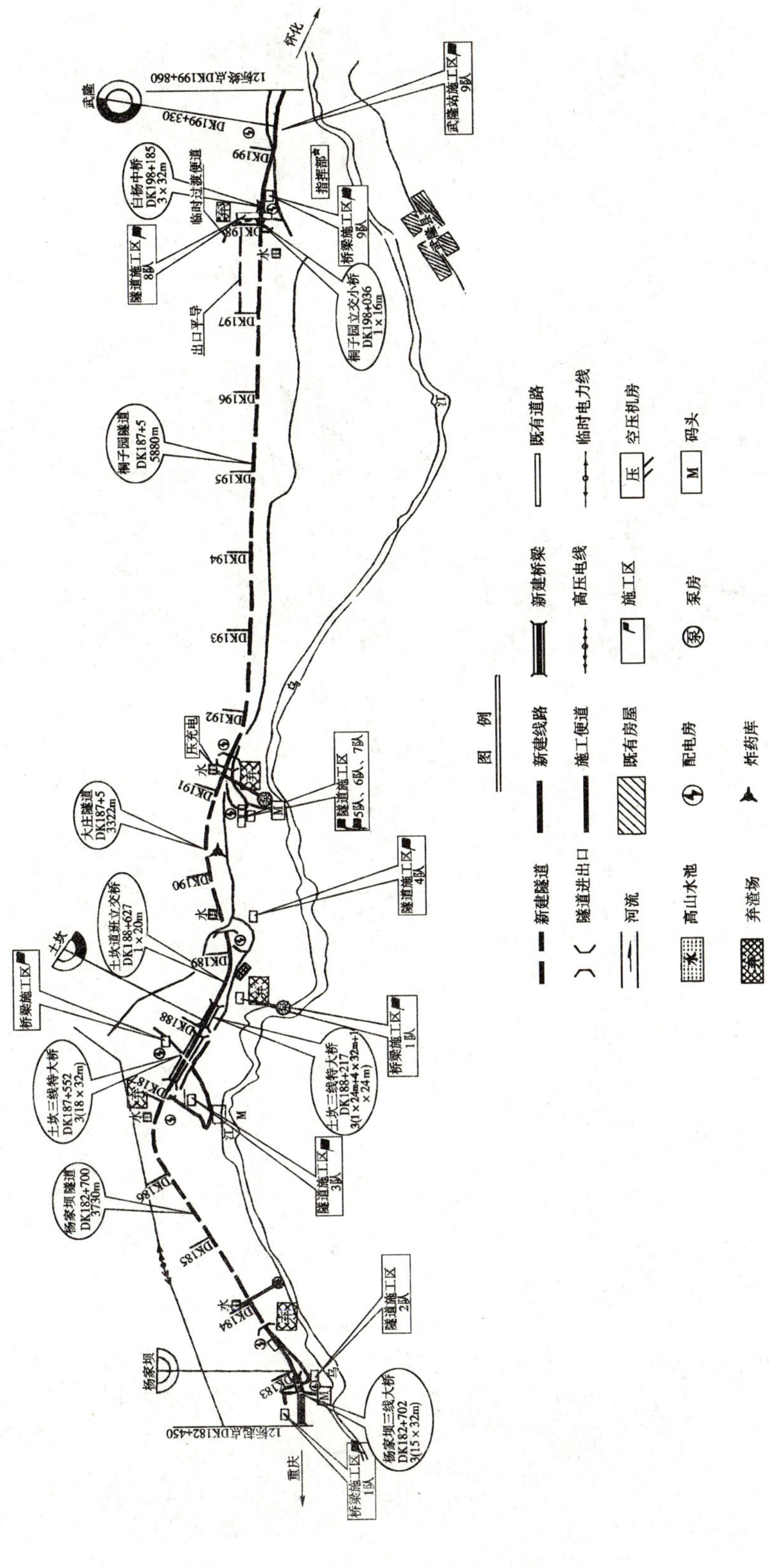

图 4-6　施工总平面布置图

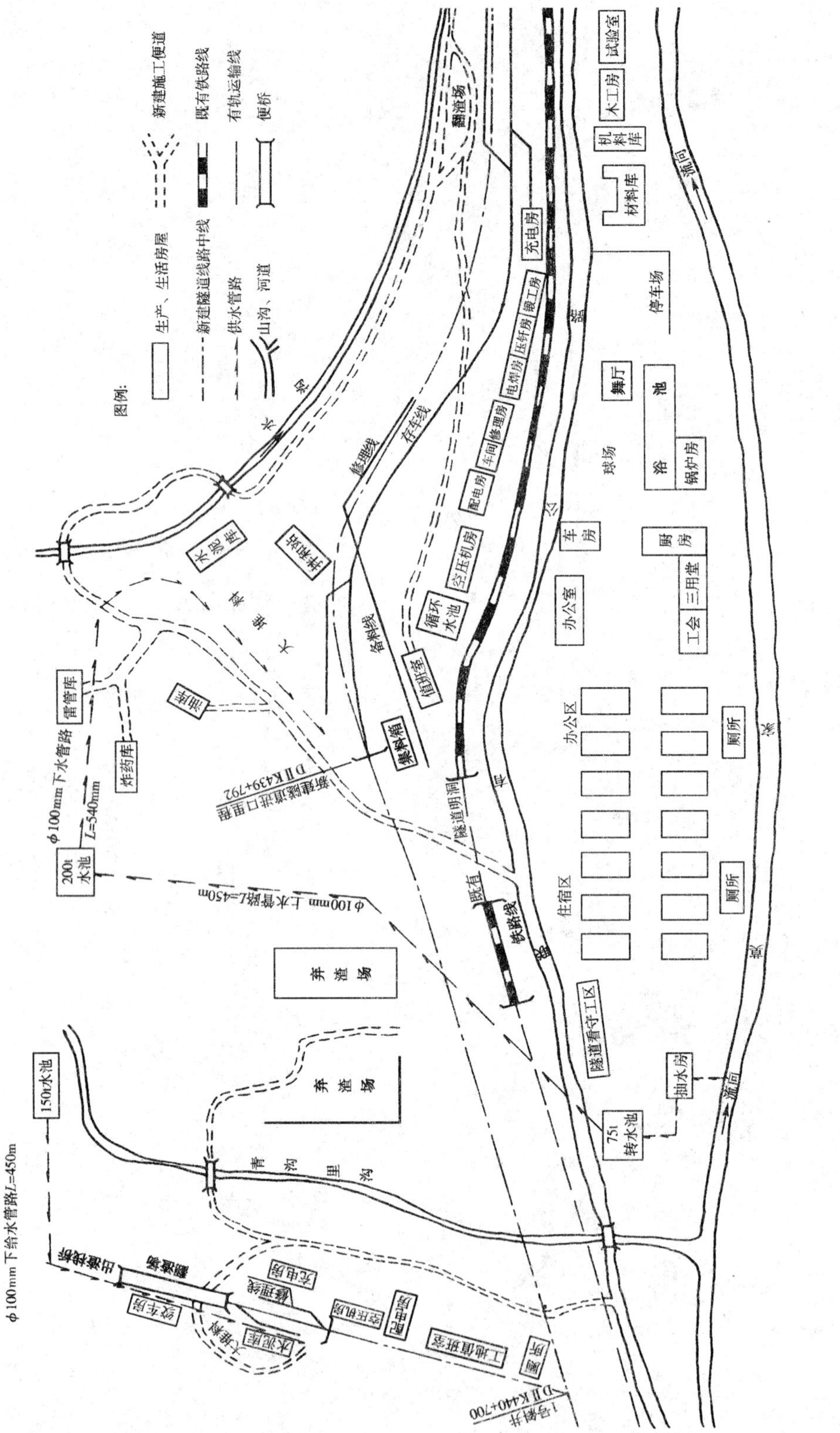

图4-7 某隧道施工场地平面布置示意图

和便桥及大型机械设备的停放、维修厂等。公路施工平面图可以按道路中线为假想的直线进行相对的展绘,也可以在平面图的下方展绘出道路纵断面。

2)集中型工程施工平面图

公路立交枢纽、集中土石方工程、大中桥、隧道等集中型工程,由于施工环节多,需用较多的机械、设备和人力,为了做好集中型工程施工场地的布置,需要用较大的比例尺(一般为1:500至1:100)绘制施工平面布置图。这类工程施工平面图,既可以是施工总平面图,也可以是单项工程或分部、分项工程施工平面图,参看图4-7。其总的特点是工程范围比较集中(包括局部线形工程),反映的内容比较深入和具体。这类施工平面图所包括的内容,应根据工程内容和施工组织的需要而定,一般应包括:原有地形地物;场区的生产、行政、生活等区域的规划及其设施;施工用地范围;主要的测量及水文标志;基本生产、辅助生产、服务生产的空间组织成果;场区运输设施;安全消防设施等等。

二、施工平面图布置的原则、依据

1. 施工平面图布置的原则

施工平面图设计总的原则是:平面紧凑合理、方便施工流程、运输方便通畅、降低临建费用、便于生产生活、保护生态环境、保证安全可靠。具体内容包括:

(1)在满足现场施工要求的前提下,充分利用原有地形、地物,尽可能减少施工用地,以利降低工程成本。

(2)在确保施工顺利进行的前提下,尽可能减少临时设施,充分利用施工现场附近的原有建筑物、构筑物作为施工临时用房,并利用永久性道路供施工使用。

(3)最大限度地减少场内运输及场内材料、构件的二次搬运,充分利用场地;各种材料堆放的位置,尽量靠近使用地点,以节约搬运劳动力和减少材料多次转运中的消耗。

(4)临时设施的布置应便利施工管理及工人生产和生活。办公用房应靠近施工现场。施工管理机构的位置必须有利于全面指挥和管理施工现场。

(5)生产、生活设施应尽量分区,以减少生产与生活的相互干扰,保证现场施工生产安全进行。

(6)施工平面布置必须要符合安全防火、劳动保护的要求。

2. 施工平面图布置的依据

(1)工程地形地貌图、区域规划图、项目建设范围内各种地上、地下设施及位置图。

(2)主要施工方案和施工进度计划。

(3)有关施工组织的自然调查资料和施工条件调查资料。

(4)各类临时设施的规模和数量等。

(5)各种材料、半成品的供应计划和运输方式。

(6)设计图纸。

(7)其他有关资料。

三、施工平面图布置的步骤

(1)分析和研究设计图纸、施工方案、施工工艺、自然条件、施工条件及有关调查资料。

(2)绘制路线平面图。

(3)进行现场平面规划分区。

(4)合理确定起重、吊装、运输机械的布设。

(5)确定拌和站、加工厂、仓库和材料、构件、半成品堆场的位置。

(6)行政管理、文化、生活、福利用临时设施的布置。

(7)进行场内运输线路的布设。

(8)进行水、电线路的布设。

(9)进行多方案分析、比较、修改、定案。

第八节　全场性临时工程

一、工地运输组织

1. 工地运输方式的特点及选择

目前工地运输方式有:铁路运输、公路运输、水路运输和特种运输等方式。选择运输方式,必须考虑各种因素的影响,如运输量的大小,运距长短,材料的性质,超重、超高、超大、超宽设备及构件的形状尺寸,现有运输设备、利用永久性道路的可能性,现场及场外道路的地形、地质及水文自然条件。在有几种运输方案可供选择时,应进行全面的技术经济分析比较,确定最合适的运输方式。

2. 工地运输组织

1)确定运输量

运输总量按工程的实际需要量来确定。同时还考虑每日的最大运输量,以及各种运输工具的最大运输密度。每日货运量可用式(4-6)计算。

$$q=\frac{\sum Q_i \times L_i \times K}{T} \tag{4-6}$$

式中:q——每日运输量(t·km);

Q_i——各种物资的年度或季度需用量;

L_i——每种货物从发货地点到储存地点的距离;

T——工程年度或季度计划运输天数;

K——运输工作不均衡系数,铁路可取1.5,汽车运输可取1.2。

2)计算运输工具数量

运输方式确定后,就可计算运输工具的需要量。每一工作台班内所需的运输工具数量可用式(4-7)计算。

$$n=\frac{q}{c \cdot b \cdot K_1} \tag{4-7}$$

式中:n——运输工具数量;

q——每日货运量;

c——运输工具的台班生产率;

b——每日的工作班次；

K_1——运输工具使用不均衡系数。汽车可取0.6～0.81，马车可取0.5，拖拉机可取0.65。

二、工地仓库组织

1. 工地仓库类型

公路工程施工中所用仓库，主要有转运仓库、中心仓库、现场仓库和加工厂仓库等类型。

2. 工地仓库规划

1）确定工地物资储备量

材料储备一方面要确保工程施工的顺利进行；另一方面还要避免材料的大量积压，以免仓库面积过大，增加投资，积压资金。

对经常或连续使用的材料，如砂、石、木材、水泥和钢材等储备量，可按式（4-8）计算。

$$P = T_e \frac{Q_i \cdot K}{T} \tag{4-8}$$

式中：P——材料储备量（m^3 或 t 等）；

T_e——储存期（d），按材料来源确定，一般不小于10d，即保证10d的需要量；

Q_i——材料、半成品的总需要量（m^3 或 t 等）；

K——材料使用不均衡系数，一般取1.2～1.5；

T——有关项目的施工总工作日（d）。

对于用量少，不经常使用或储备期较长的材料，如耐火砖、石棉瓦、水泥管、电缆等，可按年度需要量的百分比储备。

2）确定仓库面积

一般的仓库面积可按式（4-9）计算。

$$F = \frac{P}{q \cdot \alpha} \tag{4-9}$$

式中：F——仓库总面积（m^2）；

P——仓库材料储备量，由式（4-8）计算；

q——每平方米仓库面积能存放的材料、半成品和制品的数量；

α——仓库面积有效利用系数（考虑人行道和车道所占面积），一般取0.5～0.8。

特殊材料，如易燃、易爆物品或易腐蚀物品的仓库面积，按有关安全要求确定。在设计仓库时，除满足仓库总面积外，还要正确确定仓库的平面尺寸。仓库的长度应满足装卸要求，宽度要考虑材料存放方式、使用方便和仓库结构形式。

三、工地加工厂组织

1. 工地加工厂的类型和布置原则

工地加工厂一般包括：混凝土拌和站、钢筋加工厂、构件预制厂、木材加工厂、金属结构加工厂等。布置这些加工厂时主要考虑的问题有：来料加工和成品、半成品运往需要地点的总运输费用最小；加工厂的生产和工程项目的施工互不干扰。

式中：q_3——施工现场生活用水量(L/s)；

P_1——施工现场高峰期生活人数(人)；

N_3——施工现场生活用水消耗量，视当地气候、工种而定，一般为(20～60)L/人·班；

K_4——施工现场生活用水不均衡系数，见表4-7；

b——每天工作班次(班)。

施工机械用水参考消耗量 N_2 表4-8

序　号	机 械 名 称	单　　位	耗　水　量	备　　注
1	内燃挖掘机	L/(台班·m^3)	200～300	以斗容量 m^3 计
2	内燃起重机	L/(台班·t)	15～18	以起重吨数计
3	蒸汽打桩机	L/(台班·t)	1000～1200	以锤重吨数计
4	蒸汽起重机	L/(台班·t)	300～400	以起重吨数计
5	内燃压路机	L/(台班·t)	12～15	以压路机吨数计
6	拖拉机	L/(昼夜·台)	200～300	
7	汽车	L/(昼夜·台)	400～700	
8	空气压缩机	L/[台班·(m^3/min)]	40～80	以压缩空气排气量计
9	内燃动力装置	L/(台班·kW)	160～480	直流水
10	内燃动力装置	L/(台班·kW)	35～55	循环水
11	锅炉	L/(h·t)	1000	以小时蒸发量计
12	锅炉	L/(h·m^2)	15～30	以受热面积计
13	电焊机25型	L/h	100	实测数据
14	电焊机50型	L/h	150～200	实测数据
15	电焊机75型	L/h	250～350	实测数据
16	对焊机	L/h	300	
17	冷拔机	L/h	300	
18	凿岩机 YQ—100	L/min	8～12	

(4)确定生活区生活用水量。

$$q_4 = \frac{P_2 \cdot N_4 \cdot K_5}{24 \times 3600} \tag{4-15}$$

式中：q_4——生活区生活用水量(L/s)；

P_2——生活区居民人数(人)；

N_4——生活区昼夜全部用水消耗量，参见表4-9；

K_5——生活区用水不均衡系数，如表 4-7 所示。

生活用水量参考消耗量表 N_4　　表 4-9

序　号	用水对象	单　位	耗　水　量	备　注
1	工地全部生活用水	L/(人·日)	100~120	
2	生活用水	L/(人·日)	25~30	盥洗、生活饮用
3	食堂	L/(人·日)	15~20	
4	浴室(淋浴)	L/(人·次)	50	按出勤人数 30% 计
5	淋浴带大池	L/(人·次)	30~50	
6	洗衣	L/人	30~35	
7	理发室	L/(人·次)	15	
8	工地医院	L/(病床·日)	100~150	
9	家属	L/(人·日)	50~60	有卫生设备
10	家属	L/(人·日)	25~30	无卫生设备

(5)确定消防用水量。

消防用水量 q_5 如表 4-10 所示。

消防用水量参考表　　表 4-10

序　号	用水区域	用水名称	火灾同时发生次数	单　位	用　水　量
1	居民区消防用水	5000 人以内	一次	L/s	10
2		10000 人以内	二次	L/s	10~15
3		25000 人以内	二次	L/s	15~20
4	施工现场消防用水	施工现场在 $25\times10^4 m^2$ 以内	一次	L/s	10~15
5		施工现场每增加 $25\times10^4 m^2$	一次	L/s	5

(6)确定总用水量 Q。

①当$(q_1+q_2+q_3+q_4)\leqslant q_5$ 时，则：

$$Q=q_5+\frac{1}{2}(q_1+q_2+q_3+q_4) \tag{4-16}$$

②当$(q_1+q_2+q_3+q_4)>q_5$ 时，则：

$$Q=q_1+q_2+q_3+q_4 \tag{4-17}$$

③当工地面积小于 5 万 m^2 时，并且$(q_1+q_2+q_3+q_4)<q_5$ 时：

$$Q=q_5 \tag{4-18}$$

式中：Q——总用水量(L/s)；

其余符号意义同前。

2)选择水源

建筑工地临时供水水源，有供水管道和天然水源两种。应尽可能利用现场附近已有供水管道，只有在工地附近没有现成的供水管道或现有给水管道无法使用以及给水管道供水量难以满足使用要求时，才选用天然水源。天然水源有河水、湖水、水库蓄水等地面水和泉水、井水等地下水。

选择水源时应注意下列因素:①水量充沛可靠;②生活饮用水、生产用水的水质,应符合要求;③与农业、水利综合利用;④取水、输水、净水设施要安全、可靠、经济;⑤施工、运转、管理和维护要方便。

五、工地供电组织

工地临时供电组织包括:计算用电总量,选择电源,确定变压器,配电线路布置和导线截面面积的确定。

1. 工地总用电量计算

施工现场用电一般可分为动力用电和照明用电两类。工地总用电量可按下式计算:

$$P=(1.05\sim1.10)\left(K_1\sum\frac{\sum P_1}{\cos\varphi}+K_2\sum P_2+K_3\sum P_3+K_4\sum P_4\right) \tag{4-19}$$

式中:P——供电设备总需要容量(kVA);

P_1、K_1——电动机额定功率(kW),需要系数 $K_1=0.5\sim0.7$,电动机10台以下取0.7,11~13台取0.6,30台以上取0.5;

P_2、K_2——电焊机额定容量(kVA),需要系数 $K_2=0.5\sim0.6$,电焊机10台以下取0.6;

P_3、K_3——室内照明容量(kW),需要系数 $K_3=0.8$;

P_4、K_4——室外照明容量(kW),需要系数 $K_4=1.0$;

$\cos\varphi$——电动机的平均功率因数,根据用电量和负荷情况而定,施工现场最高为0.75~0.78,一般为0.65~0.75。

2. 选择电源

选择临时供电电源,通常有以下几种方案:

(1)完全由工地附近的电力系统供电;

(2)工地附近的电力系统能供应一部分,工地需增设临时电站以补充其不足;

(3)利用附近的高压电网,申请临时加设配电变压器;

(4)工地处于新开发地区,没有电力系统时,电力则应由工地自备临时动力设备供电。

采取何种供电方案,须根据工程实际情况确定。一般情况下是将工地附近的高压电网引入工地的变压器降压后进行使用。

3. 确定变压器

工地临时变压器功率可由下式计算:

$$P=K\left(\frac{\sum P_{max}}{\cos\varphi}\right) \tag{4-20}$$

式中:P——变压器输出功率(kVA);

K——功率损失系数,取1.05;

$\sum P_{max}$——各施工区的不同用电设备最大计算负荷(kW);

$\cos\varphi$——不同用电设备的功率因数,如不易逐一求得,可取0.75。

根据计算所得容量,从变压器产品目录中选用略大于该功率的变压器。

4. 选择配电导线截面积

导线的自身强度必须能防止受拉或机械性损伤而损坏,配电导线还必须耐受电流通过所产生的温升，导线还应使得电压损失在允许范围内，这样，导线才能正常传输电流。按以上三项要求，应选择配电导线截面最大者。

六、工地供热组织

工地临时供热的主要对象是：临时房屋（如办公室、宿舍、食堂等）的冬季采暖；冬季施工项目供热，如施工用水和材料加热等；预制场供热，如钢筋混凝土构件的蒸汽养生等。

建筑物内部采暖耗热量，按有关建筑采暖设计手册计算。

临时供热的热源，一般都设立临时性的锅炉房或个别分散设备（火炉等），如有条件，也可利用当地的现有热力管网。

临时供热的蒸汽用量按下式计算：

$$W=\frac{Q}{I\cdot H} \tag{4-21}$$

式中：W——蒸汽用量（kg/h）；

Q——所需总热（J/h），按有关建筑采暖设计手册计算；

I——在一定压力下蒸汽的含热量（J/kg），查有关热工手册；

H——有效利用系数，一般为0.4～0.5。

蒸汽压力根据供热距离确定。供热距离在300m以内时，蒸汽压力为30～50kPa即可；在1000m以内时，则需要200kPa。确定了蒸汽压力后，根据式（4-21）计算的蒸汽用量，可查阅锅炉手册选定锅炉型号。

七、办公及福利设施组织

1. 办公及福利设施类型

办公及福利设施主要包括行政管理和生产用房、居住生活用房、文化生活用房等。

2. 办公及福利设施建筑面积的确定

建筑施工工地人数确定后，即可按实际使用人数确定建筑面积。

$$S=N\cdot P \tag{4-22}$$

式中：S——建筑面积（m^2）；

N——工地人员实际数；

P——建筑面积指标，可参照表4-11取定。

行政、生活福利临时建筑面积参考指标（m^2/人） 表4-11

序号	临时建筑名称	指标使用方法	参考指标	序号	临时建筑名称	指标使用方法	参考指标
一	办公室	按使用人数	3～4	四	食堂	按高峰年平均人数	0.5～0.8
二	宿舍				食堂兼礼堂	按高峰年平均人数	0.6～0.9
1	单层通铺	按高峰年（季）平均人数	2.5～3.0	五	其他合计	按高峰年平均人数	0.5～0.6
2	双层床	扣除不在工地住人数	2.0～2.5	1	医务所	按高峰年平均人数	0.05～0.07
3	单层床	扣除不在工地住人数	3.5～4.0	2	浴室	按高峰年平均人数	0.07～0.1
三	家属宿舍		16～25m^2/人	3	理发室	按高峰年平均人数	0.01～0.03

续上表

序号	临时建筑名称	指标使用方法	参考指标	序号	临时建筑名称	指标使用方法	参考指标
4	俱乐部	按高峰年平均人数	0.1	9	其他公用	按高峰年平均人数	0.05～0.10
5	小卖部	按高峰年平均人数	0.03	六	小型		
6	招待所	按高峰年平均人数	0.06	1	开水房	按高峰年平均人数	10～40
7	托儿所	按高峰年平均人数	0.03～0.06	2	厕所	按现场平均人数	0.02～0.07
8	子弟学校	按高峰年平均人数	0.06～0.08	3	工人休息室	按现场平均人数	0.15

复习思考题

1. 公路施工组织设计文件编制的基本原则是什么？

2. 公路施工组织设计文件的编制程序有哪些？

3. 实施性施工组织设计文件的主要内容有哪些？

4. 公路施工组织设计资料调查的主要内容是什么？

5. 拟订施工方案时应主要研究哪几方面的问题？

6. 施工进度图的主要形式有哪几种？斜线图的编制步骤有哪些？

7. 编制作业工期计算表的基本步骤有哪些？

8. 施工组织设计中的全场性临时工程包括哪些内容？

9. 某桥梁工程按施工进度图规定本年度施工 280d，年计划分别需要钢筋 200t、水泥 1000t、碎石 $2000m^3$、砂 $800m^3$，参数如表 4-12 所示，试分别计算所需仓库面积。

表 4-12

材料名称	单　位	仓库类型	T_e	K	q	α
钢筋	t	棚	60	1.3	0.6	0.6
水泥	t	仓库	40	1.3	2	0.65
碎石	m^3	露天	30	1.3	1.2	0.7
砂	m^3	露天	30	1.3	1.2	0.7

注：T_e——储存期(d)，按材料来源确定；K——材料使用不均衡系数；q——每平方米仓库面积能存放的材料和制品的数量；α——仓库面积有效利用系数。

第五章

公路施工的技术组织措施

教学要求

1. 分析影响工程质量的主要因素，描述确保工程质量的技术组织措施；
2. 分析影响施工进度的主要因素，描述加快施工进度的技术组织措施；
3. 分析影响施工安全的主要因素，描述施工安全的控制措施；
4. 描述施工环境保护的意义，确定施工环境保护的技术组织措施；
5. 描述文明施工的概念与意义，确定文明施工的技术组织措施；
6. 确定季节性施工的技术组织措施。

施工技术组织措施是公路施工组织设计文件的重要内容之一，也是施工方案的补充内容。施工技术组织措施主要是确保施工质量、加快施工进度、保证安全施工和环保、降低工程施工成本等方面的措施。它包括技术方面和组织管理方面的措施。通过施工技术组织措施的编制，能系统完整地反映承包商对工程施工的筹划水平和承诺，使业主更能全面了解承包商的现代化管理水平，增强业主对承包方完成项目的信心。同时施工技术组织措施也是对企业和工程项目施工的一种约束，可减少或杜绝施工过程的随意性，避免施工过程中的重大失误。因此，编制施工技术组织措施，是公路施工组织设计不可缺少的内容。

·第一节　确保工程质量的技术组织措施·

公路工程建设中，质量是工程建设的关键，任何一个环节或部位出现质量问题，都会给工程建设带来严重的后果，直接影响到公路的使用年限，甚至会造成巨大的经济损失。因此，公路工程项目建设必须把工程质量放在第一位，进行“全方位、全过程”的施工质量控制。始终把“百年大计、质量第一”作为施工的指导思想，以提高项目全员的质量意识，加强和保证工程建设施工质量。

一、影响工程质量的主要因素

影响工程质量的因素主要有两个方面，即人为因素和自然因素。

1. 人为因素

人员是影响工程质量的重要因素，往往也是容易克服的。人为因素主要体现在人员的素质不高、责任心不强、思想不重视、文化技术水平偏低等，具体表现如下：

(1)人员素质不高。主要体现在思想、文化、技术、身体等方面。

(2)管理人员责任心不强或管理水平较低。不认真执行和落实各项管理制度。

(3)技术人员责任心不强或技术水平较低。在施工的每一个环节上都可能会出现问题,如测量放样时出现偏差、现场试验时不按规程操作等,所有这些都会直接影响工程质量。

(4)工人的责任心不强或技术水平较低。施工中不严格按规范要求去做,如土基压实时未按操作要领进行,压实度不够。这就会使生产质量大大降低,达不到验收标准。

2. 自然因素

自然因素主要包括气候、水文、地质等因素的影响。

(1)气候的影响。比如同一等级的公路因所在不同自然区划的气候条件不同,其质量控制和要求也会不同。即使是同一区划不同海拔,气候条件也会有所差异,如不区别对待,就会造成质量事故。

(2)水文与水文地质的影响。比如潜水层水位较高而影响到路基工作区,这时就必须设置相应的排水设施,把路基范围内的地下水引排到较深的潜水层或透水层中,以免对路基质量造成影响。

(3)地质的影响。公路沿线岩土的种类、成因,岩层走向、倾向和倾角、风化程度等,都会影响工程构造物的稳定性,从而影响工程质量。

二、施工质量技术组织措施的主要内容

1. 建立和完善质量保证体系

(1)质量体系。建立与ISO 9000系列相一致的质量保证体系。项目设质检部和工程部,作业班(组)设质检员,实行分级质量管理制度。每道工序都必须经过作业班(组)质检员自检,班(组)间质检员互检,工程部、质检工程师联检;在自检、互检、联检基础上,交监理工程师检查、签证后,方可进行下道工序的施工。

(2)试验体系。施工现场设立试验室,为试验室配备与工程任务相适应的仪器、设备和专业技术人员,保证满足工程试验需要。试验室必须严把施工材料进场关,任何结构用材,进场前必须携带厂家出具的产品质量合格证及其主要技术指标文件,经试验室在现场按有关试验规程规定抽检合格,并得到签证批准后,方准进场使用;同时严格执行试验规程,确保每项工程开工前有标准试验,施工中有试验检查,完工后有真实、准确、完整的试验资料,以充分反映结构物实体内部质量状况。

(3)测量体系。施工单位设立测量队,配备GPS全站仪、经纬仪、水准仪等测量仪器,以满足工程所需。测量队负责本工程控制测量和施工放样工作。测量工作自始至终必须严格按测量规程进行操作和控制,做到施工前有控制性测量和施工放样,施工中有测量校核,完工后有成品测量检查,确保施工全过程的测量资料真实、准确、完整地反映结构物几何空间尺寸。

2. 实行全员工程质量岗位责任制

成立以项目经理、项目技术负责人和总自检工程师为核心的领导小组,建立严格的质量承包责任制,明确每个员工自己工作范围以及在工程质量方面的责任,确保每个员工的工作质量,以此来保证工程质量。

3. 严格施工过程质量控制工作,确保工作质量

组织有关人员认真学习、会审设计图纸,充分理解设计意图。严格按设计图纸、招标文件、施工技术规范、施工工艺、施工操作规程的要求组织施工,做到各工程项目开工前有详细的施工方案、方法和技术交底,施工操作有施工工艺和施工操作规程作指导,技术、质量、指标有图纸、规范、招标文件等的具体要求,施工过程中有完整的检查签证表格、施工日记及施工总结等记录,确保每一施工过程质量控制来保证项目工程质量。

4. 加强施工人员的技术培训

根据工程特点,适时组织各种技术培训和技术考核工作,做到关键技术工种必须持证上岗,并选派经验丰富、年富力强、技术水平高的工人、技师担当带头人。在提高技术水平的基础上,促进工程质量的提高。

5. 积极采用新技术

结合工程实际积极开展 QC(Quality Control)小组技术、质量攻关活动。采用新的施工技术、新的施工工序、新的施工方法、新设备、新材料、新工艺,推进技术进步,确保工程质量优良。

6. 加强质量防范

实行质量一票否决权制度,坚持预防为主,把质量事故、隐患消灭在萌芽状态中。一旦发生质量事故,坚决做到"三不放过",即事故原因分析不清不放过,事故责任者和群众没有受到教育不放过,没有防范措施不放过。

7. 严格实行质量检查制度及奖罚办法

施工管理部门定期组织大检查一次,并不定期随时抽查,施工人员应及时对已完成单项工程进行检查,发现问题及时整改。对质量工作作出突出贡献的个人或集体给予适当的奖励,出现质量问题的要严惩不贷,并与经济处罚挂钩。

8. 充分发挥技术监控机构对工程质量的控制作用

积极配合监理工程师的工作,服从其监督,维护其权威。每道工序完成转入下一步工序之前,必须请监理工程师签证,确保各工序质量合格。

• 第二节　加快施工进度的技术组织措施 •

按期完成交付使用的工程,不但标志着投资方的投资已经见效,也标志着投资资金开始回收。未按期完成的工程,不但会增加工程的费用,甚至还会影响到工程的质量,因此制定措施保证工程进度就显得十分必要。制定施工进度技术组织措施首先弄清影响施工进度的因素,这样才能制定出有效的技术措施。

一、影响施工进度的主要因素

1. 施工计划的贯彻与实施情况

施工计划是将施工进度计划进行的细化,因此,施工计划的实施情况将直接影响工程的进展情况。

2. 物资供应情况

物资供应不足或供应不及时,都会造成施工的中断,影响整个工程的进度。

3. 机械设备状况

机械在施工过程中，因保养不善、未及时维修而造成机械设备损坏停机，或因机械设备陈旧、状况不佳而导致施工的中断，这都将影响施工的进度。

4. 组织与协调因素

施工单位未按施工方案中的顺序执行或现场施工协调不及时，造成各施工单位互相干扰或倒序；重点、难点工程的工期安排不当造成工期延误；延误拖后工程的进度调整不及时造成局部工程施工不到位。所有这些都会减缓施工速度，甚至导致停工，从而影响施工进度。

5. 其他因素

气候条件、地质条件、政治原因等，都会干扰工程进度目标的实现。

二、施工进度技术组织措施的主要内容

针对影响施工进度的因素，可采用以下的技术组织措施：

1. 实行施工进度的控制及动态管理

利用网络计划编制施工进度，优化施工安排，制定最优的关键线路，确定出关键工作。充分利用工程的空间关系，在互不干扰的前提下，可以同步安排多个工程进行立体交叉的平行流水作业。由于施工组织设计方案是施工前制订的，所以在施工过程中应结合实际情况对网络计划进行及时调整和优化。

2. 正确处理质量和进度的关系

在施工过程中，当质量和进度关系发生矛盾时，应将质量放在第一位，在保证质量的前提下加快进度。

3. 建立物资保障机构

根据工程的进展情况，制定详细的材料供应计划，保证物资采购渠道的畅通，并且做好材料的检测试验，把好质量关，这样才能为工程的顺利实施提供充足、合格的物资保障。

4. 机械设备的组织

为加快施工进程，尽量使用先进的机械设备，合理调度，开展高效率的机械化生产。现场设立机械维修养护站，备足所需的机械配件，做好机械设备的日常保养及施工前的检修工作，以提高机械设备的完好率、出勤率和利用率。

5. 做好施工现场的组织与协调工作

加强施工现场调度工作，对于现场出现的影响施工进度的情况，可通过调度协调解决；对于控制工期的重点工程优先保证物资供应和机械的使用，加强施工管理和控制；根据地域气候特点，尽可能在最有利季节加快施工进度。

6. 积极开展劳动竞赛，适时掀起施工高潮

在施工中采取层层责任承包、重奖重罚等行政手段，调动职工生产积极性。必要时发挥政治动员作用，做到施工进度日保旬、旬保月，进而达到按期或提前完工的目标。

7. 实行施工进度的岗位责任制及管理制度

为保证和加快施工进程、建立目标管理制度，每阶段的进度目标落实到人，明确职责，实行严格的考核奖惩制度；实行技术保证制度，严格执行技术交底制度，使每个人在施工前都要明

确每项工程、每道工序的结构、质量要求、施工要领等，从而尽可能地避免误工、返工等现象的发生。

●第三节　保证施工安全的技术组织措施●

工程项目的施工往往会存在高空、露天、爆破等危险作业，因此安全生产就占有很重要的位置，施工安全的好与坏直接影响企业的效益和发展。安全生产是指生产过程处于避免人身伤害、设备损坏及其他不可接受的损害风险的状态。工程项目在施工时必须采取一定的措施减少甚至消除事故隐患，尽量把事故消灭在萌芽状态，保证施工人员的健康、安全，避免财产损失。

一、安全控制的方针与目标

1. 安全控制的方针

"安全第一，预防为主"是安全控制的方针。安全控制的方针中的"安全第一"，就是生产中要把施工人员的人身安全放在首位，只有人身安全得到保障，安全生产才能得以顺利进行。"预防为主"就是采用一定措施进行安全控制，减少或消除事故隐患。"预防为主"是实现"安全第一"的重要手段，也是安全控制的主导思路。

2. 安全控制的目标

安全控制是以减少或消除不安全行为为目标；以减少或消除设备、材料的不安全状态为目标；以改善生产环境和保护生态环境为目标；以实现安全管理为目标。安全控制的目标旨在减少或消除生产中不安全因素，确保施工人员的人身健康安全和施工场地的财产安全。

二、影响施工安全的主要因素

(1)对安全施工的宣传力度不到位，施工人员安全意识淡漠，对可能出现的安全隐患重视不够。

(2)安全保证体系不健全或虽然健全但落实不到位。

(3)施工人员技术水平较低或违反操作规程。

(4)施工安全技术交底工作落实不到位。

三、施工安全控制措施

1. 开展安全教育，强化安全意识

广泛开展安全施工的宣传教育，组织学习有关安全施工的规则及要求，学习安全操作的规范，使每个施工人员从思想上认识到安全的重要性和必要性，从技能上实行规范化操作。并且做到安全教育与日常施工一起抓，使施工人员时刻保持安全意识，杜绝一切可能发生的不安全因素，防止事故的发生。

2. 建立健全安全保证体系

按照综合治理、从严治理、标准化管理、抓施工必须抓安全、一票否决制等原则建立健全安全保证体系，强化安全领导机构，充实安全监视人员，从组织上落实安全工作。

3. 实行安全责任制

建立和完善安全岗位责任制，明确各部门在各自职责范围以内对安全应负的责任，严格执行奖惩制度。集思广益、勇于揭露问题、处理问题，把事故消灭在萌芽状态。

4. 实施安全检查

随时检查施工人员对安全施工是否重视；检查工程的安全施工管理是否到位；检查安全设施是否完好；检查施工过程中是否符合安全的要求；对已经发生的事故，应查明其原因，明确其责任并作出处理，同时要落实整改措施。

5. 安全技术措施应满足以下要求

(1)对于易燃、易爆、强腐蚀等危险品，要严格执行保存与发放制度。对于其来源、用途、用量做好详细的记录，确保不发生意外。

(2)现场防火设施的设置应满足消防距离和消防供水量的要求，但也要避免设置不必要的防火设施。

(3)现场临时用电线路的架设应符合电力安全规范的要求，架设前应对架设的位置、高度进行设计，避免对其他工程的施工造成影响。注意用电安全，非专业电气操作人员不得触动电气设备。

(4)各种机械必须有专人负责维修、保养、操作、安装，并经常对其关键部位进行检查，避免机械故障产生安全事故。

(5)夜间施工必须配备足够的照明设备，施工人员必须严格遵守作息时间，提高夜间施工的安全意识，避免因人员夜间精力不足而造成事故。严禁在大风、大雨等不利天气的夜间施工。

(6)跨线施工或与已有线路相近施工时，应采取保证已有线路行车安全的措施。比如搭建防护棚、防护网等。

(7)爆破施工人员必须取得“安全技术合格证”，方可实施爆破工作。

(8)保证施工现场安全防护设施的投入，确保其性能良好，使安全生产建立在科学的管理、先进的技术、可靠的防护设施上。

(9)重点、难点工程施工要有针对性的安全方案。如隧道施工时，必须要有若干处理危石或塌方的施工安全方案，经过方案的研究比对，再确定安全可行的施工方案。

•第四节　施工环境保护的技术组织措施•

随着社会的进步、经济的发展，施工环境保护日益显得重要。施工环境保护直接影响施工的进展。环境保护就是按照法律法规、各级主管部门和企业的要求，保护和改善作业现场环境，控制现场的各种粉尘、废弃物、噪声、振动等对环境的污染和危害。

一、施工环境保护的意义

1. 施工环境保护是保证人们身体健康和体现社会文明进步的需要

采取专项措施防止粉尘、噪声和水源污染，保护好现场与周边环境，是保证施工人员和周边居民身体健康、体现以人为本和社会进步文明的具体体现。

2. 施工环境保护是现代化生产的客观要求

现代化施工生产中广泛应用的新技术、新工艺、新设备，对环境的质量要求很高，尤其是一些精密仪器。超标的粉尘、振动都有可能损坏设备，影响其效率。

3. 施工环境保护是消除外部干扰和保证施工顺利进行的需要

随着人们法制观念和自我保护意识的增强，施工扰民问题的反映越来越突出。减少施工对环境的污染和对居民正常生活的干扰，不但可减少因施工造成的与当地居民的矛盾，而且可以保证施工生产的顺利进行。

4. 节约能源、保护人类生存环境，是保证社会与企业可持续发展的需要

现代社会化大生产在给人们带来诸多方便的同时，环境污染和能源紧缺等问题也凸现出来。为了保护子孙后代赖以生存的自然环境，社会上每个公民和企业都有义务和责任保护环境、节约能源。所以保护环境和节约能源不仅造福子孙，也有利于社会和企业的可持续发展。

二、施工环境保护的技术组织措施

施工环境保护的技术组织措施，包括对空气污染、水污染、噪声污染、固体废弃物污染的处理。

1. 空气污染防治措施

(1)易于引起粉尘的细料或松散料，应予覆盖或适当洒水润湿，运输时注意遮盖，施工便道应随时洒水润湿。

(2)混凝土拌和站应封闭严密，进料仓应安装除尘装置，且距居民区不宜小于300m，同时应设在居民区主要风向的下风处。

(3)禁止在施工场地焚烧能产生有害气体或烟尘的物质，如油毡、橡胶、枯草树叶等。

(4)拆除建筑物时，为了防止产生扬尘，应适当洒水。

2. 水污染防治措施

(1)施工废水、生活污水不得直接排入农田、耕地、灌溉渠和水库，不得排入饮用水源。

(2)施工区域、砂石料场，在施工期间和完工以后应妥善处理，以减少对河道、溪流的侵蚀，防止沉渣进入河道或溪流。

(3)冲洗集料或含有沉积物的操作用水，应采取过滤、沉淀池处理或其他措施，使其做到达标排放。

(4)施工期间，施工材料如沥青、水泥、油料、化学品等应堆放管理严格，防止在雨季物料随雨水径流排入地表及附近水域造成污染。

(5)施工机械应防止严重漏油，禁止机械在运转中产生的油污水未经处理就直接排放，或维修施工机械时油污水直接排放。

3. 噪声污染防治措施

(1)尽量采用低噪声设备和工艺，在声源适当位置安装消声设备，这是防止噪声污染的最根本的措施。

(2)在距居民区较近的施工现场，应严格控制强噪声的作业时间，设置封闭隔声屏等设施。

(3)处于噪声中的施工人员，应配戴耳塞、耳罩等防护用品，减少人员在噪声环境中的滞留时间，减少噪声对人身体的危害。

(4)严格控制人为噪声，不得无故甩打模板、尽量减少使用高音喇叭，最大限度地减少噪声扰民。

(5)凡在人口密集区进行强噪声施工时，必须严格控制施工时间，一般晚10点到次日早6点之间停止强噪声作业。尽可能地不采取夜间施工，如特殊情况必须夜间施工时，应采取措施最大限度地减少噪声，并做好与周边居民的协调工作。

4. 固体废弃物污染防治措施

(1)妥善处理废方，应尽量避免破坏或掩埋路基下侧的林木、农田及其他工程设施；沿河弃土应避免壅塞河道、改变水流方向和抬高水位而淹没或冲毁农田、房屋；应重视弃土堆的整修，有条件时，宜在弃土堆顶面绿化，或整平成为耕地。

(2)弃土场弃土前，先挖除耕植土，弃渣后回填耕植土复耕。弃方严格按设计要求要点弃方，严禁乱挖乱弃。

(3)弃渣场按设计要求进行防护，防止水土流失。填方路段属农田段时，将耕植土挖除集中堆放，在荒坡处造田，并进行防护。

(4)制定废渣、泥浆的处理、处置方案，选择有资质的运输单位，采取登记制度，确保运输到指定地点。

(5)生活垃圾不得随意堆放，应协助环卫部门定时清理、清运或经集中收集后运至环保部门指定的地点掩埋。

5. 文物保护

施工期间如发现文物古迹，不得擅自移动和私自收藏，施工人员应保护好现场，防止文物流失，并暂时停止作业，立即上报业主及有关部门进行处理。

●第五节　文明施工的技术组织措施●

文明施工就是在施工场地能保持良好的作业环境、卫生环境和施工秩序。具体表现为施工现场整洁卫生，施工生产科学有序，对周边居民和环境的影响较小，施工人员的健康和安全得以保证等。

一、文明施工的意义

1. 文明施工有利于企业树立良好形象

文明施工不仅涉及到工程沿线人民群众的切身利益，同时又是企业取信于民、维护企业声誉的大事。施工企业只有建立良好的施工环境与施工秩序，才可以得到社会的信赖和支持，进而可以树立起企业的形象，提高企业知名度，增强企业的市场竞争力。

2. 文明施工是适应现代化施工的客观要求

现代化施工需要采用先进的工艺、技术、材料、设备和科学的施工方案；需要严密地组织、严格要求、标准化管理和较好的职工素质等。文明施工能适应现代化施工的需要，是实现优质高效、安全低耗、清洁卫生的有效手段。

3. 文明施工能体现出施工单位综合管理水平

保持良好的施工环境和施工秩序，对促进安全生产、加快施工进度、保证工程质量、降低工程成本、提高经济和社会效益有较大的作用。文明施工涉及到人、财、物等各方面，贯穿于施工全过程当中，体现了企业在工程项目施工现场的综合管理水平。

4. 文明施工有利于员工身心健康，有利于提高施工队伍的整体素质

文明施工可以提高施工队伍的文化和思想素质，培养员工尊重科学、遵守纪律、团结协作的生产意识，促进企业精神文明建设，从而有利于施工队伍整体素质的提高。

二、文明施工的技术组织措施

1. 建立文明施工的组织与管理体制

成立文明施工组织管理机构，制定文明施工的相关规定，加强和落实文明施工的检查、考核、奖惩制度。

2. 加强文明施工的宣传、教育

利用多种形式进行文明施工的宣传与教育工作，尤其是新工作人员和临时工的岗前教育；专业管理人员应熟悉和掌握文明施工的制度、规定。

3. 文明施工的基本要求

(1)在项目部设置公告牌，标明工程项目的名称、概况、技术等级、质量标准、安全重点及建设、设计、施工、监理单位的名称与负责人等。

(2)施工现场的管理与施工人员要佩戴证卡，工作要热情投入，待人要尊敬礼貌。

(3)加强施工现场安全管理，在施工现场设置“六牌一图”，即单位名称牌、工程概况牌、安全措施牌、警卫制度牌、安全质量宣传牌、安全记录牌和现场总平面图，促进施工现场的文明管理。

(4)施工机械操作人员必须建立机组责任制，并按照有关规定持证上岗，禁止无证人员上岗操作。

(5)场地布置要整齐，材料、成品、半成品和机具要分类放置、标示明确，保持施工现场清洁卫生。

(6)加强安全管理。施工生产及生活用电的管理要落实到人；各种安全设施和防护器材，必须做到定期检查和维护，及时消除隐患，保证其安全有效。

(7)驻地周边要种植适当的花草，加强绿化，美化环境。

(8)加强与当地群众的沟通，做到相互尊重、相互理解，对于群众的合理要求应尽快整改，不合理的应给予说服教育，避免激化矛盾，教育职工不得扰民。

(9)加强与业主及当地政府部门的联系、交流，共创文明。

(10)施工现场应当设置各类必要的职工生活设施，并符合卫生、通风、照明等要求。职工的膳食、饮水供应等应当符合卫生标准。

(11)健全管理制度，把文明施工列入经济承包责任制中，并采取相应的奖罚制度，严格管理，以达到文明施工的要求。

第六节　季节性施工的技术组织措施

工程项目的施工绝大部分属于野外露天作业，因此受季节变化的影响较大，尤其是雨季、冬季。为了减少这些自然条件给施工带来的影响，需要从技术措施、进度安排等方面来保证施工不受或少受其影响。

一、冬季施工的技术组织措施

当气温达到冬季施工条件，即昼夜平均气温低于5℃和最低气温低于－3℃时，应采取必要的防护措施，严格控制温度的测量，加强外加剂等材料的试验与管理。冬季施工可以采取以下措施：

(1)结合工程所在地的气象资料，由技术人员制定工程的冬季施工方案，经业主和监理工程师同意后方可实施进行。

(2)水源及消火栓提前做好保温工作，防止受冻；暂设的工程水管、供热管在入冬前做好保温工作，保证冬季施工时能正常供水供热。备足冬季施工生产、生活所需的物资，确保冬季施工的顺利进行。

(3)生活和施工取暖要采取安全防火措施，实施安全防火巡检制度，并配备足够的消防器材；室内取暖要采取措施防止一氧化碳中毒。

(4)做好机械的防冻保温工作，保证各种机械保持正常的工作状态。

(5)施工现场在入冬前建立测温组织机构，每日对大气温度、混凝土温度、砂浆等温度进行观测。测温时间和所测温度值应详细记录，整理归档。每天、每施工段停止测温后，由技术员审阅测温记录签字后交技术负责人审查。技术员定期将测温记录归入档案，以备存查。

(6)测温人员保持与供热、保温人员联系，如发现供热故障或保温措施不当使温度急剧变化或降温过快等情况，立即向技术负责人报告并进行处理。

(7)混凝土施工：

①冬季施工的外加剂，其技术指标必须符合相应的质量标准，并有产品合格证。新品种外加剂，应进行掺外加剂混凝土和空白混凝土强度对比试验，及其他有关外加剂性能的对比试验。

②当原材料的温度不能满足要求时，可考虑对混凝土拌和用水进行加热。水加热的温度控制在60～80°C，避免温度超过80°C的水与水泥直接接触。混凝土的出料温度一般不低于20°C，并根据其运输方式和运输距离适当地调整拌和点的位置。

③在混凝土运输过程中，应注意保温，防止运输过程中热量损失过快，保证混凝土的入模温度。

④浇筑好的混凝土要经常进行洒水养护，温度太低时应覆盖保温保水薄膜养生。未达到受冻临界强度前不得拆除保温设施。重点及特殊要求的部位要进行拆模前强度验算。

(8)运输沥青混合料的车辆要采用覆盖设备保温，以保证混合料到达工地时的温度不能过低；做到快卸料、快摊铺、快碾压；摊铺机的熨平板及其他与沥青混合料接触的机具要经常加热；摊铺前应对已压实的沥青层进行预热，摊铺后在接茬处用热夯夯料、热烙铁熨平，并用压路机沿接缝加强碾压。

二、雨季施工的技术组织措施

(1)成立雨季影响工作小组,加强雨季前的设备维修、材料供应以及相关人员的培训工作。

(2)注意收听天气预报,做好汛前和暴风雨来临前的检查工作,及时认真整改存在的隐患,做到防患于未然。汛期和暴风雨期间要组织昼夜值班,做好记录。

(3)保证现场排水设施通畅,做好防护与排水工作。比如钢筋、水泥等物资的存放应注意防潮、防雨。

(4)做好雨季施工工程材料和必备物资的储备工作。对水泥库进行重点加固并做好防潮处理。

(5)路基在施工过程中,在路基两侧挖置排水沟,及时将路基的雨水顺排水沟排除。及时做好梁板预制场地的排水工作。

(6)基坑周围应挖排水沟,防止地表雨水直接汇入基坑、冲刷边坡;基坑底应修集水沟和集水坑并及时排水,配备足够的水泵及时抽水。

(7)雨量较大时应立即停止大面积作业,并对新作业段采用塑料薄膜或篷布等进行保护;较小面积施工时应使用篷布等遮雨设施。

(8)注意边坡防护,防止塌方,发现问题应立即停止施工,隐患排除之前不得继续施工。

复习思考题

1. 施工技术组织措施的作用有哪些?
2. 施工质量技术组织措施的主要内容是什么?
3. 影响施工进度的因素有哪些,针对这些因素如何保证施工进度?
4. 施工安全控制的方针、目标是什么?
5. 施工安全的保证措施有哪些?
6. 施工环境的保护有何意义?
7. 施工环境保护的技术组织措施有哪些?
8. 为什么要进行文明施工?
9. 文明施工的技术组织措施有哪些?
10. 冬季和雨季施工时可采取哪些技术组织措施?

第六章
机械化施工组织设计

教学要求

1. 描述机械化施工组织设计的作用、任务及基本原则；
2. 分析机械化施工组织设计的影响因素；
3. 描述机械化施工组织设计的特点及内容；
4. 编制机械化施工进度图及机械的维修保养计划；
5. 分析各种公路施工机械的使用与组合条件；
6. 论述施工机械选择与组合的原则及基本方法；
7. 选择机械化施工方案。

●第一节　概　　述●

随着科技进步和社会化生产技术的不断发展，以现代化方式修建公路已成为当今公路建设的发展方向。公路建设现代化的主要特征，是公路设计标准化，公路施工装配化，公路生产机械化，工程管理科学化。其中，公路生产机械化是实现公路建设向现代化大生产模式转变的关键所在，也是公路施工现代化的重要组成内容。在公路施工过程中，尽量采用施工机械取代人工作业。实现施工过程机械化，不仅可以改善劳动条件，降低劳动强度，而且还能够降低工程成本，提高施工质量，加快工程进度，不断促进社会化生产技术水平的提高和发展。

一、机械化施工组织的意义和作用

目前，我国公路建设具有等级高、速度快、工期短、成本低、质量好的生产特点。在这种施工条件复杂且施工技术要求越来越高的现代化公路建设背景下，对于企业来讲，只有采用先进、高效的施工机械装备施工队伍，切实提高企业的机械化生产水平，才能保证施工过程的内在质量，提高生产率，取得良好的技术经济效果；只有逐渐提高施工企业的机械化程度，才能不断提升企业的施工能力和市场竞争力，满足现代公路建设的质量要求，适应现代化公路建设的需要。对于社会来讲，只有逐步改进与创新施工机械，充分利用先进、高效的施工机械不断地开展生产活动，才能推动公路施工生产技术的更新和发展；才能适应我国公路建设高速度、高标准、高等级的发展需要。实践证明，机械化施工组织在整个公路施工过程中起着十分重要的作用。其作用如下：

(1)进行机械化施工组织可合理利用机械设备的效能，提高机械设备的生产率，保证机械

化施工作业的连续性和均衡性,降低成本,提高经济效益;

(2)通过机械化施工组织可充分挖掘机械设备的潜力,合理配置与整合机械资源,发挥施工机械设备在施工过程中的主导作用,保证工程质量和安全生产;

(3)采用安全可靠的机械化施工技术与组织措施,合理调配施工机械,可提高机械设备的利用率,调控并加快施工进度,达到合同工期要求;

(4)通过机械化施工组织,可了解各种施工机械的实际运行工况,合理保养和维修施工机械,提高机械设备完好率,保持施工机械处在连续、正常的作业状态,保证机械化施工的连续性,提高作业效益;

(5)开展机械化施工组织活动,有利于新工艺、新技术的推广,促进社会化生产技术水平的提高和发展。

二、机械化施工组织设计的任务

机械化施工组织是针对施工机械的充分、合理利用所展开的组织活动。机械化施工组织应与施工总进度计划保持一致性,并服从施工总进度计划的总体安排和要求。事实上,机械化施工组织是在合同段施工全过程组织的基础上进行的,并与施工全过程组织相辅相成。在进行机械化施工组织时,首先应根据施工总进度计划中对各项施工任务的具体施工日程安排和施工方法的要求,确定施工过程各时段的机械设备供应计划。其次,在满足总进度计划施工需要的前提下,以充分、合理利用施工机械设备为出发点,再对设备供应计划中的各种资源进行调整和优化,进而达到使施工机械均衡和连续生产的目的,力求最大限度地发挥施工机械的效能及作用。由此可见,机械化施工组织设计的主要任务是:

(1)合理选用机械,力求最大限度地发挥机械的效能;

(2)针对不同的施工方案和施工条件,确保各种机械的最佳匹配;

(3)进行机械化施工平面组织设计,合理布设机位和运行路线,避免机械运行和操作冲突,保证施工顺畅和安全;

(4)制定合理的机械维修及保养计划,提高设备利用率,保证机械化施工的连续性;

(5)核定机械作业量,确定机械种类和需要量,安排机械使用及作业调配计划;

(6)合理进行关键工程的施工机械组织,力求提高生产率,缩短作业工期。

三、机械化施工组织设计的影响因素

机械化施工组织的影响因素主要有以下六个方面:

1. 机械完好率

机械需要经常维修和保养,使其处在正常的工作状态,才能保证施工作业的连续性,达到最大负荷运转。否则,进场的机械很多,可以利用的较少,不仅影响作业进度,同时也增加了许多随机的组织协调和调度工作。特别是综合化机械作业,当主导施工机械出现故障时,往往会导致多种配合机械的台班损失和浪费。可见,机械的完好率越高,保证施工过程处在正常状态的可能性就越大,就越有利于发挥机械效能,加快施工进度。

2. 自然条件

当施工地点的气温过低或气温与大气压过高时,均会影响施工机械的作业效率,降低生产率。故在机械化施工组织时,必须要考虑自然条件的影响。比如土方施工时,当工点的地质、水文条件不良,或雨天泥泞等,会造成机械作业效率下降,必将减缓施工进度。此外,自然因素还会影响机械化施工任务的作业次序和时间,如北方严寒地区,沥青类路面一般必须在 9 月 15 日前完工,否则由于气温下降,无法保证路面的施工质量;南方地区在汛期到来之前最好完成桥梁下部施工的全部机械作业项目,否则将提高施工成本。

3. 施工方案及其配套机械

施工方案及其配套机械是相辅相成的关系,确定施工方案有时以选择主导机械为主,在施工方案确定的情况下,配套机械选择又会受到施工方案的限制。因此,根据施工方案来选择施工机械时,配套机械在型号、功率、容积、长度等方面必须要达到施工方案的要求,同时各种机械也应配合适当,否则就会降低作业效率,影响工程质量和进度,甚至损耗机器或造成机械损失。可见,施工方案是机械化施工组织重点考虑的因素,也是机械选型配套的重要依据。

4. 机械配套的合理性

在综合化作业过程中,如果工程主导机械的选择是正确合理的,能够持续稳定地进行施工作业,则其配套机械的好坏也会直接影响作业进度。因此,在机械化施工组织中,施工机械的选型与组合必须考虑:

(1)施工机械的技术性能应满足工程的技术标准要求;

(2)必须具有良好的工作性能;

(3)必须具有足够的工作稳定性及可靠性;

(4)尽量采用同厂家或品牌的配套机械,以保证最佳匹配和便于维修保养;

(5)为了充分发挥机械效能、保证工作效率,配套机械的匹配次数不宜过多;

(6)对配套机械必须定时、定期地检修,不能因为一台机器故障,而使整个施工生产停工。

5. 机械操纵熟练程度

主导机械的驾驶人员操纵机械的熟练程度对施工过程和进度的影响是很大的,它决定着作业速度的快慢,也影响作业的质量。若驾驶员技艺熟练,施工速度快、产出高,施工质量就有保证。否则,进度就慢,效率就低。显然,机械驾驶员操纵机械的熟练程度也是影响机械化施工组织作业工期的重要因素。

6. 耐用台班数

机械的耐用总台班是指机械设备从开始投入使用至报废前所使用的总台班数。在施工组织管理中,正确估价和计算现场机械的使用寿命和已用总台班,有利于合理处理闲置的台班数量,以保证施工现场机械的连续运转。否则,当机械已接近或达到使用寿命,使用完耐用总台班还在超负荷运转,就会出现现场停机或施工中断现象。

第二节 机械化施工组织原理

一、机械化施工组织设计的特点

1. 施工全过程组织与机械化施工组织的联系及区别

施工全过程组织与机械化施工组织,是既有联系,又有区别的两种不同的施工组织活动。

二者的联系及区别如下：

(1)组织目的不同。机械化施工组织仅仅是针对施工机械资源的合理配置和利用而进行的组织活动，且这些资源的配置及需求量是由施工总进度计划所决定的；施工过程组织的目的是全过程、全方位地合理安排各项施工生产活动。二者的组织目的截然不同。

(2)组织对象不同。施工组织的对象是施工过程，如分部、分项工程或半成品；机械化施工组织的对象是完成这些施工过程(施工任务)所需配置的机械资源，即考虑机械资源配置的合理性、实效性和利用率。显然，二者的落脚点也不同。

(3)组织内容不同。施工组织的主要内容包括时间组织和空间组织两个方面。施工组织的成果是施工进度计划，它是遵循施工生产的客观规律，按照时间和工艺顺序，对施工全过程的各项生产活动及其施工资源作出的科学合理的计划安排；机械化施工组织只是施工组织的一个组成部分，仅仅针对机械设备资源的优化利用而言。由此，二者的组织内容也就不同。

(4)侧重点不同。施工组织强调生产活动计划的合理性；机械化施工组织设计强调机械资源利用的实效性。因此说，二者的侧重点也不同。

2. 机械化施工组织设计的特点

由以上比较可以看出，机械化施工组织有其自身的特点。

(1)机械化施工组织的宗旨，是最大限度地保持机械作业的均衡性和连续性。

(2)机械化施工组织的重点，是机械资源配置的合理性、实效性和利用率。

(3)与施工组织设计比较，组织内容单一。

(4)机械化施工组织具有从属性。即机械化施工组织是在施工总进度计划的基础上进行的，服从并从属于施工总进度计划的机械作业时间安排，它是为了总进度计划顺利实施而进行的组织活动。

(5)机械化施工组织以资源组织为主。施工组织主要以“计划组织”为主，需要安排各项生产活动的次序和时间，确定计划工期；机械化施工组织主要以“资源组织”为主，主要是合理配置各项施工活动的机械资源，解决机械设备资源的合理配置和有效利用问题。

二、机械化施工组织设计的内容

对于一个工程项目来讲，为了保证工程质量和进度，有时业主在招标文件中，针对施工过程中某些关键环节的主要机械设备配置提出一些具体的要求，如机械或设备的规格、型号及生产率等。通常承包商在进行机械化施工组织时，首先，应满足招标文件或设计文件提出的要求；其次，才能根据施工方案及施工总进度计划合理地进行机械化施工组织。内容如下：

1. 机械化施工总体组织内容

(1)制定机械设备供应计划。

(2)组建机械设备资源管理机构，确定机械作业流程、方法及操作规程。

(3)确定重点工程的机械化施工方案，合理配置机械设备。

(4)合理进行机械化施工场地布设。

(5)确定各季度计划台班数量，制定主要机械的作业计划。

2. 主要分部、分项工程机械化施工组织内容

(1)合理配置与组合分部、分项工程的机械设备。

(2)确定机械作业流程、方法及操作规程。

(3)合理布设机械作业现场,保证安全生产。

(4)制定分部、分项工程机械作业计划。

三、机械化施工进度图的编制

1. 确定主要机具、设备作业计划

主要机具、设备的供应计划反映了完成合同段的全部施工任务所需要的机种,以及各机种的需要量、规格型号、作业开始及结束时间和各机种作业的延续时间。它是机械化施工组织的基础,也是优化设备资源,协调、调度和安排机械作业的依据。主要设备机具的供应计划根据施工总进度计划制定。下面以混凝土路面施工为例,说明主要机具、设备作业计划的确定方法。

比如,某工程混凝土路面的工程量为 $50000m^2$,由施工总进度计划中查出,完成混凝土路面的计划工期(作业周期)为 160d,从 4 月 1 日开工到 9 月 10 日结束。试确定完成该项施工任务需要的机种及其台数以及各机种的作业量。

(1)首先根据施工进度图中的时间坐标进程,逐月统计每月已(或应)开工的施工任务(平行作业)的个数,并确定和记录各施工任务的开工和结束时间。本例中未列出从 4 月 1 日到 9 月 10 日这一时段内与混凝土路面平行作业的其他几项施工任务。

(2)按各施工任务的实际工程量和相应机械台班消耗定额列出完成该任务需要的机种,并分别计算各种机械的作业量。

根据公式(4-2)及《公路工程预算定额》定额可知,完成该项施工任务所需主要机种及其作业量如下(算法同前或在编制进度计划时记录以下内容):

250L 搅拌机(主导机械):$D_A = 662$ 台班;

真空吸水机械:$D_B = 174$ 台班;

混凝土切缝机:$D_C = 173$ 台班。

(3)根据公式(4-4)及各种机械的作业量、作业周期并考虑作业班制及工作面等条件,确定完成每项施工任务时各种机械的需要量。假定采用一班制作业,需要各机种数量为:

250L 搅拌机(主导机械):$R_A = \dfrac{D_A}{nt_i} = \dfrac{622}{1 \times 160} = 3.89 \approx 4$ 台/天;

真空吸水机械:$R_B = \dfrac{D_B}{nt_i} = \dfrac{174}{1 \times 160} = 1.08 \approx 1$ 台/天;

混凝土切缝机:$R_C = \dfrac{D_C}{nt_i} = \dfrac{173}{1 \times 160} = 1.08 \approx 1$ 台/天。

(4)按以上方法确定每一项施工任务的机种及各机种的作业量和每天需要台数,再逐月汇总各施工任务(指每月平行作业的施工任务)施工时需要的相同机种及其台数和每日需要台数,即可制定出整个项目的主要机具、设备计划。如类似于表 6-1,路基填方工程机械作业计划表。

路基填方工程机械作业计划表 表6-1

机种名称	施工任务	所需机械台数																			
		9月																			
		9	10	11	12	13	14	15	16	17	18	19	20	21	22	23	24	25	26	27	28
推土机	清除障碍	9	9	5	5	5	5	5	5	5	5	5					9	9	8	8	8
	表层剥土			4	4	4	4	4	4	4	4	4	4	4					5	5	5
	排水	1	1	1	1	1	1	1	1	1	1	1	1	1							
	挖掘									1	1	1	1	1	5	5	7	7			
	铺平									1	1	1	1	1	1	1	1	1			
	清运便道	2	2	2																	
铲运机	表层剥土			4	4	4	4	4	4	2	2	2									
	挖掘								6	6	6	9	9	9	8	8					
	表面终压													1	1	1	1	1	1		
	便道铲土	1	1	1																	
羊足碾	碾压							1	1	1	1	1	1	1	1	1	1	1			
平地机	表面刮削			1	1	1	1	1	1	1	1										
	铺平							1	1	1	1	1	1	1	1	1	1	1			
	表面精加工															2	2	2	2	2	2
挖掘机	挖掘							2	2	2	2	2	2	2	2	2	2	2			
	排水			1	1	1															
翻斗车	排水				6	6	6	6	6												
	挖运										9	9	9	9	9	9	9	9			
压路机10t	表面终压															1	1	1	1	1	1
压路机20t	表面终压															1	1	1	1	1	1

2. 施工主导机械的横道图编制步骤

主导机械横道图应与总进度计划的总体安排一致，在总进度计划的基础上绘制，步骤如下：

（1）根据施工总体进度计划，在横道图中按施工次序列出采用机械化施工且由主导机械控制施工进度的作业项目名称，并将主导机械的机种列入主导机械栏内，如图6-1；

（2）在施工总进度计划中，查出以上各作业项目的开、竣工时间（与总进度计划一致）及作业周期，并确定每天需要台数，如图6-1中横线上方的数字；

（3）按各作业项目的开、竣工时间及作业周期（与总进度计划一致），绘制主导机械的横道图。

3. 其他某种机械横道图的编制步骤

某种机械横道图应与总进度计划的总体安排一致，仍在总进度计划的基础上绘制，步骤如下：

（1）根据施工总体进度计划，列出使用该种机械的所有作业项目，并按其实际工程量和机械台班消耗定额确定各作业项目的作业周期及作业量（与总进度计划对应并一致），如图 6-2 中“台班数量”中数字。

序号	作业项目	工程量	单位	台班数量	作业周期	主导机械作业进度（月）										主导机械
						1	2	3	4	5	6	7	8	9	10	
1	准备工作	2714	m^2	90	45	2										载货汽车
2	汽车运材料	6147	m^3	2140	194				11（台）							载货汽车
3	集中土方开挖	53471	m^3	182	90				2							挖掘机
4	汽车运土石方	63714	m^3	1452	121			12								自卸汽车
5	桥梁混凝土	1436	m^3	120	120					1						搅拌机
6	管涵安装	625	m^3	68	68						1					起重机
7	板涵安装	382	m^3	45	45							1				起重机
8	沿线设施安装	253.5	t	120	60									2		电焊机

图 6-1　某工程主导机械作业横道图

（2）在横道图中按施工次序列出所有采用该种机械施工的作业项目，并依据开竣工时间、作业周期（与总进度计划对应并一致）绘制该种机械的横道图。如图 6-2 所示。

序号	作业项目	工程量	单位	台班数量	作业周期	主导机械作业进度（月）										主导机械
						1	2	3	4	5	6	7	8	9	10	
1	准备工作	2714	m^2	40	45	1										电焊机
2	汽车运材料	6147	m^3	0	194				0							电焊机
3	集中土方开挖	53471	m^3	0	90				0							电焊机
4	汽车运土石方	63714	m^3	0	121			0								电焊机
5	桥梁混凝土	1436	m^3	120	120					1						电焊机
6	管涵安装	625	m^3	68	68						1					电焊机
7	板涵安装	382	m^3	45	45							1				电焊机
8	沿线设施安装	253.5	t	120	60									2		电焊机

图 6-2　某工程电焊机施工横道图

4. 关于机械化施工的网络计划

由于一般的网络计划只反映各施工任务的逻辑关系，不能在图上直观地反映各施工任务的时间进程，即各施工任务的开工和结束时间。所以，绘制机械化施工作业项目的一般网络计划现实意义不大，只有运用计算机技术绘制挂接资源的网络图，并利用计算机进行机械需要量统计和筛选后才有可能进行机械化施工组织。若将一般网络计划转变成挂接资源的时标网络，便能直观反映出平行的施工作业项目的开始、结束时间及施工过程的时间进程。据此，利用网络计划各线路的机动时间进行合理的机械资源平衡和调度，挖掘机械潜力，才有现实意义。这样，才能有的放矢地提高施工机械的利用率，保证机械化施工的连续性和均衡性。这也是利用计划内机械资源调控施工进度，科学地进行机械化施工组织的极为有效的方法。

四、经济车辆数的确定

在机械化施工中，运输车辆常与其他机械设备搭配组合进行综合机械化施工作业。这种组合方式在施工过程中运用较多，所占的机械使用费也比较高。如果运输车辆不能与其他机械设备进行最佳匹配，就势必会造成一定的机械费用损失或浪费。现以土石方运输车辆与挖掘机或装载机的匹配为例，说明其最佳和经济匹配方法。

1. 一般方法

1）铲斗容积比的选择

挖掘机和汽车的利用率达到最高值时的理论铲斗容积比（汽车容量与挖掘机斗容量之比）随着运距的增加而增大，随着汽车平均速度增快而减小。亦即随着汽车循环时间的增加而提高。当运距为1～2.5km时，理论铲斗容积比为4～7；运距在3～5km时，为7～10。目前，结合我国自卸汽车容量较小的情况，可取3～5，最大不超过7～8。实践表明，铲斗容积比宜取低值，但车厢不能过小，否则容易损坏车厢或因装载不便而延长装卸时间。

2）汽车载质量的利用程度

汽车载质量的利用程度与铲斗容积比、汽车载质量或车厢容积以及土的密度等因素有关。装满自卸汽车车厢所需铲装次数n，一般应满足下列条件：

$$\frac{Q}{W} \geqslant n \leqslant \frac{V}{V_1} \tag{6-1}$$

式中：Q——自卸车的载质量（t）；

W——铲斗中土的质量（t）；

V_1——铲斗中土的松方容积（m^3）；

V——铲斗容积（m^3）。

车辆载质量的利用程度是考核配套合理性的一个重要指标。一般与挖掘机、装载机配套适宜的车辆，其铲装次数在3～5范围内。

（3）经济车辆数的确定

当一台挖掘机或装载机配套自卸汽车时，其经济车辆数N为：

$$N = \frac{T}{t_1} \tag{6-2}$$

式中：T——自卸汽车的工作循环时间，可由下式计算：

$$T = t_1 + t_2 + t_3 + t_4$$

式中：t_1——用装载机械装满一车厢所需时间（min）；

t_2——重车运输行驶时间和空车返回的行驶时间（min）；

t_3——在卸料点倒车转向和卸料的时间（min），如表6-2；

t_4——在装载机械旁的调车时间（min），如表6-3。不包括因等候装车耽误的时间。如果计算因等候装车耽误的时间，应按实际发生的时间（或平均时间）计算。

倒车和卸车时间 t_3(min) 表 6-2

作业条件	后卸车	底卸车	侧卸车
顺利	1.0	0.4	0.7
一般	1.3	0.7	1.0
不顺利	1.5~2.0	1.0~1.5	1.5~2.0

调车时间 t_4(min) 表 6-3

作业条件	后卸车	底卸车	侧卸车
顺利	0.5	0.15	0.15
一般	0.3	0.5	0.5
不顺利	0.8	1.0	1.0

一般取大于上式计算结果的整数,以使运输车辆略有余地。车队生产率应取挖掘机或装载机的生产率为宜。在生产率计算中,应计入配套机械的时间利用率,使其符合实际情况。

2. 优化方法——排队论法

在上述计算车辆数量的公式中,是以装车时间和行驶时间均是固定不变为前提的。但在实际生产过程中,车辆的工作循环时间不一定保持相等,往往是排队等候装车或无车可装,这意味着装载机的不合理使用。显然这种算法的计算结果不够精确,但作为估算,还是简单实用的,可根据实际情况适时作出调整达到理想效果。

工程实践表明,采用排队论法求出的机械实际生产率和最经济的车辆数比较符合实际的生产状况。

运用这一方法时,认为装载时间出现的概率呈泊松分布或指数分布。设 N' 为车队中汽车的车辆数;a 为汽车的平均到达率,以每小时达到的次数计(按无延误计算,不包括装车时间);L 为挖掘机每小时平均装车辆数;$\gamma = a/L$ 为每小时到达率与每小时装车辆数的比值。设 P_0 为挖掘机无车可装的概率;P_t 为挖掘机有一辆车或 n 辆车可装的概率。则在挖掘机前不是无车可装,就是有一辆车可装,其概率 P_0 和 P_t 之和必须为 1,因此:

$$P_0 = 1 - P_t \tag{6-3}$$

为了计算 P_0 和 P_t 值,可先按下述方法求出 γ 值:

$$\gamma = \frac{a}{L} = \frac{t_1}{t_2} = \frac{V}{Q_W t_2} \quad \left(\text{其中 } a = 1/t_2; L = \frac{1}{t_1} = \frac{Q_W}{V}\right) \tag{6-4}$$

式中:Q_W——挖掘机的生产率;

V——汽车车厢的堆装容积。

挖掘机无车可装的概率 P_0 和有车可装的概率 P_t 取决于汽车的辆数 N 和 γ。P_0 值可用式(6-5)计算:

$$P_0 = \left\{\sum_{i=1}^{N} \frac{N!}{(N-i)!}\gamma^i\right\}^{-1} \tag{6-5}$$

挖、运机群可能达到的生产率 Q 可用式(6-6)计算:

$$Q = 1.03 Q_W P_t \tag{6-6}$$

式中:Q_W——挖掘机的正常生产率;

1.03——计算值与现场实测值比较的校正系数。

故与一台挖掘机配套的最适宜车辆数的近似值 N'可由式(6-7)计算：

$$N' = \frac{1}{\gamma} \tag{6-7}$$

在沥青混凝土、水泥混凝土面层机械化施工中，也可用此法求得经济车辆数。

五、施工机械的使用与维修管理

1. 施工机械的使用管理

施工企业购买机械设备的目的是为了在使用中改善劳动条件、降低劳动强度、创造经济效益。施工机械的使用价值也只有在施工过程中才能体现出来。因此，企业对施工机械的使用管理水平的高低直接影响企业的经济利益。

1)企业合理使用机械的三个标志

施工机械使用管理的终极目标是使施工机械“合理使用”。所谓“合理使用”的标志是：

①高效率。机械使用必须使单机或综合化作业的主导机械的生产技术性能得以充分发挥。

②经济性。在可能的条件下，使单位实物工程量的机械使用费成本最低。

③设备不正常损耗防护。设法采取防护措施，避免机械性能不正常损耗现象的发生。如施工机械因使用不当或缺乏应有保养措施引起的早期磨损、过渡磨损或事故损坏等终将导致施工机械效率降低，施工生产率下降。

2)合理使用机械的基本要求

(1)执行“人机固定”原则，实行“定机、定人、定岗位职责”的三定制度。

(2)按最佳经济运行条件选择和配套特定施工方案的施工机械设备。针对特定的施工方案选择配套机械时，应处理好配套与效率的关系，把握配套要点，合理进行机械配套方案的技术与经济比较，按最佳经济运行条件选择配套方案。

(3)按照机械实际的运行工况合理使用机械设备，充分发挥机械的使用性能。通常不能按照机械的实际运行工况合理选用机械的现象有：低载、低负荷使用(大马拉小车)；高载、高负荷使用；降低机械的性能范围使用(大材小用)；超越机械的性能范围使用。

(4)合理采用技术服务措施，防止机械受到不正常因素损耗，保证机械设备正常投入使用。即严格执行磨合期规定，注意换季保养，对于以电动机作为动力的机械，还要注意供电质量。

3)施工机械使用状况评价

由于机械的使用状态对工程进度和效益的影响很大，特别是施工主导机械的使用状态直接影响着工程进展的速度。所以，在施工机械的生产管理过程中，首要解决的问题是评价自备或租赁机械设备的使用状况，统筹优化和合理利用可供利用的机械设备资源，以保证施工生产的顺利进行。

每台机械的使用状况好坏，通常从以下四个方面进行评价：

(1)机械作业效率对施工进度和质量有无影响。

(2)出现故障和需要维修的频率(涉及机械利用率)对施工进度和质量有无影响。

(3)机械的使用状况对施工质量有无影响。

(4)使用中影响安全和环境的程度。

2. 施工机械维修管理

施工机械的维修管理主要指按照机械固有的运行规律所进行的维修和保养。通过维修保养补偿机械设备的有形损耗,恢复机械正常和应有的使用性能,其目的在于使施工机械经常处于完好状态,延长机械的使用寿命和利用率,力求最大限度地发挥各台机械的效能,从而能够正常、连续地为施工项目服务。

我国现行的维修制度是计划预期检修制,包括保养与检修两方面的内容,二者采用的技术措施以及实施目的和作用均不相同。其中,保养分为日常保养和定期保养两种方式。

1)日常保养

(1)每日保养

它是指每天开始运转和运转结束后必须做的保养,由机械操作人员和辅助操作人员共同负责完成,包括擦拭、检查、调整、补充燃料、补充润滑油脂和补充冷却水等方面。

(2)每周保养(一级保养)

它是指对每日保养所做不到的润滑油补充、离合器和制动器调整等保养工作,必须通过每周保养一次来实现。保养工作除操作人员外,还需机械师进行指导,以便及早发现漏油、裂缝、螺栓螺母的松动及反常发热等异常现象,并清理机械、记录结果、填报记录。

(3)每月保养(二级保养)

该种保养主要在当地的机械维修基地由机械师和操作员进行检查和保养。除更换一些零部件外,还应拆卸一部分外围部件进行保养。同时记录结果,填报记录表。

(4)润滑管理

机件长期得不到润滑是发生机械故障的主要原因。润滑工作一般按机械使用说明书所记载的标准执行即可。如有特殊要求或运转条件时,应和机械制造厂家协商,采取适当的维护保养措施。

2)定期保养

通过检查、调整、紧固和消除所发生的故障来恢复机械工作能力的保养。这种保养要求将机械置于防风、防尘的专用封闭场地,在机械师指导下进行。

3)定期中、大修

指以整机为对象所进行的关键部分恢复性修理或全面、彻底的恢复性修理。

总之,施工机械维修和保养的好坏,直接影响施工机械的利用率和作业效率。正确维持施工机械的使用性能使其处在正常的作业状态,是保证施工机械作业的先决条件。因此,合理制定机械的维修保养计划并适时进行施工机械的维修保养,也是提高生产效率、保证生产秩序、降低施工机械使用费的有效途径。

第三节　公路施工机械

组织公路机械化施工主要解决两个问题,即施工机械的选型和配套。而了解和熟悉施工机械的技术性能与特点、熟知施工机械的合理应用条件与范围,是保证机械选型与配套合理性的先决条件。本节主要介绍公路施工机械及其技术性能与特点。

一、路基工程机械

1. 推土机

推土机是浅挖及短距离运土的铲土—运土机械，分为履带式和轮胎式两种类型，按工作装置形式又有直铲和斜铲之分。推土机的基本作业分为铲土、运土、卸土和空回四个工作过程。其中，运土作业又有沟槽推土法、并列推土法和下坡推土法。

在路基施工过程中，推土机的作用主要是：填筑坝堤，开挖路堑和河道，清除杂草树根，进行土、石及渣土推运，平整场地或回填，堆积路用散料等作业。有时也进行轻微碾压、牵引作业。

推土机的驾机人员一般为2名。经济运距为20～50m，当推土机运土距离过小或超过75m时，其生产效率会显著下降，一般情况下不超过100m。

推土机的使用范围：铲运软土、挖松冻土和硬土、劈挖风化岩石等。

2. 铲运机

铲运机是一种能综合完成铲装、运输、卸土三个工作过程的土方机械，并兼有一定压实作用和平地性能。铲运机分为拖式和自行式（双驱或单驱）两种类型，以循环作业方式运送土方。通常考虑施工效率、地形条件和机械磨损等因素确定铲运机的运行路线，常用的运行路线有椭圆形、“8”字形、螺旋形和“之”字形。铲运机的基本作业分为铲装、运输、卸土和回驶4个工作过程。其中，铲土的方法又有一般铲土法、波浪式铲土法、跨铲铲土法、下坡铲土法和顶推铲土法。铲运机的驾机人员一般为2名。

在路基施工中，铲运机主要用于填筑路基和开挖路堑。其经济运距与斗容的大小成正比，一般小斗容（$6m^3$以下）铲运机最短的运距不小于100m，最长不应超过350m，最经济运距为200～300m；大斗容（10～$30m^3$）自行式铲运机最小运距不小于800m，最长运距可达2000m。

铲运机的适用范围：铲运机适合在Ⅰ、Ⅱ级土壤中施工，Ⅲ、Ⅳ级土应预松。最适宜在含水量低于25%的砂土和黏土中作业，不宜在潮湿或沼泽地段以及干燥的粉砂土或夹带岩石的土中作业，同时，当下坡角超过7°～8°时，其作业效率会显著下降。

3. 平地机

平地机是一种以刮刀为主，并配以其他多种可置换作业装置进行土地平整和整型作业的公路工程施工机械。分为拖式和自行式两种类型。平地机的基本作业有刮刀刀角铲土侧移、刮刀刮土侧移、刮土直移和机外刮土四种方式。一般机上驾驶人员为2名。

平地机的使用范围：在路线施工中，可完成修整路基断面，填筑低路堤，开挖边沟，平整场地，路拌或摊铺路面材料，回填沟渠，整修路拱，精确整平，推送杂草、积雪、松土和修刷边坡等作业。

通常与平地机匹配的机械有碾压和运输机具。

4. 单斗挖掘机

挖掘机是挖装土石或挖弃土石的土方施工机械。按工作装置分为正铲、反铲、拉铲和抓铲挖掘机；按行走装置分为履带式和轮胎式两种类型。

挖掘机的基本作业由挖掘、回转、卸料和返回四个工作过程组成。正铲挖掘机可进行正向或侧向开挖作业，适用于挖掘停机面以上的Ⅰ、Ⅱ级土和爆破后的Ⅴ、Ⅵ级岩石；反铲挖掘机可完成沟端或沟侧开挖作业，适用于挖掘停机面以下的Ⅰ、Ⅱ级土和爆破后的Ⅴ、Ⅵ级岩石；拉铲挖掘机其作用半径较大，适用于挖掘停机面以下的Ⅰ、Ⅱ级土，多用于较大的沟渠及采料场开挖、水下挖砂或进行填筑路基、堤坝等作业；抓铲挖掘机适用于在深井和边坡陡直的基坑里水下作业，挖掘一般土壤或砂砾等松散物料。在公路工程中，挖掘机一般主要完成开挖路堑、填筑路堤两项作业，有时也可进行轻微的吊装作业。

挖掘机的使用范围：它主要挖掘Ⅰ～Ⅳ级土以及爆破后不大于斗容的石块。常与挖掘机匹配的施工机械为自卸汽车。

5. 装载机

装载机是一种可以循环进行装载作业的施工机械，分为履带式和轮胎式两种类型。装载机的基本作业由铲装、转运、卸料和返回四个工作过程组成。可以进行松散物料铲装作业、推运堆积作业和铲运松软土壤等作业。

装载机的驾驶人员为：履带式2名；轮式斗容$2m^3$以内1名，$3m^3$以上2名。当采、装、运循环作业时间不超过3分钟时，可作为铲运机具使用较为经济。通常与装载机匹配的施工机械是自卸汽车。

6. 压实机械

压实机械是一种利用机械自重、振动和冲击等作用对压实对象重复加载，减小内部空隙使其达到一定密实程度的施工机械。压实机械按加载方式分为静力式、振动式和冲击式；按行走方式分拖式或自行式压路机；按轮碾的表面特征分为光轮和凸块式压路机（又称羊足碾）。压路机主要完成路线施工时的压实作业。一般振动及光轮压路机需要1名驾驶人员；拖式或羊足碾及振动碾需要2名驾驶人员。

压路机的使用范围：

（1）静力式光轮压路机　轻中型一般多用于路面压实，重型多用于路基压实。进行路基压实时，适用于压实干容重要求较低的黏性土、砂砾料、风化料和冲击砾质土；还可用于稳压或整理性压实作业。

（2）羊足碾　具有较大的单位压力，多用于路基或填土的初压工作，特别是对于粒度不均匀的黏性土压实效果最好，忌压非黏性土和高含水量黏土。

（3）胶轮压路机　适用于压实黏性土及非黏性土中的壤土、砂壤土、砂土和砂砾料，尤其是对沥青混凝土具有良好的压实效果。

（4）振动压路机　俗称振动碾，主要用于压实非黏性土，有效压实深度可达1m。减振后可按光轮压路机使用，适用于不同的土质条件。

（5）各种夯　适用于压路机无法作业的局部压实。

7. 岩石爆破机械

在钻孔作业中，采用的机械设备主要是空气压缩机、凿岩机和穿孔机。凿岩机钻进小直径炮孔，穿孔机钻进大直径炮孔。

二、路面施工机械

1. 稳定土拌和机

稳定土拌和机是一种直接在施工现场将稳定剂和土或砂石均匀拌和的专用自行式机械。

有履带式和轮胎式两种类型。主要完成无机混合料的拌和作业、旧路面铣削作业，还可用于处理软化路基。通常采用路拌法施工时才使用稳定土拌和机，它与平地机及压实机具直接匹配，一般进行高等级公路的底基层或低等级公路的基层、面层施工。

2. 稳定土厂拌设备

稳定土厂拌设备是专门用来拌和各种以水硬性材料为结合剂的稳定混合料拌和机组。根据生产率的大小，稳定土厂拌设备分为小型（生产率小于200t/d）、中型（生产率200～400t/d）、大型（生产率400～600t/d）和特大型（生产率大于600t/d）4种。采用厂拌法施工时使用该种设备，主要完成底基层、基层混合料的拌和作业。在作业过程中，与该设备直接匹配的施工机具为装载机和运输车辆。

3. 稳定土摊铺机

稳定土摊铺机是用来摊铺稳定土的专用机械，它可一次完成摊铺、初步成型和捣实3道工序，是一种高效的路面施工机械。摊铺机配合拌和设备、自卸汽车及压路机进行联合作业，即可完成基层施工的全部工作。

4. 沥青混合料拌和设备

沥青混合料拌和设备是在规定温度下通过加热方式拌和沥青混合料的专门设备，分为固定、半固定和移动式3种类型。固定式适用于工程量集中的长距离路面工程；半固定式适用于工程量较大的养护工程和工程量较小的改建工程，如匝道、连接线；移动式适用于路面局部修补和养护。

通常与沥青混合料拌和设备直接匹配的施工机械有运输车辆和装载机。

5. 沥青混合料摊铺机械

沥青混合料摊铺机械是专门摊铺沥青混合料的设备，同样，它也可一次完成摊铺、初步整平和捣实3道工序，是一种既能满足工艺技术要求，又能保证施工质量和进度、高效实用的路面施工机械。沥青摊铺机与拌和设备、运输车辆、压路机协同作业可完成路面面层施工的全部工作。施工过程中，与摊铺机直接匹配的施工机械是运输车辆和压路机。

6. 水泥混凝土摊铺设备

水泥混凝土摊铺设备是在水泥混凝土路面施工过程中专门摊铺水泥混凝土拌和料的设备，分为轨道式和滑模式两种类型。与该设备组合的施工机械主要为装载、拌和、运输设备和其他小型机械，如振捣棒、真空吸水机、切缝机、拉毛机等。

三、水泥混凝土机械

1. 水泥混凝土拌和站（机）

该设备是拌和混凝土混合料的专用装置，分为装配式、整体移动式和汽车式三种类型。其中，装配式适用于工程量较大的集中工程或一定范围内的零星分散工地所需的混凝土拌和料；整体式一般用于中小型施工现场的混凝土拌和；汽车式适用于小型现浇构件。通常与混凝土拌和站（机）配合的主要机械为运输及混凝土成型所需机具设备。

2. 混凝土运输机械

它是指运送混凝土拌和料的运输设备。主要有专用混凝土搅拌运输车、小型翻斗车、泵送混凝土和输送带等形式。混凝土搅拌运输车主要实现长距离运送及现场应急零星搅拌；泵送混凝土适用于工程量较大的集中工程的场内水平(距离200～700m)或垂直(单级泵送距离100m)运输;小型翻斗车适用于小型预制厂或中、小型集中工程的混凝土拌和料运送。

四、水平运输机械

它是指在水平方向上实现土石方或物资水平位移的机械设备,包括载货汽车、自卸汽车、手推车、拖拉机和混凝土输送带等。

(1)载货汽车(货车)。主要侧重于场外运输。

(2)自卸汽车。一般分为小型、重型和超重型载货汽车,通常与挖掘、装载或拌和机械配套使用,侧重于场内土方、材料等运输。

●第四节　施工机械选择与组合的原则●

一、施工机械选择的原则

机械选型的目的是为了针对具体施工方案和施工条件选择适宜的机械类型,使其既能保质保量地完成作业任务,又能充分发挥机械的性能优势及潜力,以期达到最佳的机械效益。

选择施工机械,一般应根据施工方案和施工机械实际的运行工况,按照施工技术规范和施工质量的要求,遵循下述原则进行选择:

1. 保证工程质量

根据工程的技术要求,考虑施工机械的技术性能是否与施工质量及技术规范的要求相适应,能否达到相应的施工质量要求。对于技术要求高的作业项目,应考虑采用性能优良或专用的机械,以保证工程质量和较高的生产率。但不可片面追求高性能专用机械,须在满足工程质量要求的前提下,考虑专用机械的适应性,避免降低机械的性能范围使用施工机械,造成机械损失。

2. 保证施工安全性

在工程施工中,机械应具有可靠性和安全性,如行驶稳定、有翻车或落体保护装置、防尘隔音、危险施工项目可遥控作业等。此外,在保证施工人员、设备安全的同时,应注意保护自然环境,对于施工现场及其附近已有的其他建筑,不应因采用机械施工而对其产生负面影响。

3. 充分体现经济性

施工机械经济性选择的基准是单位实物量成本,主要和机械固定资产消耗及运行费等因素有关。固定资产消耗与施工机械的投资成正比,包括折旧费、大修费和投资的利息等费用;而机械的运行费用则是与完成工作量成正比的费用,包括劳动工资、直接材料费、燃料费、润滑材料费、劳保设施费等等。一般在选择机械时,必须权衡工程量与机械费用的关系,同时要考虑机械的先进性和可靠性,这是影响经济效益的重要因素。如采用大型机械进行施工,虽然一次性投资大,但它可以分摊到较大的工程量当中,对工程成本影响较小。而采用先进的机械设备,由于其技术性能优良,构造简易,易于操作,故障与维修费大大降低,最终可取得较好的经济效益。

4. 保证施工机械的适应性

公路机械化施工的范围非常广泛，施工条件千变万化，选用施工机械时应从机械类型及机械的技术性能两方面考虑机械的适应性。其一，机械的类型及其技术性能应适合于工地的气候、地形、土质、施工场地大小、运输距离、施工断面形状尺寸、工程质量要求等。其二，机械的容量或生产效率要与工程进度及工程量相符合，尽量避免因机械生产效率不足或剩余造成延缓工期或低负荷作业现象。在条件允许的情况下，尽量选择最能满足施工内容的机种和机型。

5. 尽量选用系列产品

整个机械化施工中，应减少同一功能机械的品种类型，力求尽可能使用统一、标准化的系列产品，以便于维修和管理。

6. 拟选施工机械与其他配套机械的组合要合理可行

拟选机械在工作容量、数量搭配、生产效率及动力搭配方面，应与配套的组合机械彼此适应，协调一致。如挖掘机的斗容应与运输车辆的车厢容量保持适当的比例关系，一般以3～5斗装满车厢为宜。而运输车辆的生产率应略大于挖掘机的生产率，以求最大限度地发挥挖掘机的机械效能。

在实际的机械化施工组织过程中，一般在施工方案确定的情况下，选择施工机械除了满足上述原则外，还须考虑以下因素：

（1）在现有的或可能利用的机械中选择。

（2）满足施工需要，避免大机小用。

（3）合理选择主导机械，充分发挥主导机械的作用，力求组合机械最佳匹配。由于施工作业进度一般是以主导机械的生产能力为主来制定，或者说主导机械的生产能力决定着施工速度和进度，所以，要慎重选择施工主导机械，且以主导机械的生产能力为主配置辅助机械。此外，还应从全局出发，充分考虑主导机械的重复利用。

（4）工程量大时，选择大型机械；工程量小时，选择常规和标准机械。

二、施工机械选择的方法

在公路工程施工中，选择机械除了满足上述基本原则以外，还须根据机械的技术性能，结合施工方案的要求以及招标文件中有关技术规范、质量和进度的要求，针对施工项目的施工条件和实际情况，从下述几个方面出发，进行机械的合理选择。

1. 按作业内容选择机械

为了降低劳动强度，尽量使分部、分项工程所包含的每一项作业都有相应的机械完成。一般根据机械的使用性能和分部、分项工程的具体作业内容选择施工机械。可供路基工程各作业项目选择的施工机械见表6-4，供参考。

实践证明，通常中小型项目选择通用性较好的机械比较经济合理，大型项目要结合施工方案并针对具体作业内容慎重选择主导机械及配套机械，才能获得较好的经济效益。

2. 按土质条件选择机械

土石是机械施工的主要对象，其性质和状态直接影响施工机械作业的工效及成本等，因此，土质条件是选择机械的一个重要的依据。

路基工程施工机械选择表 表 6-4

工程类别	作业内容	可选择的机械设备
准备工作	1. 清基(包括清除树丛、草皮、黑土、岩基、冰雪)和料场准备; 2. 松土、破冻土(<0.2m)	伐木机、履带拖拉机和推土机、挖掘机、装载机、高压水泵、松土器、大犁、平地机
土方开挖	1. 底宽 >2.5m 的河渠、基坑、池塘、港口、码头、采土场等; 2. 小型沟渠和基坑	推土机、铲运机、挖掘机、装载机、冲泥机、吸泥机、开挖机、清淤机
石方开挖	1. 砾石开采	挖掘机、推土机
	2. 岩石开采	空气压缩机、凿岩机、穿孔机、爆破设备
	3. 石料开采	破碎机、筛分机
冻土开挖	河渠、基坑、池塘、港口、码头	推土机、冻土犁、冻土锯、冻土拍、冻土钻、冻土铲
土石填筑	1. 大中型堤坝、高质路基和场地等	推土机、铲运机、羊足碾、压路机、平地机
	2. 小堤坝、路基、梯田、台阶等	夯板碾压机、洒水车、推土机、铲运机、大犁
运输	1. 机械设备运输	火车、轮船、拖车、汽车、起重机
	2. 土石运输	推土机、铲运机、装载机、汽车
整形	1. 削坡	平地机、大犁、推土机、铲运机、挖掘机
	2. 平整	平地机、推土机、铲运机、大犁

1)按机械通行性选择施工机械

施工现场的便道、地形、土质及行驶质量状况对施工机械的作业效率影响较大,有时需要根据机械通行性选择施工机械。如地面潮湿、泥泞时,一般选用履带式机械,否则,可根据需要选择轮胎式。

2)按土的工程类别及特性选择施工机械

土的类别及软硬程度不仅对机械的通行性有影响,而且也左右着机械进行各种施工作业的可能性和难易程度。土的工程特性不同,施工时选择的机械也应不同。

为了便于根据土质的类别和特性选择施工机械,我们依据机械作业的难易程度将土划分为软土和硬土两类。其中,软土包括淤泥、流沙、沼泽土和湿陷性大孔隙黄土、黑土及软弱黏土(含水量较大)等;硬土包括较为干燥的黏土、砂石、砂粒石、软石、块石和岩石等。硬土开挖的施工机械可参考表 6-5 选择;软土开挖的施工机械可参考表 6-6 选择;各类土的压实机械可参考表 6-7 选择。

硬土开挖和运输机械选择 表 6-5

施工机械 土质	推土机	铲运机	正铲挖掘机	反铲挖掘机	装载机	松土机	开沟机	平地机	自卸汽车	底卸车	钻孔机	凿岩机
黏土和壤土	√	△	√	√	√	√	√	√	√	√		
砂土	√	√	√	√	√	√	√	√	√	√		
砂砾石	√	×	√	√	√	×	△	△	√	△		
软岩和块岩	△	×	√	△	△	×	×	×	√	×	√	√
岩石	×	×	×	×	△	×	×	×	√		√	√

注:√-适用;△ - 尚可用;× - 不适用。

软土开挖机械的选择 表6-6

施工机械 / 水分状况	通用推土机	低比压推土机接地比压(kPa)			水陆两用挖掘机	挖泥船
		19.6~29.4	11.8~19.6	<11.8		
湿地	△	√	√	√	√	×
轻沼泽地	×	√	√	√	√	×
重沼泽地	×	×	△	√	√	△
水下泥地	×	×	×	√	√	√

注:√-适用;△-尚可用;×-不适用。

各类土压实机械(机具)选择 表6-7

施工机械 / 土的名称	静力式压路机	自行轮胎压路机	牵引式轮胎压路机	振动压路机	羊足碾	夯实机	夯锤	推土机	沼泽地推土机
块石、圆石、砾石	△	△	△	√	×	√	△	√	×
砾石土	√	√	√	√	×	√	√	√	×
砂	√	√	√	√	×	√	√	√	×
砂质土	√	√	√	√	△	√	√	√	×
黏土、黏性土	△	√	√	×	√	×	△	△	△
黏性土、混石黏土	△	√	√	△	√	△	△	△	△
非常软的黏土、黏性土	×	×	×	×	△	×	×	×	√
非常硬的黏性土	×	△	△	×	√	×	×	√	×

注:√-适用;△-尚可用;×-不适用。

3. 根据运距选择施工机械

根据运距选择施工机械主要是针对铲运机械而言,考虑土的性质与状态,结合现场施工条件,参考表6-8选用。

土方运输机械的经济运距 表6-8

施工机械 / 经济运距	履带式推土机	履带式装载机	轮胎式装载机	拖式铲运机	自行式铲运机	轮式拖车	自卸汽车
经济运距(m)	<80	<100	<150	100~500	300~1500	>2000	>2000
道路条件	土路不平	土路不平	土路不平	土路不平	土路不平	平坦路面	一般路面

4. 根据气象及气候特征选择施工机械

气象条件也是影响机械施工的因素之一,如雨季、冬季施工时,将会导致施工机械的作业效率下降,若不停工时,更应注意选择机械的特殊性。

如雨或积雪融化会直接影响土的状态,使施工现场的机械通行性下降,影响作业效率。为此,在雨季施工时,如不停工,就不得不考虑用效率差的履带式机械代替干燥条件下效率较高的轮胎式机械进行作业。

冬季施工选择机械时，首先，应考虑施工机械的技术性能可否达到规定的技术和标准要求；其次，应选择适应于解破冻土和粉碎冻土的专用施工机械配合主导机械作业，如使用松土器、冻土犁松土、羊足碾碾压等。

有时也根据季节特征选择施工机械，如少水河流在汛期预计流量增大时，主梁吊装可采用架桥机，而干旱期可考虑吊车吊装等。

5. 考虑机械的作业效率对进度的影响

机械的技术状况（完好程度）及施工现场的施工作业条件，对机械生产能力（生产率）的影响较大，要注意在关键工程中配备作业效率较高的机械，以免影响施工进度。

三、施工机械组合的基本方法

在综合机械化组列（如路面施工的一系列配套机械）的施工过程中，协调均衡的配套关系是使综合机械化组列达到高效与经济运行的必要条件。可见，要想实现机械化施工的高效性和经济性，首先要使参与组合的各种机械之间配合协调，均衡作业。施工机械组合的基本方法主要有以下五方面。

1. 按招标文件及设计要求组合施工机械

在设计文件或招标文件的技术规范中，为了保证工程质量或满足设计上的技术要求，往往对施工方法及其主要机械的规格、型号及作业效率等提出了一些具体要求。进行机械组合时，首先要满足这些要求选择主导机械，然后以主导机械为主合理匹配其他施工机械。

2. 按合同工期要求组合关键工程的施工机械

关键工程的作业进度对合同工期的影响很大，它往往决定着施工进度的节奏和快慢程度。比如，在关键的大型土方工程或混凝土工程施工时，为了满足进度要求，施工主导机械宜选择大型机械设备，其他机械要以充分发挥主导机械的效能为原则进行选型配套。反之，工程量较小的非重点工程宜选用小型机械进行组合，以免机械效率损失和浪费。

3. 按满足施工方案要求组合施工机械

施工方案不同，所采用的机械设备也不同。机械选型与配套时，首先要与拟采用的施工方案相适应，选择主导及配套机械。其次，当施工方案的施工方法一定时，若按正常的施工组织条件和常规做法施工时，其主要机械设备也是一定的，如采用厂拌法进行路面面层施工时，其主要机械设备无非就是拌和站、摊铺机、运输车辆、压路机。这时只需满足质量和工期要求、按机械组合的原则组合施工机械即可。然后通过试验路段优化拟定的机械组合，并进行机械最佳匹配。

4. 按最佳经济运行条件组合施工机械

在施工过程中，当施工的主导机械一定时，为了充分发挥综合机械化作业的生产效率，必须以主导机械的作业效率为主，合理进行其他机械的选型和配套，要基本做到“既能充分发挥主导机械的作用，又能合理运用其他机械，避免机械效率损失，使综合机械化作用处在最佳经济运行状态”。

5. 按提高施工机械利用率为原则合理组合施工机械

在合同段的施工过程中，同一类型的施工机械也许在许多分部、分项工程中都要使用，因此，在进行某一分项的施工机械组合时，还要考虑这个分项工程采用的施工机械在其他施工项目中的重复利用问题,以便提高机械的利用率。

第五节　机械化施工方案

一、路基工程机械化施工方案

1. 路堤填筑

路堤填筑可按照横断面全宽分成水平层次,逐层向上填筑,即水平分层填筑法。如原地面不平,应从最低处分层填筑,每一层均应达到规定的要求后,再填筑上一层。对于原地面纵坡大于12%的地段,可采用纵向分层填筑法施工,即依纵坡方向分层填筑、压实,直至达到路基设计高程。水平分层填筑法是路基填筑的基本方法,它能保证路基填筑质量,也是路基机械化施工中被广泛采用的作业方法。

机械化施工路堤填筑工艺流程如图6-3所示。

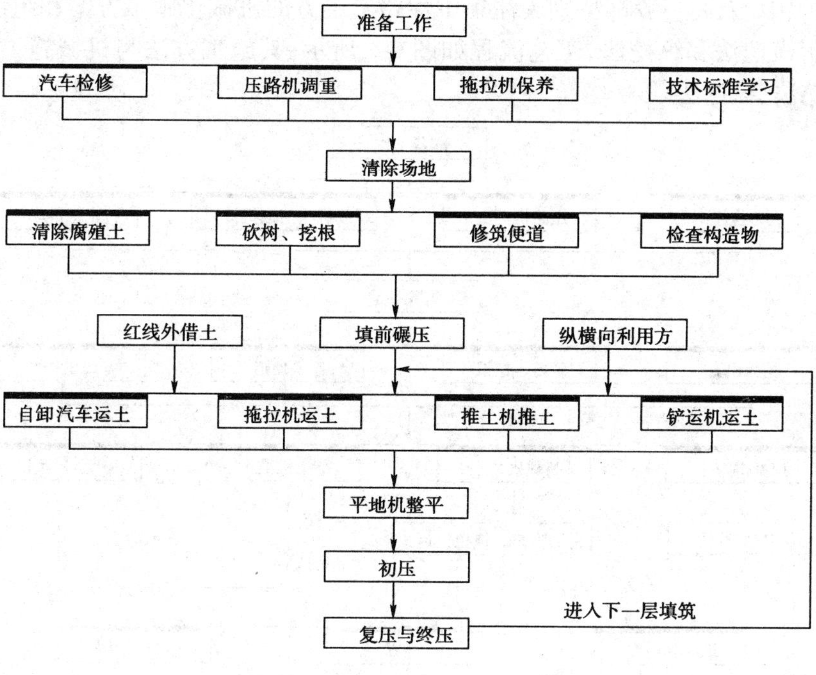

图6-3　机械化施工路堤填筑工艺流程图

路堤机械化施工中应注意以下问题:

(1)由以上工艺流程可看出,路基机械化施工的配套机械主要为运土、整平和碾压机械,施工时注意根据运距、路况及作业段长度、平地机作业效率等因素合理匹配运土经济车辆数,并根据土质特性选择适宜的压路机类型和匹配的压路机数量。

(2)不同土质的填料要分层填筑,不得混填,以免内部形成水囊或软弱面,影响路堤的稳定性。路堤上部受车辆荷载的作用较大,一般在上部填筑水稳性、冻稳性较好的材料。

(3)沿纵向同一层要改变填料种类时,应做成斜面衔接,且将透水性好的填料置于斜面的上面为宜。

(4)当透水性较大的土质填在透水性较小的土质之下时，如果两者的颗粒直径相差悬殊，应在层间加铺垫层；同时，其顶面应筑成4%的双向向外横坡，以免积水。

(5)填方相邻作业段交接处若同时填筑时，则应分层相互交叠衔接，搭头长度不得少于2m；若非同时填筑时，先填筑地段应按1∶1坡度分层留好台阶。

2. 路堑开挖

1)选择施工方案

路堑施工实际上是在挖方路段按设计要求进行土石挖掘，并将挖掘出来的土石运到路堤地段作为填料或者运往弃土地点抛弃的过程。路堑开挖边坡的坡度大小与路堑边坡的稳定性密切相关，如开挖边坡过陡，或施工中排水不良，或弃土堆离坡顶太近，都会引起边坡失稳，发生坍滑。

在山岭重丘区，路堑机械化施工的生产效率对总工期的影响很大，若施工方案不佳，机械选择与组合不当，不只是影响施工进度，还会造成巨大的机械损失和浪费，降低经济收益。所以，在施工组织中，人们一般都特别关注集中性路堑土方的机械化施工方案和组织措施。路堑施工一般采用横挖法和纵挖法，工艺流程如图6-4所示，其施工方法与机械施工的配置有关。下面介绍横挖法、纵挖法。

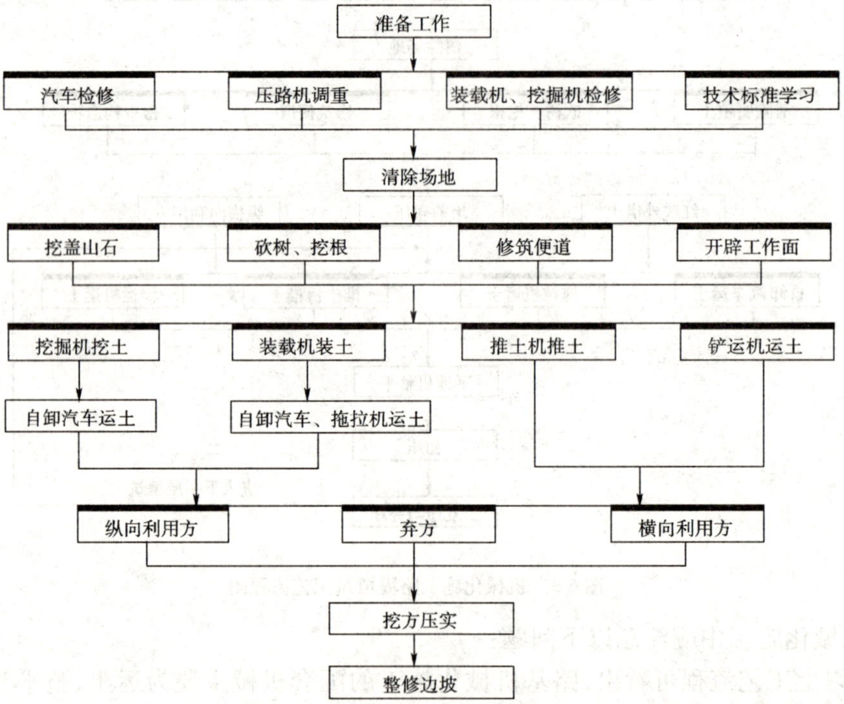

图6-4　路堑施工一般的工艺流程图

(1)横挖法　此法适用于距离较短的山体土方。一般从路堑的一端或两端按横断面全宽逐渐向前开挖。对于路堑较浅时，应一次挖到设计高程；当路堑较深时，可分成几个台阶用机械开挖。分层横挖可使工作面纵向拉开，多层多向出土。同时，可容纳较多的施工机械，加快施工进度。

(2)纵挖法　此法适用于距离很长的集中性土石方工程。如果路堑的宽度及深度都不大时,可采用分层纵挖法,即按横断面全宽纵向分层开挖;如果路堑的宽度及深度都较大时,可采用通道纵挖法,即沿纵向分层,每层先挖出一条通道,然后开挖两旁;如果路堑特别长,可采用分段纵挖法,即在适当位置将路堑的一侧横向挖穿,把路堑分成几段,各段再采用上述纵向开挖的方法。

2)机械化施工方法

路堑施工应选配适宜的施工机械,主要有挖掘机械、装载机械、运输机械等。机械的选用与组合应机动灵活,关键是与土质特性、经济运距等施工条件相适应,达到最佳经济运行效果。选择与组合路堑施工机械时需注意:

(1)根据工程量大小选择适宜的机械,确定其作业效率,注意各种运输机械的经济运距。

(2)挖掘机或装载机与自卸汽车联合作业时,要考虑挖掘机、装载机、推土机和铲运机对土质的适应性;同时需要根据运距、行驶条件、挖掘机与装载机的作业效率等因素确定自卸汽车的经济车辆数。

(3)挖方工程的工作面是随着挖方工程的深入逐步展开的,因此,应考虑工作面大小的变化,适时调整施工机械的投入量。

二、路面工程机械化施工方案

1. 沥青路面

目前,沥青混合料路面机械化施工一般采用的是综合机械化组列作业方式,主要是由拌和设备、摊铺机、自卸汽车和压路机组合而成的。

1)沥青路面施工步骤

沥青路面施工一般按以下步骤进行:

(1)确定料源并储备用料,检验进场材料质量;

(2)施工机械设备检查;

(3)铺筑试验路段;

(4)面层成型与养护;

(5)交、竣工验收。

2)铺筑试验路段

主要包括以下内容:

(1)根据机械设备组合匹配原则,合理确定沥青面层施工的机械种类、机械数量及其组合方式。

(2)通过试拌确定搅拌机的上料速度、拌和数量与时间、拌和温度等施工参数。

(3)通过试铺确定:

①透层沥青的标号与用量、喷洒方式和喷洒温度;

②摊铺机的摊铺速度、温度,摊铺宽度和自动找平方式;

③压路机的压实顺序、压实温度,碾压速度和碾压遍数;

④摊铺机的松铺系数、接缝方法等。

(4)验证沥青混合料配合比设计结果、确定施工配合比及沥青用量。

(5)确定粗粒式或沥青碎石面层的标准压实密度。

(6)确定施工产量及作业段长度,制定作业进度计划。

(7)全面检查材料及施工质量。

(8)确定施工组织与管理体系及其通信与指挥方式。

3)沥青面层的摊铺过程

(1)自卸汽车在沥青混合料拌和站装料后将混合料运至施工现场。

(2)自卸汽车倒车,使汽车后轮支靠在摊铺机前端的推动滚上,此时将汽车变速箱放在空挡位置。

(3)自卸汽车将部分料卸入摊铺机料斗内并输送至摊铺面,然后汽车与摊铺机联合作业,摊铺机以适当的速度推汽车前进,汽车边前进边卸料,而摊铺机边前进边摊铺。

(4)摊铺机摊铺的料层由振捣器初步捣实。

(5)熨平器对已铺好的料层进行最后的整平,可配合人工找平。

(6)压路机压实。

摊铺机在摊铺过程中可以沿前进方向连续施工,由于路面宽度问题使得摊铺机不能一次摊铺完成时,应根据路面宽度和摊铺机宽度在可调范围内进行摊铺。

2. 水泥混凝土路面

水泥混凝土路面机械化施工,是由拌和机械设备、自卸汽车、水泥混凝土摊铺机等主要机械设备组成的综合机械化施工作业系统。其施工主要过程如下:

(1)用搅拌机(或站)将砂、石、水泥、水等原料按施工配合比拌和成混凝土拌和料。

(2)用自卸汽车将水泥混凝土混合料运至铺筑地点,由摊铺机按一定的技术要求摊铺、振捣并初步成型路面。

(3)进行人工跟补并在适当的时候进行拉毛处理,经切缝、养生最终成型。

水泥混凝土路面施工工艺如图6-5所示。

在水泥混凝土路面施工中,由于拌和机械设备远离路面铺筑现场,综合机械化施工系统运行状况要受到机械性能、机械操作人员的技术水平、配套机械的运行工况、材料供应、自然环境等很多种不可预见因素的

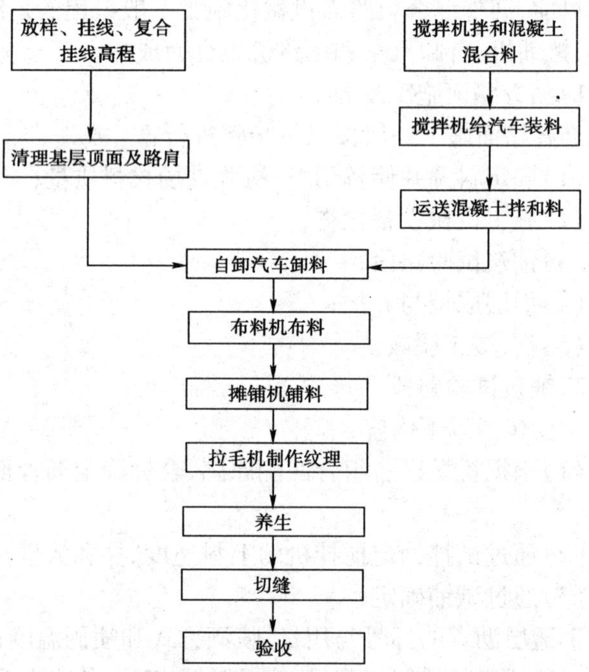

图6-5　水泥混凝土路面施工工艺框图

影响。因此，事先进行施工机械的合理选型，并保证最佳匹配，对于提高综合机械化施工的生产率和稳定性、降低工程成本具有十分重要的现实意义。

水泥混凝土路面综合机械化施工系统的理想运行过程是：当搅拌机刚好拌制一车水泥混凝土拌和料时，就有一辆自卸汽车刚好到达搅拌机装料；而摊铺机运行时，其前面始终恰好保持1～2车水泥混凝土拌和料。这样便可形成一个良性、高效的循环作业过程。

水泥混凝土路面机械化铺筑方式有两种：一种是轨道式摊铺机施工；另一种是滑模式摊铺机施工。限于篇幅，对两种机械的施工方法不再叙述。

三、桥梁工程机械化施工方案

桥梁工程机械化施工方案应考虑的因素有：桥梁上部结构的特点；地形、环境和水文地质条件；桥梁安装方案的安全性、经济性和施工进度要求；桥梁所在地的地理环境、气候条件、运输条件及临时用地等情况；施工企业的设备及施工技术水平等。只有综合考虑上述因素，权衡利弊，才可合理地选择施工方案。表6-9是在考虑桥梁的类型、跨径、施工技术水平、机具设备条件等因素后选择的方案，供选择施工方案时参考。

各种桥型可供选择的施工方案　　表6-9

桥梁 施工方案	简支梁	悬臂梁 T型刚构	连续梁桥	刚架桥	拱桥	组合体系桥	斜拉桥	悬索桥
现场浇筑法	√	√	√	√	√	√	√	
预制装配法	√	√		√	√	√	√	√
悬臂施工法		√	√	√	√	√	√	√
转体施工法		√		√	√		√	
顶推施工法			√		√		√	
逐孔施工法		√	√	√	√			
横移施工法	√	√	√			√	√	
提升与浮运法	√	√	√			√		

在组织桥梁的机械化施工时，首先，应根据施工质量与合同工期要求选择合理可行的施工方案；其次，应以施工方案及其施工方法的需要为主选择主要施工机械及其配套设备，并根据施工对象及其施工条件进行配套设备的组合优化，最终实现施工机械的最佳匹配。限于篇幅，下面仅以钻孔灌注桩基础施工为例，说明桥梁施工机械选择与组合的共性与方法。

钻孔灌注桩起源于欧洲20世纪40年代初期，我国20世纪50年代末期才开始使用。最初钻孔时使用人力推钻孔，后来逐渐出现了冲抓锥、冲击锥、正反循环回旋钻、潜水电钻等钻孔机械。钻孔孔径也从25cm发展到200cm以上。钻孔机械的适用条件见表6-10，可参考进行选择。

钻孔灌注桩的适用条件 表6-10

钻孔方法	适用范围			需否泥浆悬浮钻渣
	土层	孔径(cm)	孔深(m)	
人工或机动推钻	黏性土、砂类土、含少量砂砾石(少于30%,粒径小于10cm)的土	60~160	30~40	不需要
正循环回转	黏性粉砂,细、中、粗砂,含少量砾石,卵石(少于20%)的土,软岩	80~160	30~100	需要
反循环回转	黏性土,砂类土,含少量砾石、卵石(少于20%,粒径小于钻杆内径2/3)的土,软岩	80~120	真空泵<35 空气吸泥机<65	不需要
潜水钻机正循环	淤泥腐殖土、粉砂、砂类土	80~130	<50	需要
冲抓锥	淤泥腐殖土、密实黏性土、砂类土、砂砾石、卵石	100~200	>20m时,进度慢	不需要
冲击实心锥	黏性土、砂类土、砾石、卵石、漂石、较软岩石	80~200	<50	需要
冲击空心锥	黏性土、砂类土、砾石、松散卵石	60~150	<50	需要
振动钻孔	软土、黏性土、砂类土、砾石、松软卵石	25~50		不需要
人工钻孔	各种土石		<15	

钻孔的常用方法有3种,即冲击法、冲抓法、旋转法等。冲击法是用冲击钻孔或卷扬机带动冲锥,借助锥头自重下落产生的冲击力,反复冲击而使土石破碎或把土石挤入孔臂中,用泥浆浮起钻渣,或用抽渣筒或空气吸泥机排除钻渣而形成钻孔。冲抓法是用冲抓锥借助自身重力产生的冲击力,切入土层或破碎土层,叶瓣抓土、弃土以形成钻孔。旋转法是用人力或钻机,通过钻杆带动钻锥或钻头旋转切削土壤,使泥浆浮起排除钻渣形成钻孔。

钻孔灌注桩的施工工序是多变的,但主要的施工工序有埋设护筒、制备泥浆、钻孔、清底、钢筋笼制作与吊装、灌注水下混凝土。

钻孔桩施工的配套机械设备因钻孔方法不同而略有区别,但一般应包括钻进设备、吊装设备、清孔设备和搅拌、运输及灌注混凝土设备,有时还需要吸泥机及架设平台等,这些设备的选型及配套应符合施工机械组合的基本条件、原则与要求。

复习思考题

1. 机械化施工组织设计的主要任务是什么?
2. 机械化施工进度图与一般施工进度图的区别是什么?
3. 机械化施工组织设计的影响因素有哪些?如何消除这些不良影响?
4. 施工机械选择的原则和方法有哪些?
5. 施工机械组合的基本方法有哪些?
6. 路堤机械化施工中应注意哪些问题?
7. 简述经济车辆数的确定方法。

第七章

公路施工组织设计案例

公路施工组织设计可分为标前施工组织设计和标后施工组织设计。本例编制的是吉林省营城子至西丰一级公路营城子至伊通河大桥段第1合同段的标前施工组织设计。这类施工组织设计要求高，它反映了施工企业综合实力水平，也反映了企业的竞争力和企业素质。所以编制这类施工组织设计要求人员有较高的综合素质。为适应教学要求，对原工程作了适当的简化。

一、工程概况

营城子至西丰一级公路营城子至伊通河大桥段是吉林省公路网规划的一部分。路线起点位于伊通县营城子镇长营高速公路终点，终点为伊通河大桥。起点处与长白公路设互通式立体交叉一处，匝道全长3955.487m。营城子至伊通河大桥段长为1.64544km，主线长度为0.845864km。该路线由福财村至伊通河，主要构造物有：主线有大桥1座，小桥1座，涵洞5道；互通式立体交叉中有跨线桥2座，小桥1座，涵洞6道；其他工程有小桥1座，渡槽1道。

1. 地理位置及气象水文

营城子至西丰一级公路营城子至伊通河大桥段，位于辽源地区与四平地区伊通县交界处，地貌为山间河流冲积平地，主要河流为伊通河，地表多为水田，少部分旱田。气候属大陆性气候，夏季短冬季长。最高月平均气温23℃，最低月平均气温-17℃；历年最大降雨量880.5mm，多集中于七、八两月；冬季常刮西北风，夏季转为南风，三、四、五月风力最大3~5级；每年十月上中旬（初雪）至翌年四月上旬（终雪）为冰冻期，结冰期五个月，标准冰冻深度1.60m，气候严寒根据中国自然区划属II_2区。

2. 主要技术标准

（1）公路等级：一级汽车专用线。

（2）路基设计宽度：25.5m（主线里程指横断面为25.5m路段，长度为0.893174km）。

（3）桥涵设计荷载：汽车超—20级，挂车—120。

（4）桥面宽度：净2×10m。

3. 主要工程项目及数量

1）路基土石方工程

挖土方：39703m^3；挖除非适用材料：19600m^3；填土方：67185m^3；填石方：220845m^3。

2）软土地基处理

换填山皮石：38419m^3；换填砂砾396m^3。

3)路面工程

(1)15cm 砂砾垫层:37080m^2。

(2)石灰水泥稳定山砂底基层:15cm 厚 16261m^2;20cm 厚 33506m^2。

(3)石灰粉煤灰稳定碎石基层:15cm 厚 2700m^2;25cm 厚 46667m^2,30cm 山皮石基层 4796m^2。

(4)下封层:49367m^2。

(5)黏层:46587m^2。

(6)沥青混凝土路面:4cmSMA-16 沥青混凝土上面层 46587m^2;6cmAC-25 粗粒式沥青混凝土下面层 46587m^2。

4)排水防护工程

本段主线共设钢筋混凝土盖板暗涵 5 道,共 96.94m(无桩基);互通立交区内共设钢筋混凝土盖板暗涵 5 道;圆管涵 1 道,右侧加长 5m;平交道圆管涵 2 道,共计 15.84m;排水工程量 9289m^3;防护工程量 4781.51m^3。

5)桥梁工程

(1)主线有大桥 1 座,即伊通河大桥,中心桩号 MK0 +800.54,跨径 9 ~20m;小桥 1 座,中心桩号 MK0 +034.1,1 孔 13m。

(2)互通立交内有 2 座跨线桥,分别是 LK0 +764.4 桥,跨径为 20 +25 +25 +20m,桥面净宽 15.75m,全长 94.24m; AK0 +254.36 桥,跨径为 4 孔 20m,桥面净宽为 11m,全长 85.04m;小桥 BK0 +400 为原桥加宽,孔径为 1 孔 8m,全长 15.51m。

(3)村道改线段有小桥 1 座,中心桩号为 XK0 +101,孔径为 1 ~10,全长 17.54m。

二、施工总体安排

1. 施工总平面布置

本着少占地和方便施工的原则进行施工场地布置,具体布置情况参见《施工总平面布置图》。根据现场勘察,拟在福财村设置项目经理部,生活房屋租用民房与砖结构房屋相结合。

2. 预制梁场

本标段预制场地设置在主线 K0 +300 左侧,预制场地占地 15000m^2。预制厂内设大梁底座 40 个、25m^3/h 混凝土拌和站 1 座。

3. 施工便道、便桥

施工中材料,设备进场通道可利用原有道路。预制场及生活区内设部分便道供场内使用。施工便道沿 L 线设置。

4. 施工用电

生活区及预制场地,施工中考虑与当地电力部门联系,配备 2 台 200kVA 变压器,从高压电网引入施工用电。另配 2 台 200kW 及 3 台 75kW 的发电机作为施工用电。

5. 施工用水

施工场地附近水资源丰富,但无水质分析资料,拟在开工前先对沿线水源进行水质分析,若个别指标超标,待进行处理后设泵站,蓄水池,安设管道,或用 6t 水车运输供生产用水,打 2 口深井供生活用水。

6. 项目部组织机构及各分项工程人员配置

1)项目经理部

项目经理部,即由项目经理、副经理、总工、工程、质检、财务、办公、测量等科室组成,共70人。负责现场施工组织与管理,施工指挥,技术指导,服务与协调等工作。

2)路基土石方工程

路基土石方工程,安排一个作业组。设道路工程师1人,技术员2人,工长2人,测量4人,试验3人,质检2人,力工80人。

3)桥涵工程

桥涵工程,安排五个作业组。设桥梁工程师1人,工长8人,技术员8人,质检4人,测量4人,试验4人,力工300人,技工100人。

4)路面工程

路面工程,安排一个作业组。设施工技术负责人1人,工长2人,技术员2人,测量2人,试验2人,质检1人,力工60人。

5)防护排水工程

防护排水工程,安排一个作业组。设工程师1人,技术员2人,工长2人,力工240人,技工80人。

三、施工组织设计方案

1. 路基土石方工程施工方案

1)填方路基施工

(1)路基填筑

①分层填筑。路基填筑采用宽填削坡方法施工,不同土质的填料分层填筑,并尽量减少层数,每种填料总厚度不小于50cm。

②摊铺整平。先用推土机进行初平,再用平地机进行终平,控制层面平整、均匀。摊铺时层面做成向两侧倾斜4%的横向排水坡,以利路基面排水。

③机械碾压。当填料含水量在最佳含水量±2%范围内时碾压。路基碾压按先轻后重,先慢后快,直线段由边部向中间,曲线段由内侧向外侧的顺序碾压。

(2)路基整修

路基加宽部分在整修阶段,要人工挂线清刷夯拍,做到肩棱明显,路拱、坡面符合设计要求。

(3)试验检测

路堤每层填筑压实后,应及时进行检测,细料土压实度检测距路床顶30cm以下采用核子密度仪法。路基顶层检验采用灌砂法,石方路基以碾压无轮迹作为压实度控制指标。

(4)软土地基施工

本标段K0+000~K0+893.17为软基处理段,全部为腐植土,淤泥厚度0.6m,采用清除腐植土,全部换填山皮石的施工方法。

2)挖方路基施工

(1)施工准备

①通过对土石的工程分级与类别按规范要求进行鉴定,采用机具开挖的施工方法。

②测量出路堑的边线、中线,在路堑顶两侧每5m设一固定桩。并在施工中随时检查开挖坡度,严防超、欠挖。

(2)排水

路堑施工开挖前要做好堑顶截水、排水及堑底排水工作,并在施工中随时注意检查。施工期间修建临时排水设施,并与永久性排水设施相结合,将水及时排出,避免对路基产生危害,注意不得将水排入农田。

(3)开挖的基本要求

①开挖土石均应自上而下进行,不得乱挖超挖,严禁掏底开挖。

②开挖石方时,对于软石和强风化岩石,采用机械开挖、人工配合的施工方法。

③平缓地面上短而浅的土石路堑采用全断面开挖;平缓横坡上一般土石路堑采用横向台阶开挖;土、石质傍山路堑采用纵向台阶开挖,边坡较高时要分层开挖。

2. 桥涵工程施工方案

1)概述

本标段桥涵工作共设5个作业组:第一作业组负责伊通河大桥施工;第二作业组负责互通立交中跨线桥LK0+764施工;第三作业组负责跨线桥AK0+248.37施工;第四作业组负责小桥MK0+034.1、小桥XK0+101、互通立交中小桥BK0+400加宽及标段内10道盖板涵、1道圆管涵、1座渡槽的施工;第五作业组负责预制场板梁及涵洞盖板预制。

2)盖板涵施工方案

(1)基础施工

①基坑开挖方法。基坑开挖采用人工配合挖掘机的方法进行施工。

②基础施工时,按照支模板、校模板、浇筑混凝土、养生的顺序施工。

(2)涵身施工

①支模、校模。模板采用钢模,严格控制好大面平整度和垂直度,检查好几何尺寸。

②浇筑混凝土。混凝土应分层浇筑,振捣及时认真,不要过振和漏振。

(3)涵底铺砌

铺砌时从涵洞一端或中间往两端铺砌,铺砌时严格控制涵洞流水面高程。

(4)盖板预制安装

盖板在预制场统一预制,采用汽车运输,人工配合起重机起吊安装。

(5)台背回填

选择符合设计要求的砂砾,按每层不大于15cm划上填厚标记,全断面分层回填,分层碾压,与路基接茬部位要挖台阶,检测合格后方可进行下一层填筑。

3)桥梁施工方案

(1)扩大基础施工

①基坑开挖方法。基坑采用挖掘机开挖,人工配合。对不能用挖掘机开挖的部分,人工用风镐清除或风枪打眼,辅以弱爆破。

②浇筑混凝土。混凝土采用拌和站拌和,手推车和翻斗车运送混凝土。混凝土采用分层连续浇筑,用滑槽、串筒送混凝土至浇筑部位,插入振捣棒振捣。浇筑完毕后,及时覆盖洒水

养生。

(2)钻孔灌注桩施工

本标段主桥基础采用钻孔灌注桩施工。

①测量放样。确定护筒位置,依据规范执行。

②制备泥浆。根据本标段的地质情况,泥浆密度可采用1.02~1.06。

③埋设护筒。护筒的制作、埋设应满足规范及有关要求。

④钻机就位。将钻头中心线对准桩孔中心,钻机底座必须平整、稳固,确保钻机在钻进中能稳固地工作。

⑤钻孔。钻机钻进过程中,必须保证钻孔垂直,随时注意土层的变化,并据此调整泥浆比重和进尺速度,以保证成孔质量。

⑥第一次清孔。清孔应符合下列规定:孔底500mm以内的泥浆相对密度小于1.25,含砂率≤4%,黏度<28s,灌注混凝土前,孔底沉渣厚度≤300mm。

⑦吊设钢筋笼。钢筋骨架采用吊车进行吊放,并随时校正骨架位置,待骨架达到设计高程后,即将骨架牢固定位于孔口,立即浇灌混凝土。

⑧导管安装。将导管连接,用吊车一次或分节放入孔内,导管下端距孔底要求有25~40cm的距离。

⑨设储料仓。为方便混凝土灌注时有一定的冲击力,在漏斗上方设一个储料仓,储料仓应比漏斗口高2~2.5m,其容量不小于2.0m^3。

⑩第二次清孔。为了清除孔底沉碴,利用导管进行第二次清孔。清孔标准与第一次清孔相同。

⑪拌制混凝土。混凝土由电子计量拌和站拌和,采用混凝土输送泵运至施工现场。

⑫灌注混凝土。首次浇筑,在储料仓和漏斗中储备足够数量的混凝土后,剪断隔水栓吊绳,打开储料仓阀门,这时储备的混凝土连同隔水栓向孔底猛落,同时孔内的水位骤涨外溢,说明混凝土已灌入孔内。导管第一次埋深大于1.0m,在灌混凝土的过程中随时计算导管的埋深,并实际进行测量。

随着灌注连续进行,随时拔管,中途停歇时间不得超过30min。在整个灌注过程中,导管在混凝土中埋深不小于2m也不大于6m,专人测量导管埋置深度及管内外混凝土面的高差,及时填写水下混凝土灌注记录。

(3)承台、系梁施工

①承台施工。承台基坑开挖好后,及时凿除桩头,待桩基检查合格后绑扎承台钢筋,立模灌注混凝土。混凝土浇筑完毕后,及时覆盖养生。承台在桩基础强度达到70%后方可施工。

②桩顶处系梁的施工:

a.测量放线;b.基坑开挖,采用人工开挖的施工方法;c.浇筑素混凝土垫层,作为系梁钢筋及混凝土施工的底模;d.凿除多余的桩身,将变形的钢筋整修复原;e.系梁钢筋采用焊接与预埋钢筋连接;f.系梁采用组合钢模板立模,支撑牢靠,不得跑模;j.混凝土分层浇筑,每层厚度40cm。

(4)墩身施工

①施工准备:

a. 进行混凝土面凿毛处理。进行处理时不损坏边缘混凝土。

b. 施工测量放样。利用全站仪在系梁桩顶放出墩柱中心，并放出纵、横轴线。

②钢筋加工：

a. 墩身钢筋采用在钢筋场地制作整体式钢筋笼，然后运输至相应的位置吊装焊接就位。

b. 为了保证保护层的厚度，在钢筋笼的周围垫上水泥砂浆垫块。

③模板工程：

a. 采用 8mm 钢板卷制的两片半圆形模板对接组成，在其内部均匀涂刷一层脱模剂，并在连接处贴上 3mm 厚的胶条。

b. 利用吊车配合支立模板，在模板顶端和底端用紧线器拉紧后逐渐对中整平。

c. 检查模内的几何尺寸，合格后进行混凝土浇筑。

④混凝土浇筑：

a. 测量组给出混凝土高程，并标注在模板上。

b. 混凝土在拌和站拌和，利用吊斗及吊车配合作业，混凝土分层浇筑，插入式振捣器振捣。

c. 混凝土养生：浇筑完在混凝土收浆后尽快洒水养生。

⑤脱模及支架拆除：

a. 在混凝土抗压强度达到 2.5MPa 时拆除钢模，拆除时不要损坏墩柱表面。

b. 模板拆除后，利用塑料布进行覆盖养生，使混凝土面始终处于湿润状态。

(5) 盖梁施工

①模板施工。在浇筑立柱时预埋浇盖梁用的钢板和铁件，用于搭设盖梁支架。当立柱达到一定强度后，用全站仪测定盖梁的中心位置，然后进行制作，安装，支立模板。

②钢筋施工。盖梁钢筋采取在钢筋场地下料，制作焊接成骨架，运至现场以绑扎的方式进行施工，再由吊车配合吊入盖梁底模。

③混凝土施工。侧模拼装完毕，经检验合格后，即可浇筑混凝土。混凝土浇筑后应及时养生，以利于保持温度和湿度。

(6) 箱梁预制

①梁底基础及模板：

a. 梁底模采用木制梁底，梁底模座落在混凝土基础上。混凝土基础上设置横带，以增大木方的刚度。底模板两侧设置胶板，防止漏浆。

b. 外模：采用钢结构，面板为 6mm 钢板。

c. 内模：用组合钢模连接制成 6 段，内模不设底板，内模底面使用角铁作为骨架，内模外侧采用塑料薄膜包装作为隔离层。

②钢筋制作与绑扎：

a. 钢筋平直，无局部弯折，钢筋的弯制和两端的弯钩符合设计要求。

b. 钢筋接头采用双面搭接焊，搭接长度为 5 倍钢筋直径，其接头面积不大于 50%。

c. 腹板钢筋采用从片式绑扎及点焊成骨架，然后在梁底绑扎成型。

③管道设置：

a. 孔道安装时，按设计曲线的 x、y、z 坐标定位并固定好使其不发生任何位移。

b. 孔道采用内径 70mm 波纹管,波纹管穿好后,要检查管道位置,并及时调整,用电焊固定。

c. 在波纹管道内插入塑料管做支撑,塑料管抽拔时,先拔下层后拔上层,拔管时间应控制好,在其抗压强度达到 0.6 ~ 0.8MPa 时拔出。

④混凝土施工:

a. 箱梁混凝土采取拌和站集中拌和,由翻斗车运至浇筑现场倒入吊斗内,再由龙门吊配合吊斗进行浇筑。

b. 浇筑混凝土时,避免振动器碰撞波纹管道和预埋件,经常检查模板、管道、锚固端钢板及支座预埋件,以保证其位置及尺寸符合设计要求。

c. 拆芯模:混凝土强度达到 20MPa 后,方可拆芯模,以免局部混凝土发生裂纹现象。

⑤混凝土养生。混凝土浇筑结束后,用湿麻袋布覆盖防止阳光曝晒。洒水养护时间为 14d。

⑥预应力施工。预应力施工程序具体如下:

a. 张拉前准备工作;

b. 安装张拉设备;

c. 张拉;

d. 锚固;

e. 压浆及封锚。

⑦孔道压浆:

a. 压浆前须将孔道冲洗干净,如有积水用吹风机排除。

b. 压浆应缓慢、均匀地进行。

⑧锚头防护及封锚。所裸露的锚具,压浆后尽早封锚。封锚前保证钢绞线的切割长度不小于锚具的直径。在封锚过程中,尽量不触及锚具。封锚混凝土标号与梁体相同,封锚端混凝土必须严格控制梁体长度。

(7)主梁安装施工

①梁体预制完成,强度达到 100% 后,开始架设,架设采用 90t 龙门吊配合双导梁组成架桥机。

②在桥头路基上组装架桥机,再将架桥机移至安装跨。

③将预制梁纵移至安装跨,用止轮器固定纵移行车后,架桥机横移,将梁送到设计位置下落安装就位,落梁顺序是先两侧后中间。

(8)水泥混凝土桥面铺装施工

在梁体安装和伸缩缝施工完毕之后,开始进行铺装层施工。

①混凝土混合料采用吊车移料,人工用锹铲摊,摊平的混合料用平板振捣密实。抹平混凝土表面,初凝前表面用硬塑料刷横向拉毛,纹槽顺直美观。

②摊铺作业从一联的一端伸缩缝起始,单幅全宽向前推移施工。

3. 路面工程施工方案

1)砂砾垫层施工

(1)施工放样

复测水准点、导线点，增设临时水准点。在土基上恢复中线，进行水平测量，在两侧边桩上用红铅油标出层厚横线。

(2)砂砾垫层摊铺

计算材料用量及每车料的堆放距离，按计算好的距离将材料均匀地卸在路上，用推土机将材料摊铺均匀。

(3)整平、整型

平地机刮平后，用推土机、轻型钢轮压路机在初平的路段上快速碾压1~2遍，再用平地机进行整平和整型。

(4)碾压

先用轻型压路机稳压，适当洒水，用12t以上三轮压路机、重型轮胎压路机或振动压路机在路基全宽内，进行碾压。

2)粉煤灰稳定山砂底基层、石灰粉煤灰碎石基层施工

(1)底基层施工

底基层采用路拌法施工，具体步骤如下：

①用摊铺机将集料均匀地摊铺在预定的宽度上。

②将拌和均匀的石灰和粉煤灰摊铺在集料层上，再一起进行拌和。

③用稳定土拌和机拌和时，拌和深度直到层底。

④经摊铺和整型的混合料立即在全宽范围压实，并在当日完成碾压。

⑤碾压完毕后进行养生。

(2)石灰、粉煤灰碎石基层施工

①混合料的摊铺。摊铺前将底基层适当洒水湿润，用1台摊铺机进行半幅摊铺。

②碾压。首先用振动压路机振压2~3遍，之后用12~15t、18~21t的光轮压路机碾压3~5遍，最后用胶轮压路机洒水碾压成型。碾压完成后，跟踪测量找补。

③横缝处理。二灰碎石混合料摊铺时，当通过桥涵，特别是明涵、明洞时，在其两边设置横缝。横缝与路面车道中心线垂直设置。

④纵缝处理。半幅施工宽填15cm，等到另半幅施工时，将宽填部分错层立茬清除后再碾压，以保证接缝处的压实度、平整度。

3)沥青混凝土下封层的施工

采用层铺法施工，具体步骤如下：

①清除水泥稳定碎石表面浮灰。

②喷洒乳化沥青。用沥青洒布车喷洒，喷洒数量按沥青含量1.5kg/m^2折算。

③撒布集料。采用人工撒布集料，规格3~5mm，数量2~5m^3/1000m^2。

④碾压。用轮胎压路机及6~8t的钢轮压路机各碾压一遍。

4)沥青混凝土下面层施工

(1)混合料摊铺

①采用一台德国产ABG423型的摊铺机半幅摊铺。

②铺筑按批准的沥青面层试验路段的施工工艺进行施工。

(2)碾压

严格按初压、复压和终压三阶段进行，派专人设置好三阶段的标志，用三面不同颜色的标牌或旗子来指示三个阶段。

5）SMA上面层施工

（1）SMA的摊铺

①采用一台ABG423摊铺机摊铺。

②混合料未压实前，任何人员不得进入踩踏，对局部有缺陷部位，只有在现场负责人指导下，才能人工找补或换料。

（2）SMA路面的压实

碾压时采用的机械组合为两台双驱双振压路机，碾压遵循紧跟、慢压、高频原则进行。

4. 防护排水工程施工方案

1）边沟、排水沟施工

①采用人工挖基，挖基尺寸满足设计要求。

②边沟和涵洞结合处与涵洞洞口建筑配合，以便边沟水流畅通引入涵洞。

③排水沟尽量采用直线，长度不超过500m，排水沟与其他水道连接做到畅通。

④砌缝均匀饱满，砌体抹面平整，压光直顺，保持没有裂缝、突鼓现象。

2）护坡施工

①护坡必须在坡面夯实平整，铺设砂砾垫层后方可砌筑。

②砌体的外漏面和坡顶，边口选用表面平整的石块。

③砌筑时每10m设一沉降缝，缝宽2cm，用沥青木板填塞。

④在护坡距地面30cm处和130cm处分别设泄水孔，泄水孔尺寸为5×10cm，泄水孔间距为2m，上下错开设置。

5. 各分项工程的施工顺序

1）填筑土方路基施工

清理杂物—基底整平—碾压—挖台阶—填土—摊平—整型—碾压—下一层施工—顶层土方填筑。

2）软基处理

平整场地—铺山皮石。

3）钻孔桩施工

平整场地—填土夯实—下护筒—钻机就位—稳钻—钻孔—钻进—清孔—拔钻—挪钻—下钢筋笼—浇筑水下混凝土。

4）墩台及盖梁施工

基础顶面混凝土整平—搭设施工平台—制作安装钢筋—支模—浇筑混凝土—拆模、养生。

5）后张法箱梁预制

清理场地—整平碾压—铺设底模—制作安装钢筋—支侧模—预应力管道设置—浇筑混凝土—拆模、养生—预应力钢绞线张拉—孔道压浆—封锚—移梁。

6）先张法空心板梁预制

清理场地—整平碾压—铺设底模—制作安装钢筋—支侧模—吊入芯模—施加预应力—浇

筑混凝土—拆模、养生—移梁。

7)大梁安装

架设龙门吊—喂梁—移梁—安装就位—校正。

8)桥面铺装

梁顶面混凝土凿毛清理—铺装钢筋网—浇筑混凝土。

9)路面施工

准备下承层—测量放样—摊铺—找平—碾压—检测—养生—报验。

四、施工进度安排

本合同段招标文件规定工期要求16个月,即2002年8月1日至2003年11月30日。准备提前1个月完成,即2002年8月1日至2003年10月31日,实际工期15个月。各分项工程进度率计划图(斜率图)和施工总体形象进度图,分别如图7-1和图7-2所示。

各分项工程施工进度计划安排如下:

1.路基土石方工程

(1)挖土方:2002年8月10日至2002年10月31日。

(2)改渠挖方:2002年8月10日至2002年10月25日。

(3)填前处理:2002年8月10日至2002年9月20日,有效施工天数30d。

(4)填土方:2002年8月10日至2002年10月31日;2003年3月15日至2003年6月10日,有效施工天数133d,日进度505m^3。

(5)填石方:2002年8月15日至2002年11月30日;2003年3月1日至2003年7月15日,有效施工天数200d,日进度1104m^3。

2.桥涵工程

(1)第一作业组:伊通河大桥。

①桥梁基础:2002年8月10日至2002年9月30日,有效施工天数40d。

②桥梁下部:2002年9月10日至2002年10月31日;2003年4月1日至2003年5月30日,有效施工天数90d。

(2)第二作业组:跨线桥LK0+764。

下部工程:2002年8月10日至2002年10月31日;2003年4月1日至2003年5月10日,有效施工天数95d。

(3)第三作业组:跨线桥AK0+254.36。

下部工程:2002年8月10日至2002年10月31日;2003年4月1日至2003年5月10日,有效施工天数95d。

(4)第四作业组:小桥MK0+034.1、小桥XK0+101、互通立交中小桥BK0+400的加宽及10道盖板涵洞、1道圆管涵、1座渡槽。

①小桥下部:2002年8月15日至2002年10月31日,有效施工天数35d。

②盖板涵及圆管涵施工:2002年8月15日至2002年10月15日,有效施工天数50d。

③盖板安装:2002年10月1日至2002年10月31日,有效施工天数25d。

(5)第五作业组:预制场箱梁、空心板及涵洞盖板预制。

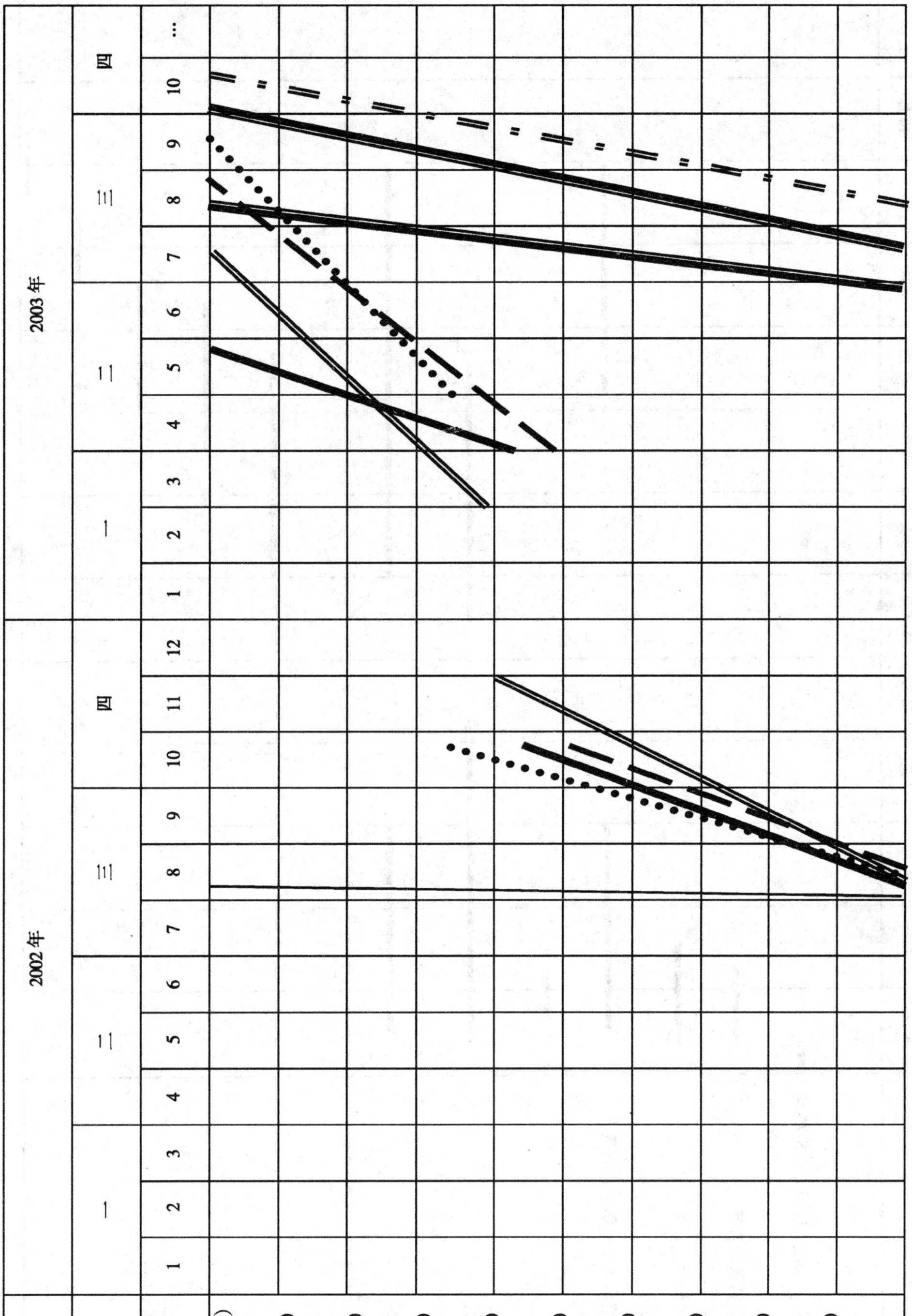

注：各个项目的进程可用线条的长短来表示。

图7-1 分项工程进度率计划图（斜率图）

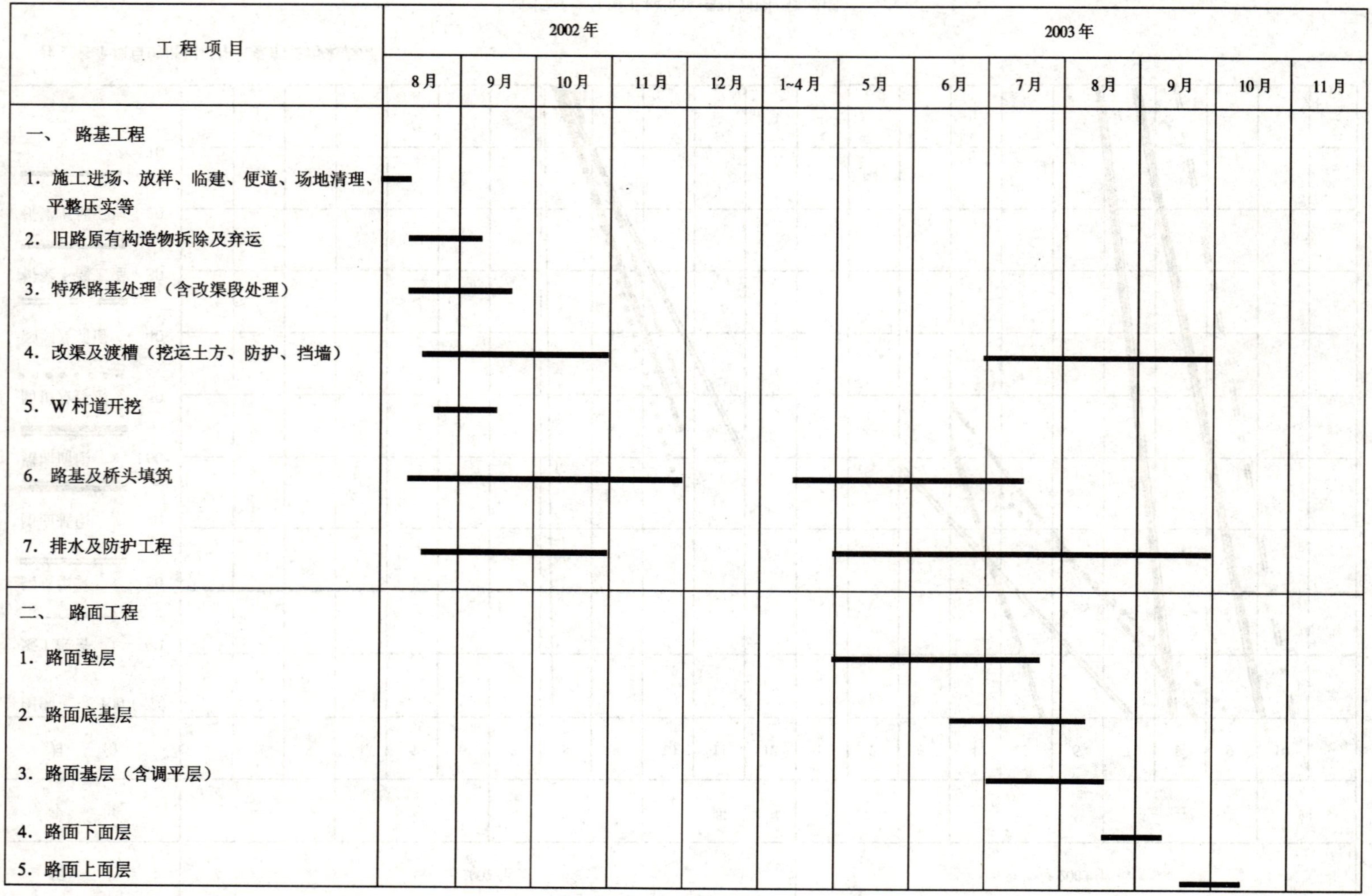
工 程 项 目
2002年
2003年
8月
9月
10月
11月
12月
1~4月
5月
6月
7月
8月
9月
10月
11月
一、 路基工程
1. 施工进场、放样、临建、便道、场地清理、平整压实等
2. 旧路原有构造物拆除及弃运
3. 特殊路基处理（含改渠段处理）
4. 改渠及渡槽（挖运土方、防护、挡墙）
5. W村道开挖
6. 路基及桥头填筑
7. 排水及防护工程
二、 路面工程
1. 路面垫层
2. 路面底基层
3. 路面基层（含调平层）
4. 路面下面层
5. 路面上面层

图 7-2

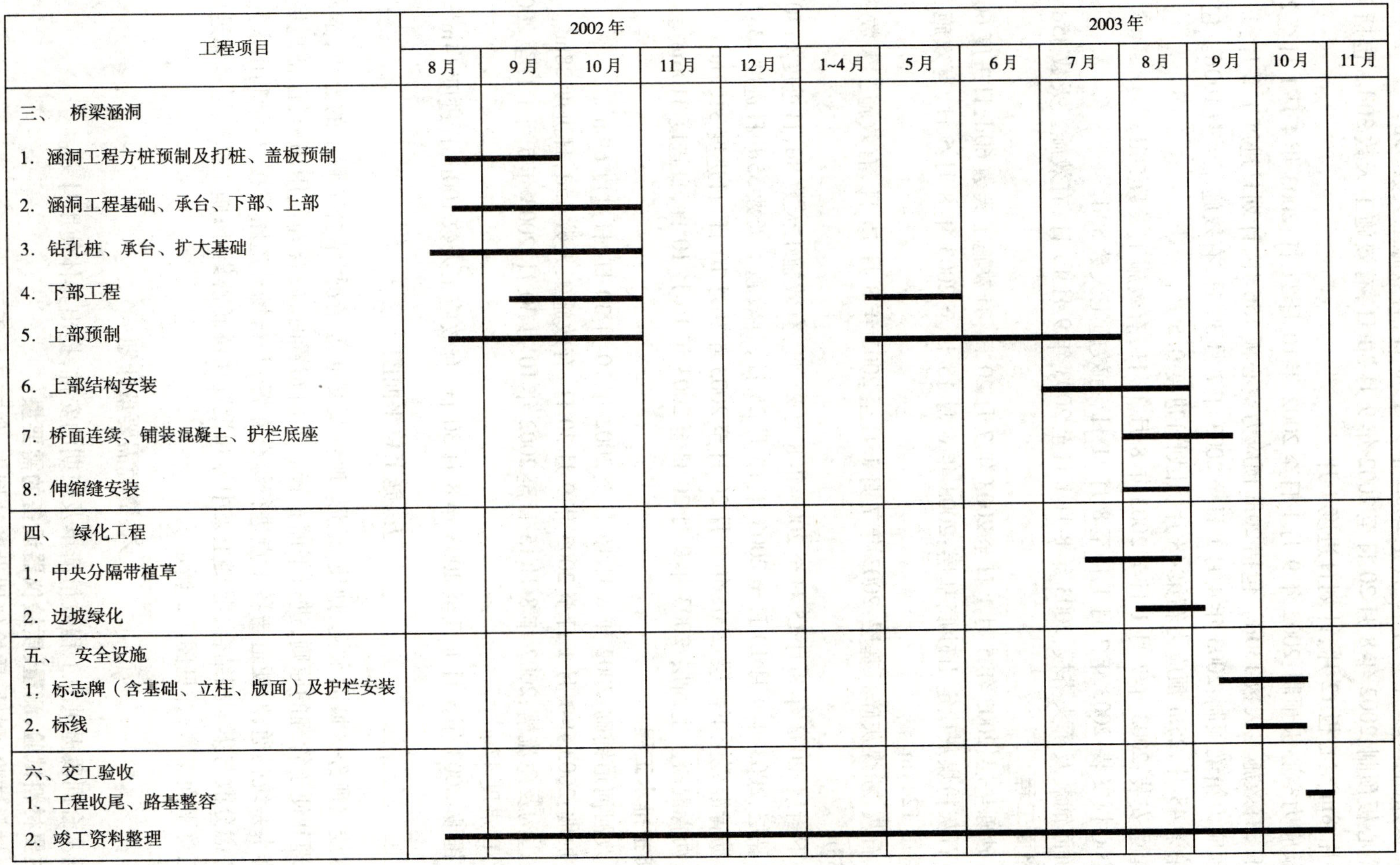

图7-2　施工总体形象进度图

①盖板预制:2002年8月15日至2002年9月30日,有效施工天数35d。

②空心板预制:2002年8月20日至2002年9月30日,有效施工天数30d。包括10m空心板18片、8m空心板12片,计划日进度1片。

③预应力空心板预制:2002年9月1日至2002年10月31日;2003年4月1日至2003年6月30日,有效施工天数130d。包括20m预应力空心板156片,计划日进度1.2片。

④预应力箱梁预制:2003年4月1日至2003年7月30日,有效施工天数100d。包括20m预应力箱梁48片、25m预应力箱梁48片,计划日进度0.5片。

⑤箱梁安装:2003年7月1日至2003年8月31日,有效施工天数50d。

⑥空心板安装:2003年7月1日至8月31日,有效施工天数50d。

⑦桥面铺装及桥头搭板:2003年8月1日至2003年9月15日,有效施工天数35d。

3. 路面工程

(1)砂砾垫层:2003年5月1日至2003年7月20日,有效施工天数60d,日进度608m^2。

(2)石灰粉煤灰稳定山砂底基层:2003年6月15日至2003年8月5日,有效施工天数40d,日进度1244m^2。

(3)石灰、粉煤灰碎石基层:2003年7月1日至2003年8月15日,有效施工天数35d,日进度1333m^2。

(4)下封层:2003年8月15日至2003年8月25日,有效施工天数8d,日进度6170m^2。

(5)黏层:2003年9月10日至2003年10月25日,有效施工天数35d,日进度1331m^2。

(6)沥青混凝土下面层:2003年8月20日至2003年9月10日,日进度3102m^2。

(7)沥青混凝土上面层:2003年9月20日至2003年10月10日,日进度3106m^2。

4. 防护排水工程

(1)改河河道铺砌:2002年8月15日至2002年10月30日,日进度69m^3。

(2)护坡:2003年7月1日至2003年9月30日,有效施工天数65d,日进度28m^3。

(3)边沟及急流槽:2002年8月15日至2002年10月30日;2003年5月1日至2003年6月30日,日进度47m^3。

(4)锥坡:2003年5月1日至2003年8月30日,有效施工天数100d,日进度14m^3。

五、施工总平面图

根据线路所经区域的水文、地质、地形、地貌及交通等情况,结合工程量的分布,本着方便适用、合理和便于管理的原则,进行平面布置。平面布置时,应合理使用场地,保证现场道路、水、电、排水系统畅通;对便道与各工点进行综合布置,并与场外道路连接;尽量利用永久征地;拌和站考虑分散与集中相结合,混凝土集中拌和设置在桥涵密集处;施工队伍尽量靠近施工现场。施工总平面布置,详见图7-3所示。

六、资源需要量计划

根据本合同段提供的工程数量清单及工期的安排,提出具体使用计划。

1. 主要材料试验、测量、质检仪器设备的需要量

主要材料试验、测量、质检仪器设备计划表,如表7-1所示。

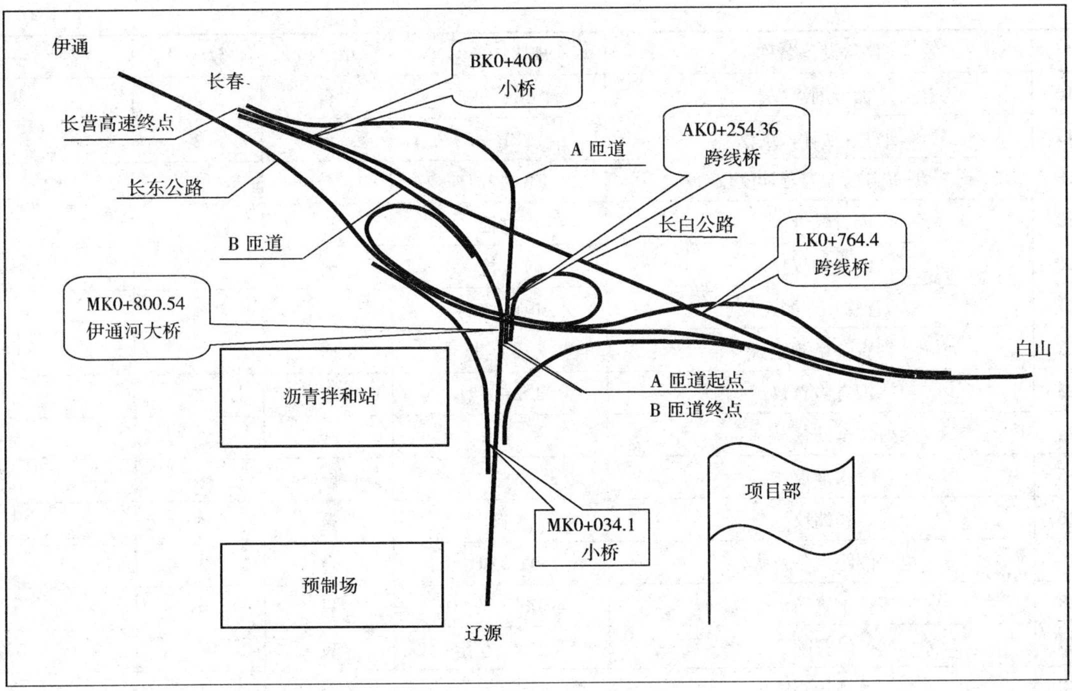

图 7-3 施工总平面布置图

拟配备本合同工程主要材料试验、测量、质检仪器设备计划表 表 7-1

序号	仪器设备名称	规 格 型 号	单 位	数 量	备 注
1	万能材料试验机	WE—10000kN	台	1	
2	强制式搅拌机	NJB—52 型	台	1	
3	混凝土振动台	100cm × 100cm	台	1	
4	回弹仪	HT225	台	6	
5	混凝土凝结时间测定仪	CHN—1 型	台	4	
6	大小台秤		台	2	
7	磅秤	TGT—50	台	1	
8	电子天平	称量 2000g	台	1	
9	胶砂振动台	GZ—85 型	台	1	
10	胶砂搅拌机	HJ160 型	台	1	
11	电动式重型击实仪	ZC—2	台	1	
12	土壤标准击实仪	70 型	台	2	
13	砂浆稠度仪	SE145	台	1	
14	核子湿度密度仪	MC—3 3440 型	台	2	
15	烘箱	300℃	台	2	

续上表

序号	仪器设备名称	规格型号	单位	数量	备注
16	沥青闪点仪	LR—SIV	台	2	
17	沥青自动针入度仪	LZR—2	台	2	
18	沥青自动控温延伸度仪	ZLY—79M	台	2	
19	沥青黏度仪	电控	台	2	
20	沥青抽提仪	电控	台	2	
21	沥青软化点测定仪	电脑控制	台	2	
22	沥青含蜡测定仪	离心式	台	1	
23	沥青脆点仪	ES—1 型	台	2	
24	全站仪	徕卡	台	2	
25	水准仪	S3	台	8	
26	经纬仪	J2	台	6	
27	电子测距设备及附件	WITLD D15	台	1	
28	土壤筛	ϕ300 0.1—10	只	4	
29	碎石筛	ϕ300 方孔	只	1	
30	石灰剂量测定仪	第五代	台	1	
31	材料试验机	100t	台	1	购置
32	压力试验机	200t	台	1	购置
33	马歇尔试验机	数显	台	1	购置
34	马歇尔试验机附件		套	1	购置
35	马歇尔电动击实机	LDl36 型	台	1	购置
36	分析天平	万分之一	台	4	购置

2. 主要施工机械的需要量

主要机械使用计划表如表 7-2 所示。

拟投入本合同工程的主要使用计划表 表 7-2

机械名称	规格型号	额定功率(kW)、容量、吨位	厂牌及出厂时间	数量(台)				新旧程度(%)
				小计	其中			
					拥有	新购	租赁	
1 土石方机械								
1.1 推土机	T120	120HP	郑州 1999	2	2			90
1.2 推土机	T220	220HP	郑州 2000	2	1	1		95
1.3 推土机	T380	380HP	郑州 2001	1		1		100
1.4 平地机	PY180	180kW	天津 2000	1	1			85
1.5 挖掘机	小松 220—3 型	$1m^3$	日本 1999	1	1			90
1.6 挖掘机	小松 220—3 型	$2m^3$	日本 1999	4	2		2	80
1.7 装载机	ZL50		柳州 2000	4	4			90

续上表

机械名称	规格型号	额定功率(kW)、容量、吨位	厂牌及出厂时间	数量(台)				新旧程度(%)
				小计	其中			
					拥有	新购	租赁	
1.8　光轮压路机	3Y12/15	12～15t	徐州 2001	6	4	2		90
1.9　光轮压路机	3Y18/21	18～21t	徐州 2001	4	4			85
1.10　振动压路机	CA25	25t	常州 1999	2	2			90
1.11　拖式振动压路机	CA50	50t	常州 2001	1		1		100
1.12　洒水车		6000L	一汽 2001	2	2			90
2　运输机械								
2.1　自卸汽车		13.5t	一汽 2001	25	10		15	85
2.2　半挂车	东风	15t	二汽 2000	4	2		2	85
3　桥涵机械及混凝土机械								
3.1　反循环钻机	ZQ1600		西安 1999	4			4	90
3.2　泥浆泵			南京 2000	15	10	5		90
3.3　挖掘机	小松 220—3 型	$2m^3$	日本 1999	2	2			85
3.4　龙门吊		90t	北京 1999	2	1		1	85
3.5　混凝土拌和站	HZW25	$25m^3/h$	埠新 1998	2	2			80
3.6　混凝土输送泵			武汉 1999	2	2			85
3.7　混凝土搅拌机		350L	天津 1998	2	2			85
3.8　洗石机			武汉 2000	2	2			80
3.9　预应力拉伸机			南京 2000	8	4		4	95
3.10　钢筋调直机	TQ4—14	7kW	南京 2000	8	8			90
3.11　电焊机	BX1—400	400A	济南 1999	20	15	5		95
3.12　对焊机	LP—1000D	100kW	上海 2000	5	3	2		90
3.13　卷扬机		5t	天津 1998	12	4	4	4	85
3.14　平板运输车		60t	一汽 2000	2			2	85
3.15　发电机		75kW	天津 1998	4	2	2		90
4　路面机械								
4.1　二灰稳定碎石拌和站	WCB200	300t/h	西安 1999	1	1			80
4.2　沥青混凝土拌和站	DA—2000	240t/h	无锡 1998	1	1			80
4.3　双驱双振压路机		10t	徐州 2000	2	2			85
4.4　双驱双振压路机		20t	徐州 1999	2		2		100
4.5　自卸汽车		15t	一汽 2000	20	15	5		95
4.6　光轮压路机	3Y12/15	12～15t	徐州 2001	6	4	2		90
4.7　光轮压路机	3Y18/21	18～21t	徐州 2001	4	4			85
4.8　沥青洒布机	LS—7500		锦州 1999	1		1		100
4.9　轮胎压路机	Y214	25t	徐州 1999	2	2			90
4.10　沥青摊铺机	ABG423 型		德国 1999	1	1			95

七、工期、质量、安全、成本、环保施工技术措施

1. 工期保证措施

(1)调遣精兵强将,强化施工管理。工程中标后,及时组建各种专业化队伍,建立各种管理体系,保证工程按时开工;同时,建立信息化施工管理系统,在施工中始终抓住工程中的重点、难点,确保工程按计划完成。

(2)科学组织、精心施工。加强施工计划的科学性,运用统筹法、系统工程等新技术编制切实可行的实施性施工组织设计,选择最优施工方案,在施工中按计划精心组织,合理安排,科学有序。

(3)应用先进的生产设备及采用先进合理的施工工艺。根据本工程特点,配备性能良好、高效先进的施工机械和成套设备。制定合理的施工工艺,使各施工队及班(组)按指导书具体操作。

(4)加强施工计划管理。在保证质量、安全的前提下,合理安排作业层次,尽可能开展多工序同步施工、平行作业,控制作业循环时间。利用大好季节加快施工进度。对施工计划做到日保旬、旬保月、月保年,努力完成施工进度计划。

(5)抓好协调,减少干扰。本工程将成立专门协调小组,积极做好各方面协调工作,力争在每个工序开始前把干扰减少到最低程度,使工序有效展开、工程顺利进行。

(6)抓住时机,掀起施工高潮。要抓好旱季施工。在施工中适时地开展劳动竞赛活动,发扬"能攻善战、敢为人先、争创一流"的精神,通过思想教育及合理的奖罚等一系列措施和手段,激发职工热情,不断掀起施工高潮,努力加快施工进度。

(7)对施工进度进行监控,确保资源合理配置。施工进度采用如下监控方法:投资指标监控法、形象进度监控法、单项进度指标监控法、关键线路网络监控法。根据施工组织设计或业主、监理及其他有关的工期要求,适时根据工程进展,调整资源配置,实现工期目标。

2. 确保工程质量措施

1)工程质量目标、承诺

①质量目标:单位工程优良品率100%,合同工期履约率100%。

②质量承诺:项目经理、总工程师对本标段工程质量终身负责,若质量达不到承诺的目标,本投标人愿意接受合同造价2%的违约金。

2)组织、管理措施

①建立健全质量保证体系。

②搞好分工负责。在质量管理上,项目经理统管全盘,全面负责现场施工。

③质量目标责任制。

④质量分析会制度。

3)思想教育措施

对全员实施全过程的形势教育、全面质量管理思想和创优思想教育,提高全员质量意识,使全员明确目标,牢固树立"质量在我心中,创优在我手中"的思想。

4)技术保证措施

①完善技术管理体系。建立项目经理部、施工队、工作班(组)三级技术管理网。现场施

工过程中出现的技术问题，影响到工程质量的及时与设计、监理部门沟通，妥善处理；编写好工序作业指导书。

②隐蔽工程未经检查签字不得进行下道工序施工。

③项目经理部每旬组织一次质量大检查，对质量情况进行讲评，指出存在的问题，制定整改的措施。

5）施工保证措施

在施工中实施全过程的质量监控，推行高标准的质量管理，严格各工序技术要求，狠抓原材料和施工工艺管理，做到程序化、标准化、规范化作业。

3. 施工安全保证措施

（1）建立安全保证体系。树立“安全第一”的思想，抓生产必须抓安全，以安全促生产。项目部成立以项目经理为首的安全领导小组，配备专职安全工程师，负责全面的安全管理工作；各施工作业班（组）要配备专职安全员，负责各项安全工作的落实。

（2）加强全员安全教育。通过安全教育，使广大职工牢固树立“安全第一、预防为主”的意识，做到思想上高度重视、生产上严格执行操作规程。

（3）坚持经常和定期安全检查，及时发现事故隐患，堵塞事故漏洞，奖罚当场兑现。

（4）不断改善劳动条件，搞好劳动保护，定期对职工进行体检，预防疾病的发生。

（5）生产、生活设施的现场布置要结合防汛考虑，并在汛期到来前做好各项防范准备工作。

（6）施工现场要设临时围墙和门卫，做好防盗、防火、防破坏工作。

（7）建立伤亡事故及时报告制度，做到“三不放过”，即：事故原因分析不清不放过；事故责任人和当事人未受到教育不放过；没有防范措施不放过。

4. 成本控制保证措施

（1）加强成本管理与控制的教育，使项目全员懂得施工成本的高低与个人收入的关系，做到全员参加成本管理和控制，提高增产节约、降低消耗、杜绝浪费的意识。

（2）编制项目的目标成本和班组责任成本，实行项目责任成本管理。

（3）实行工序成本责任制与奖惩制度。

（4）项目各管理层实行层层责任成本承包制。

5. 环境保护与水土保护措施

（1）施工中严格按设计要求和规定进行取土、弃土、弃渣、挖基、回填，避免对道路、农田造成污染和水土流失堵塞河道。

（2）施工排水和废料的处理按环保要求执行，排列和堆放到指定地点。

（3）施工现场材料、机械堆放整齐，施工有条不紊，做到工完料尽。施工过程中要保护当地水源和建筑物。

（4）生活区设垃圾箱并带盖。垃圾入箱，及时清理，运至环境保护部门指定地点弃放。

（5）对项目全员进行环保教育，提高环保意识，全员动手做好环境保护工作。项目全员要做好周围的绿化工作，不破坏天然植被；施工完毕将破坏的植被予以恢复。

（6）施工中如发现文物、古迹、宝藏，应及时向业主及有关部门报告并负责保护。

参 考 文 献

[1] 梁金江. 公路工程管理. 北京:人民交通出版社,2005.
[2] 张起森. 公路施工组织及概预算. 北京:人民交通出版社,1999.
[3] 姚玉玲. 公路工程施工组织学. 北京:人民交通出版社,2001.
[4] 李宗佳. 公路工程管理. 北京:人民交通出版社,1999.
[5] 马敬坤. 公路施工组织设计. 北京:人民交通出版社,2002.
[6] 余群航. 建筑工程施工组织与管理. 北京:北京大学出版社,2006.
[7] 廖正环. 公路施工与管理. 北京:人民交通出版社,2000.
[8] 王洪江,符长青. 公路工程施工组织设计编制手册. 北京:人民交通出版社,2005.
[9] 赖少武. 公路工程施工进度控制. 北京:人民交通出版社,1999.
[10] 高民欢. 工程项目施工组织设计原理及实例. 北京:中国建材工业出版社,2004.
[11] 廖正环. 高速公路机械化施工与组织管理. 北京:人民交通出版社,2001.
[12] 费建国. 公路工程机械化施工. 北京:人民交通出版社,2004.
[13] 郑忠敏. 公路机械化施工与管理. 北京:人民交通出版社,2004.
[14] 中华人民共和国交通部. 公路基本建设项目设计文件编制办法. 北京:人民交通出版社,1996.
[15] 中华人民共和国交通部. 公路工程国内招标文件范本. 北京:人民交通出版社,2003.
[16] 邬晓光. 路桥施工组织与概预算. 西安:西北大学出版社,1995.
[17] 殷青英. 公路施工组织与概预算. 北京:人民交通出版社,2004.
[18] 廖正环,郭小宏,刘燕. 高速公路机械化施工与管理. 北京:人民交通出版社,2001.